静悄悄的存在变革

《退思录》之六

钱理群

華文出版社
SINO-CULTURE PRESS

图书在版编目（CIP）数据

静悄悄的存在变革 / 钱理群著．—北京：华文出版社，2013.8（2021.6 重印）

（退思录；6）

ISBN 978-7-5075-4071-0

Ⅰ．①静… Ⅱ．①钱… Ⅲ．①社会科学－文集 Ⅳ．①C53

中国版本图书馆 CIP 数据核字（2013）第193116号

静悄悄的存在变革

著　　者：钱理群
出版策划：李红强
责任编辑：胡慧华
出版发行：华文出版社
地　　址：北京市西城区广外大街305号8区2号楼
邮政编码：100055
网　　址：http://www.hwcbs.com.cn
电子信箱：hwcbs@263.net
电　　话：总编室 010-58336239　发行部 010-58336270　编辑部 010-63421256
经　　销：新华书店
印　　刷：三河市燕春印务有限公司
开　　本：710×1000　1/16
印　　张：18.5
字　　数：235 千字
版　　次：2014 年 1 月第 1 版
印　　次：2021 年 6 月第 2 次印刷
标准书号：ISBN 978-7-5075-4071-0
定　　价：52.00 元

从改变自己的存在开始
(代前言)

一、怎样走出我们的存在危机

人的欲望的不加节制的极度膨胀；对个人利益的追逐，成为人活着的唯一动力；实际利益，成为人与人关系的唯一联结与尺度：这就是我们必须面对的当下许多中国人的生存状态。

生命存在的危机，就是这样造成的。当人仅仅为钱而活着，缺少精神的支撑的时候，不仅会因为生活遇到挫折，物质欲望不能满足，而感到生命的无价值，即使经济富裕了，也会为生活失去意义，而产生生命的虚无感，进而失去活着的动力，被剥夺了“为自己活着”的理由。更致命的是，以实际利益作为人与人联结的纽带与尺度，必然导致人与人关系的冷漠，这是另一种形式的和社会的隔离与孤独，当人觉得个人生死和他人、社会无关，甚至没有人需要或关心自己活着时，也会丧失活着的动力：这也是一种对人“为爱我者活着”的理由的剥夺。

这样的生存危机，在年轻一代中或许是更为严重，更加触目惊心的。我在和所谓“80后[①]”“90后”大学生谈话中，经常谈到这一代人最大的问题，就是生活失去目标，没有意义，也没有责任，这样的生命是最为脆弱的。经常谈到的，还有以应试与就业为目的的教育，把亲情关系功利化，当孩子只感到父母应试的压力，而感受不到，或不能强烈地感受到父母、亲人超功利的爱时，也必然导致“为爱我者活着”的动力的丧失。应试教育更剥夺了孩子童年的欢乐，人如果不能从小享受生命的乐趣，这也很容易导致活着的动力的不足。所有这一切，都在有意无意地剥夺青少年活着的理由。我们现在面临的，是一个能不能让自己的子孙后代，有意义地、快乐地和健康地活着的问题，这关系着民族的未来的生存，实在非同小可。

我们可以看到，今天这个时代，在挤压人的生存空间，扭曲人的生命存在方式时，不仅运用政治的力量与逻辑，更仰仗经济的、资本的力量与逻辑。在经济逻辑，资本逻辑的作用下，社会生活的底线被不断突破，民间日常生活伦理、逻辑面临解体的危险，这意味着社会生存的基础正面临威胁：这是一个根本性的存在危机，是不能不认真对待的。

面对这样的存在危机，我们怎么办？这正是这些年我一直在苦苦思索与探寻的。

正是在这样的焦虑中，我读了《哈维尔文集》及其所附录的《谁是亚当·米奇尼克？》一文，就像当年读昆德拉一样，受到了很大的震动。我有如获知音之感。当我读到哈维尔诸如“为生命给出一个意义”，“将责任置于欲望之上”，“对意义的承担”，“在自身内部发现其生命意义”（《政治和良心》）等论述，我对自己说：这都是我想说，而说不清楚的。于是，我的思考，以及这些年我们所进行的探索，顿时为哈维尔、米奇尼克的思想所照亮，就上升到了一个新的高度。正是这一点，让我兴奋不

① 为尊重作者行文习惯，后文中的“××”年代、“××”后，除特别说明外，均为二十世纪。——编者注

已，真有豁然开朗之感。或许，这也是一次相遇，东欧知识分子和中国知识分子的心的交流，思想的共鸣。

哈维尔在《无权者的权力》里提到“存在革命”，指出“仅仅依靠技术手段，一些皮毛的革新建议，或是纯哲学、纯社会、纯技术，甚至纯政治意义上的革命，是找不到解决方案的。根本的立足点在于最深刻意义上的人类存在。只有在此基础上，它才能（是）普遍伦理上的，也最终是政治意义上的重建”。——在我看来，“存在革命”，我们也可以把它叫做“存在变革”，这是一个具有巨大理论与实践价值的概念和命题。而我更注目，思考得更多的，有以下几个方面。

二、从改变自己的存在开始

哈维尔和米奇尼克提出了另一种思路和实践方式，即从改变自己的生活开始，从改变自己的存在做起，以“建设你自己”，作为“建设社会的开端”，也即不寻求首先改变现行权力结构，而“首先是社会的自我承担，承担和改善社会和人们的具体处境，然后才是和政府协商，寻求和政府的对话和相互承认”（《谁是亚当·米奇尼克？》）。但这绝不是对体制的弊端的回避，而内含着一种或许是更深刻、更根本的批判，这就是哈维尔所说，“这些非暴力的尝试，否定了他们生活于其中的制度，并在自己人性的新基础之上，建立自己的生活”（《无权者的权力》）。在这个依靠谎言维持生存的社会里，“部分地生活在真实中”；在这个追逐个人享乐的消费社会里，尝试有社会承担的，物质简单，精神丰盈的新的生活方式。这其实就是“在现有的框架之中加进一个异数”（《谁是亚当·米奇尼克？》）。

这些堂吉诃德式的努力，却能够唤起“社会的隐藏力量”，包括“存在于社会官方的权力结构中”的隐藏力量，因为“生活在真实中”的欲求其实是根植于人的生命存在的内在需求中的。因此，部分人自觉地生活在真实中的追求与实践，就显示了和“生活在谎言中”不同的另一种可能性，这本身就具有存在论意义上的影响与权力。因此，在哈维尔看来，按照生活在真实中的原则所进行的新的存在方式的建设，就有可能在现行体制下，形成主流文化及意识形态之外的具有内在对抗性的“第二文化”，以至“平行结构”（《无权者的权力》）。

而这样的存在变革的思路与实践背后所隐含的理念和逻辑，也不可忽视。首先是哈维尔所说的“反政治的政治”，即不以政治权力为目标，而追求人有意义的存在，“放弃传统政治原则和习惯的负担，朝向人的存在无保留地开放”。如论者所说，这是对“政治即权力的艺术”的传统政治观的鄙弃与超越（徐友渔：《存在的意义和道德的政治》）。因此就能够超越权力意义上的政治，而关注更为广阔、更为根本的政治，即“权力之外的政治”，一种“内在权力”。于是，就提出了“道德重建”、“价值重建”与“生活重建”的任务，并且强调：“只有创造更好的生活，才能发展更好的制度”，“是否像人一样活着，比哪个党派掌权，或他们如何标榜自己来得更为重要”。人们更“应该探询的方向”，是“从根本上重建他们在世界上的位置，重新确立人和宇宙的关系”，“重新发现人与人、人与群体的关系”，其目的是要“彻底更新人类的相互关系”，即“人性秩序”。“这是任何政治的秩序所无法代替的——一种新的存在的体验，一种在宇宙中重新找到根基的感觉，对更高责任感的重新把握”（《无权者的权力》）。

三、保卫人民“当下的利益”

存在变革的另一个理念：保卫人们“当下的利益”，也很重要。哈维尔有一段很深刻的论述：“他们从关于未来的抽象政治的构想转向具体的个人，保卫他们当下的利益。这种态度自然与一切打着‘为美好未来’旗号的暴力格格不入，他们深信，用暴力制造的未来只会比现行制度更加糟糕”（《无权者的权力》）。这其实正是对在哈维尔的捷克、米奇尼克的波兰，以及中国曾经的社会主义实验的历史教训的一个总结。其要点有三。其一，必须把“完整的、有尊严的人类个体‘我’，重新放回到所有社会活动关注的焦点”，“重建人类成员的个体经验，当作评判事物的首要尺度”（《政治和良心》），而绝不能将抽象的理念作为出发点、目的和评判标准，“那样的话，尊重理念就超过了尊重生命”，这“是人类又一次面临奴役的危险所在”。其二，绝不能虚构“美好的未来”，寄希望于一劳永逸地解决社会弊端的所谓“彻底、根本的变革”，更不能“为了这些‘根本’的变革来牺牲‘不重要’的东西，即人的生命”，那同样会而且曾经带来了新的奴役。其三，尤其不能把“信念寄托在暴力之上”，对那些鼓吹“不择手段地来改变制度和更换政府”的激烈言行，必须保持警惕（《无权者的权力》）。捷克、波兰的社会主义实验及其上述理念，显然具有浓厚的乌托邦色彩，哈维尔因此说：“我们对将一种活生生的理想、富有人性的表达转变为一种乌托邦，一种对生活施加暴力和加剧其痛苦的技术性指令感到异常敏感”，我们对所有“光辉灿烂的明天”的许诺，都持“怀疑态度”（《对沉默的解剖》）。因此，哈维尔和米奇尼克的存在变革宁愿选择现实主义与经验主义的立场和态度：“使命（仅）是抵御制度的压力，保护人性，而不是想象一个更好的制度”，“旧意识形态许诺人们一个美好的未来，为此现在必须苦苦等待和忍受，新的做法是立即去做你认为的好事，‘不是为了美好的明天，而是为了美好的今天’”（《谁是亚当·米奇尼克？》）。

四、从“下面”开始

哈维尔的存在变革对我的吸引力的一个重要方面，是它是

“从‘下面’开始”的，“这是生活的压力使然而不是生活之前的某些东西，由它们来指导生活和强加于生活”（《无权者的权力》），也就是说，它具有天生的内发性——发自生活和生命发展的内在需要，而不是外在指导、灌输的产物；又具有天生的自发性——是志愿的选择，而非强力的压制或诱惑，因此，这是一个“志愿者的运动”。同时，它又必然是一个“草根的运动”，“起点全然是在党和权力之外的某个地方”（《谁是亚当·米奇尼克？》），是坚持民间立场的“独立的社会自我组织”（《无权者的权力》），它眼光向下，立足于自身，立足于和自己一样的独立的人们。“不存在一个需要不断加以关注的、至高无上的权威，不需要明里暗里不断关注他们的行为、动向，最后希翼权威作出关键的变动，从而引起预期的社会效果”——这些民间的志愿组织，完全摆脱了体制的行为逻辑和方式，而获得了自己的独立权力资源和价值：“他的席位不是在皇帝的餐桌上，而是在自身的行为当中，这样的行为不需要皇帝赋予其意义，而是自主和自我赋予的”（《谁是亚当·米奇尼克？》）。

五、面对的永远是“具体的人们”，扬善而抑恶

因此，这样的民间的志愿的独立的社会组织所要推动的存在变革，“面对的永远是那些具体的人们”。而“具体的人们总是千差万别的，不是一个模子铸出来的，他们既非纯善，也非纯恶；既非天使，也非恶魔；因此，不能用某一种尺度来衡量所有的人，把其中的一部分人划分进来，而把另外一部分人剔除出去，在不同的人们中间制造对立”，因此，在“现实中不同的人们，在不同程度上都同时面临着善和恶的选择，有可能成为善者或恶人”，并且“随时可能出现不同方向、不同程度上的变化”，“关注这些具体的进展，比关心划分‘谁是我们的敌人、谁是我们的朋友’有意义得多”（《谁是亚当·米奇尼克？》）。——这同样是对历史教训

的总结：将人做“不是天使，就是恶魔；不是革命，就是反革命；不是朋友，就是敌人”的二元划分，这是典型的极权、后极权体制的思维逻辑，也是其体制的人性论基础：其结果必然导致将人性恶的方面引发到极致，同时，“在不同的人们之间制造对立”，制造阶级斗争，也就极度地恶化了人与人的关系。现在所要建立的，是一种新的人性论：确认真实的具体的人总是并存着善与恶的人性因子，并且存在着发展的各种可能性；“扬善抑恶”就成为健全的社会发展合理的人性，建立合理的人际关系，促进人性与人际关系良性化发展的一条基本原则，在某种程度上，所谓存在变革正是这样一个扬善抑恶的过程。而最终是要回到哈维尔说的“起点本身——个体的个人”；这也是哈维尔所强调的：“惟有依靠团体中每一个成员充分实现的个人存在，社会才能建立起抵制‘蔓延的极权主义’的永久屏障”（《无权者的权力》）。

六、和平的行动主义者，想大问题，做小事情

哈维尔和他的存在变革吸引我的另一个方面，是它的行动性。如论者所说，“这个人不是圣人，他更像一个普通人，做了一个普通人应该或可以去做的事情，并且实际上只要有人这样去做，就会带动周围的其他的人们。他既是一个理想主义者，又是一个坚定的、而且是绝对和平的行动主义者”，“说到底，没有整个行动做支柱的言词会失去它们应有的分量。最重要的底线是行为的底线”（崔卫平：《分享哈维尔，分享共同的底线》）。

这里，有一个很有意思的讨论：哈维尔谈到了在奥匈帝国时代，捷克政治家、思想家马萨里克提出的“从小事情做起”的原则，即“在不超出现存的社会秩序之内，于广泛而不相同的生活领域中，诚实而尽职地工作，以此来促进民族的创造力和自信心”，他理解这样的“从小事情做起”所隐含的“为民族而工作”的初衷，也肯定“在某些领域里，它带来的无可置疑的成

就”；但却提出了一个警示：今天“那些试图实践‘从小事情做起’的人，（会）频频遭遇后极权制度并面临两难困境：或者是从一贯的立场退却，淡漠良心、责任心和恒心，随波逐流；或者沿着老路走下去，从而不可避免地与当局发生冲突”，“便越来越遇到限制，一旦越过底线，为了避免冲突，便意味着放弃”（《无权者的权力》）。——这是一个重要的提醒：行动（“做小事情”），以至存在变革，都是有一个底线的：尽管“这些运动的外部目标与走向，是要对社会产生影响，而不是影响权力结构”，“不在于在现实权力层面与政权直接冲突”（《无权者的权力》），但它指向的价值重建、道德重建、生活重建，却是具有内在批判性、抵抗性的，绝不是一种苟且态度。模糊了这个界限，就是“越过底线”，放弃了自身的内在目标。这些年，我一直在提倡“想大问题，做小事情”，就是试图将坚持目标（想大问题）和落实为行动（做小事情）结合起来，在两者的张力中寻找更为健全的思考与行为方式。

七、“超越乌托邦”：新公民社会原则之一

最后还有一点，哈维尔和米奇尼克的存在变革的“公民社会”的理想，也是我极感兴趣的：这是和西方社会完全不同的社会背景，从极权、后极权体制内所产生出来的公民社会理想。它的最重要的特征，就是这样的公民社会是和极权、后极权社会决裂的产物，它有两大基本原则，一是“超越乌托邦”，二是“放弃专制”，而乌托邦和专制正是东欧和苏联等极权、后极权社会的两大基本特征。

所谓“超越乌托邦”，米奇尼克说得很清楚：我们“为之奋斗的公民社会本质上是不完善的”，“我们不能为一个摆脱了冲突的完美社会而奋斗，那是一个充满冲突的社会，但其中的冲突可以在民主规则之内得到解决”。这里，包含了两层意

思。一，承认公民社会里，永远存在多元的成分——不同的信仰，不同的身份，不同的地位——的人群，他们有着多元的利益，从而形成不同的利益群体，而即使在同一利益群体，或同一社会组织内，也会有不同的具体利益，不同的要求和意见，而绝不可能是乌托邦想象那样单一、纯粹，更不能唯一。因此，这样的不同利益群体之间，不同要求和意见的个体之间的争论、矛盾，以至冲突，都是不可回避，也不能强求统一的。但他们之间的纷争，只能通过民主的程序而非暴力来解决。二，承认任何一种制度设计都不可能一劳永逸地解决一切问题，即使是按照民主体制建立起来的公民社会，它比之极权、后极权体制当然具有显著的优越性，但它依然是一个“不完善的社会”，会面临新的矛盾，需要新的探索、创造，新的否定与突破。将任何体制绝对化、凝固化，追求一次彻底解决的设计方案，都是乌托邦幻想。放弃了这样的乌托邦幻想，就可以把我们的追求相对化，也就是说，我们的一切努力，包括存在变革、公民社会及其组织的设计，所追求的都只是一种有缺憾的价值。如米奇尼克所强调，这是一种“自我限制的革命”：不仅客观条件受到限制，也包括自身的局限，如我们一再提到的，这是在现行体制内的局部的社会变革，它既受到体制的各方面的限制，“需要妥协来面对复杂的现实”，更重要的，它自身就有极大的局限，“它是从今天的社会通往明天的社会的结合部”：这就是它的存在的限度，清醒地认识，准确地把握这样的限度，即它所能做、所能达到的，和不能做、不能达到的，实在是存在变革、公民社会组织能否健康发展的一个关键。

八、“超越专制”：新公民社会原则之二

所谓“放弃专制”，米奇尼克也有一个说明：“在极权主义秩

序中，国家是老师，而社会是教师里的学生，有时它就转变成一个监狱和兵营。相反，在公民社会中，人们并不想要成为一个学生、战士或奴隶，他们像公民一样行动。”

“放弃专制”的原则，也适用于民间社会组织自身。于是，就有了米奇尼克所说的社会组织的四大基本政策：公开化，真实性，行动的自主性，互相信任，“归结起来，就是不搞阴谋论，不搞权力中心论，不存在一个更为强大的意志在某处发挥作用。任何起点都被认为有它自己的理由、过程和收获。这就决定了这样的组织可以像滚雪球一样越滚越大，在组织上它看似松散，在精神上它却是有力的，它把不同的人们在共同的理念上聚合起来，具有一种真正的开放性”，所有这些组织相互支持，又各自独立，具有平等的地位，任何组织都不能凌驾于其他组织之上，每一个组织内部，也都不允许任何个人凌驾于组织之上，对任何有可能导致“新的专制”的倾向都保持高度的警惕：这也是历史的教训（《谁是亚当·米奇尼克？》）。

九、“后民主”的三大内涵：责任，信仰与意义

这样的由存在变革创造的公民社会，不仅是对传统极权、后极权社会的乌托邦和专制的超越和放弃，还创造了一种新的可能性。哈维尔正是这样提出问题的：“‘存在革命’带来制度方面的变化，远远超出了传统议会式民主的框架”，他因此而提出了一个和“后极权”相对的“后民主”的概念，以为这是一个可能的前景。他强调：“‘后民主’制度的本质是：它的发展必须通过生活实践，是从生活中直接产生的，来自新气氛、新精神”。因此，哈维尔并不试图在新气氛、新精神充分发展之前，就作出明晰的描述和推断，以为那是过于草率的。但他也提出了一些发展着的生气勃勃的新的社会自我组织的某些原则，除“信任感、坦率、责任感、团结和友爱”这些重建的价值以外，还有“自我管理”、“自我控制

和自我约束”的原则等等（《无权者的权力》）。

也许更为重要的，是哈维尔的三个基本概念：“责任”，“信仰”和作为信仰的核心的“意义”。在他那里，“责任”是一个关涉人的存在的哲学概念，是“人的自身同一性”，“存在总体和一个具体存在物之间的联系”，我们这里暂不作讨论；我们关注的是它所显示的现实层面的联系。哈维尔的存在革命所要重新建立的“人性秩序”，是“一种新的存在的体验，一种在宇宙中重新找到根基的感觉，对更高责任的重新把握”，因此，在他看来，“责任感”应该成为公民社会的自组织的核心观念：如果说“将欲望置于一切之上”是后极权社会的基本原则；那么，作为其对立物的自组织的第一原则就是“将责任置于欲望之上”（《政治与良心》），不仅是“个人对他们自己、内向式的，自我满足的责任感，而且担负起对这个世界的责任感”（《无权者的权利》）。这样的对自我和社会的双重责任意识，是对传统民主意识的一种包容与超越，显然应该成为“后民主”理念的一个重要基石。作为“后民主”的实践，没有自己的任何独立利益，而仅有对自己，以及对社会、世界的责任感：这就是一切民间的，社会志愿组织的本质，它也因此成为公民社会的基础。

因此，每一个民间志愿组织的成员，都必须是有“信仰”，或者有对信仰的自觉追求的。哈维尔指出，“真正的信仰，是原发性的、根本性的和抽象的”，“真正的信仰，不是由某个惑人的对象引起的迷狂状态，而是一种复杂的精神状态，一种深刻的存在的纬度，一种你要么有、要么没有的内在引导”。而哈维尔的独到与深刻处，在于他给信仰以这样的意义功能，称之为“原创者、意义的承担者与给予者”。信仰的力量在于使人能够“超越所有相对功利主义”，深刻地把握“个人存在的意义”，并实现“对意义的承担”。“一个不能从自身吸取力量和不能在自身内部发现其生命的意义的人，将依赖于他周围的环境，将在自身之外的某处为自己寻找方位——在某种意识形态，团体组织或社会中去寻找。这样，尽管看起来他在行动，但事实上他仅仅在等待，在依赖。他等着看其他人将要做什么，或者他们将指派给他什么角色，他依赖他们”，“这在本质上是一种狂热盲从的态度”，“狂热者将自己的命运交给他所崇拜的制度，盲目地与之结为一体”，这正是极权、后极权社会许多人身上都发生过的悲剧。而一个有信仰的人，“能在自身发现其生命的意义”，就能够“独立地面对世界的异化”，“看到现实的真相”，“不带偏见地朝向现实的所有纬度展开”，“作为一种‘面对存在’，而不是对来自外部某种东西盲目认同”，这就能“保持他自己的理性，健康的自制和对于世界独特的而不是调停的观点”，“那道路是为我们自己选择的，我们已经选择了它”，就绝不动摇，绝不放弃，“唯一重要的是所发生的事情有没有意义”（《狱中书简》）。

就是这样：“为生命给出一个意义”（《政治与良心》），这是我们这里所讨论的存在变革，承担这一使命的民间社会自组织，以及他们所要建立的公民社会共同的出发点与归宿。

2008年1月10日，2月27日—3月1日

目 录

后 记

辑一　静悄悄的教育变革

做有限的可以做的事情

——在“倾听第一线老师的声音”讨论会上的发言

今天想谈三个问题：

第一、超教育而言教育。

我们今天已经无法就教育而谈教育了，必须超越教育而谈教育问题。我为什么提出这样一个命题呢？

去年我和北大的志愿者一起做了一件事：为教育界前辈高仁山先生出文集，建墓立碑。高仁山先生是蔡元培时代的北大教育系主任，也是中学教育改革的一位先驱。他后来成了国民党的左派，参与革命活动，因而成为继李大钊之后第二个被张作霖杀害的先烈，而且他是被押送到菜市口公开问斩的。但人们却把他遗忘，几十年无人问津。我们这些北大的教师、学生也是因为偶然的原因，了解到高仁山先生的事迹，深感有愧先烈，经过好几年的努力，才在香山植物园将他迁坟安葬，也借此机会，重新认识他的教育遗产。我因此写有一篇《高仁山先生文集》序言（文章收在今天将要送给诸位的《中国教育的血肉人生》的书里），提到他的教育思想有两个要点。一是“在教育内部强调教育制度的改革与建设是最根本的，教学方法的改革与实验应以教育制度的改革、建设为前提、条件与保证；不改革不合理的教育制度，只想用教育方法的改革来作修补，不但无济于事，还很可能是南辕北辙”。二是“教育制度的改革与建设，又必须以政治、经济的改革和建设作为依托。因此，一个真正关心、热心教育的教育家，就不能只关心、热心教育，而要超越教育，关心并参与政治与经济的改革。”高仁山先生后来弃教从政，积极参与中国反帝反封建的革命活动，并因此而献身，都是抓住了中国教育问题的症结，是真正的教育改革的逻辑之必然，是一个真正的教育家的必然选择与归宿。他的“超教育而言教育”的思想与选择，在今天的中国，特别显示出其重要意义。

当下中国教育改革之所以陷入困境，就是因为只限于教育方法的改革和实验，而回避了教育制度的改革与建设；而且是在经济改革畸形化情况下，单方面进行教育改革。这样的教育改革必然受到未加改革与约束的政治权力和经济权力的干预，甚至控制，其走向形式化，以至变质，走到今天这个地步，都是不可避免的。如果不像高仁山先生这样，“超教育而言教育”，中国的教育改革与实验，是永远不会走上合理的轨道，没有希望的。

我自己对这个问题的认识也有一个过程。我大概是从1998年左右介入中小学教育改革的；现在回过头来总结，经历了三个阶段。首先是以思想者的身份与姿态参与，主要是提出自己的教育理念，依据教育理想对现行教育的问题进行尖锐的批判，其主要成果收在《语文教育门外谈》一书中，这样坚持理想的批判立场，遭来了“有人欢喜，有人骂，有人怕”的社会反响。也有教师和朋友善意提醒我，应该更多地结合教学实际，更多地做实事。于是，我对自己的立场做了一个调整，努力追求思想者与实践者相结合。我做了两件事，一是把目光转向教育第一线的老师，为他们服务：编选课外读物，做文本解读；同时，又努力发现“真正的教师”，向他们学习，总结他们的经验，企图从中形成中国自己的中小学教育学（包括语文教育学）。其次，在退休以后的2004年、2005年，我又亲自到中学去开设“鲁迅作品选读”课，直接参与中学教育实践。这样努力的成果，主要收在我的六本书里，即《我的教师梦》、《做教师真难真好》、《钱理群语文教育新编》、《钱理群中学讲鲁迅》、《中国教育的血肉人生》、《经典阅读与语文教学》。但正是在和第一线教师的接触和我自己的教学实践中，我逐渐得出一个结论：在现行的中国中学教育体制下，应试教育之外的任何教育都很难进入校园。这背后的根本原因，就在我前面所说的经济改革的变形。我突然发现，我在中国现行的已经变了味的教育改革中，已经没有什么事可做。于是，我对中小学教育的参与，必须有新的选择，即“超教育而言教育”。熟悉我的朋友早就注意到，这些年我已经把主要精力，转向现代民间思想史、共和国史和毛泽东的研究。这样的重心转移，固然主要是出于我的社会、历史责任感和兴趣，但也是为了要从更大的范围、更深层次对中国教育问题进行追根溯源的探究。这方面的成果已经有《拒绝遗忘：“1957年学”研究》、《知我者为我心忧：十年观察与思考》等书。

这里要和诸位交谈的，是我的一个研究心得。多年来高考指挥棒造成的“说大话，假话，空话，华丽、花哨的话”，在某种程度上正是我们的教育所要求的。其后果大家都看到了。最后，绝对领导要落实到每一个单位的第一把手上，叫作第一把手专政。昨天马老师发言里那么痛苦地谈到，在他所在的底层学校，一个校长、支部书记就可以肆无忌惮地管你，就因为他拥有权力，你反他就是反党。这个例子可能有点极端，但也很能说明问题，马老师觉得不可理解，其实这样的绝对权力的统管一切，是普遍的，只是马老师所在的底层学校表现得更为露骨而已。这样一种教育，就会出现老师们所说的权力至上的教育逻辑，大家都要争权力，连普通的老师都会利用自己拥有的有限的权力对学生进行暴力统治，许老师讲得非常深刻，专制成为日常教学生活逻辑了，可以不假思考地这样做，成了习惯。你要违背这个逻辑，你就是异端，他就要把你搞掉。这就注定了在这样一个权力至上的体制下，我们的教育不可能有根本的改变。

第二，二十世纪九十年代以后，中国社会的一个变化，就是形成了新的阶层。当代中国有这样几大阶层：权贵资本阶层，知识精英阶层，私营资本阶层，属于上层社会；下岗工人，失地农民，农民工，这是社会的底层。而且每一个阶级（阶层）都越来越自觉地意识到自己的利益所在，并且全力地维护自己的利益。现在中国实际上已经形成了各种利益群体。问题是弱势群体很少有权利来维护自己的利益，而掌权者却可以利用不受限制和监督的权力来维护自己的既得利益。这样，支配人们行动的，已经不是什么观念，而是赤裸裸的利益。我同意梁卫星老师的观点，现在中国的教育，已经不是什么教育观念之争，而是利益之争。这是大家都知道的：以前语文教育界有人文论、工具论之争，很多人把我看作人文论的一个代表人物，开始我也很热心于这样的争论，后来我就慢慢发现，现在很多人讲人文比我还彻底，但是他做的时候却按照他的利益去做。现在支配中国教育行为的，已经不是教育理念、理想、方法，而是利益；尽管人们依然在口头上大谈各种教育理念的高调。中国教育已经形成了一个巨大的无所不及的利益链条，占据主导地位的无疑是掌握份额不等的权力的各级教育行政部门，也包括不同程度跟着他们以求分得一杯羹的教师，职员，以及各种“吃应试教育饭”的辅助教材的编写者、出版者，补习学校——等等花样百出的利益群体，还有期待通过应试教育达到让孩子往上爬的利益要求的相当部分的家长，以至学生自己。因此，在今天的中国，如果真的要把应试教育变成素质教育，多少人饭碗就没有了，那是要跟你拼命的。当年我介入中小学教育，为什么有些人死命要把我赶走，原因很简单，就是我触犯了他的利益，并不在教育观点上有多大的分歧。我就注意到，当年我的一些批判者早已把我的教育观念拿过去了，比我还彻底；但他仍然不容你，因为你妨碍了他的利益。现在中国教育的问题是利益的问题，不是观念问题，也不是方法问题。这是必须首先看清楚的。

因此，我们今天讨论中国的改革，包括教育的改革，就要追问：改革的动力是什么？它的利益需求是什么？谁来主导改革？改革的结果对谁有利？我想到鲁迅的三句话，非常的深刻：“曾经阔气的要复古，正在阔气的要维持现状，还没有阔气的要改革”。以此观察当下中国的改革，就有三种：一是曾经的权势者要求推动的改革，他们的目的，就是要恢复到过去，到毛泽东时代，在教育方面就是要恢复“十七年（1949——1966）”的教育。二是当下的既得利益者，他们根本不愿意改革，缺乏改革的动力。但因为大家都在要求改革，也就把改革的旗帜拿在自己手里，以便通过他主导的改革来扩大自己的既得利益。我完全理解梁卫星老师为什么说，他一听到“教育改革”就头皮发麻，因为今天正是教育领域里的既得利益者在操纵所谓的“教育改革”，这种改革只能继续以新的名目来损害教育弱势群体的利益。我是1998年介入教育改革的，我发现2000年开始，中国教育实行产业化以后，也就是说权力和市场结合以后，就逐步出现了全面的大溃退，一直延续到现在，这是教育改革呼声最高的几年，恰好也是最糟糕的几年，教育改革的结果大家都看见了，说一句极端点的话：教育不改还多少能按常识运转，越改越糟。原因就在于我们的教育改革基本上是以教育的既得利益者为动力，为主导的。

我们现在所面临的就是这样的两大体制问题：权力与利益的结合。我由此得出一个结论，在现行的政治、经济、教育体制下，中国的教育面貌不可能有根本的改变，对这一点，我们必须有清醒的认识，是每一个教育理想主义者必须面对的现实。

当然，从更深层次来看，教育本身存在着矛盾。教育是一个理想主义的事业。我们的教育理想，是一个彼岸的理想，只能逐渐趋近，而不可能完全达到。教育的乌托邦理想，就像北斗星一样，照亮此岸教育的黑暗，成为批判现实的一种资源、力量，同时成为改革的动力，经过努力，可以不断趋近教育的理想状态，却不可能完全实现。这就决定了真正的教育理想主义者，是永远不满意现状的，即使将来教育发生了大的变化，建立了新的教育制度，也依然会出现新的问题，新的矛盾，于是又有新的不满，新的反抗。这样，一个真正坚守教育理想主义的教师，必然是边缘化的，孤独的。这个边缘化的位置和孤独的命运，是教育理想主义本身必然带来的。它既让你永远为理想而奋斗，并从中感受到生命的意义与快乐，但同时它必然给你带来永远的巨大痛苦，快乐和痛苦是伴随的，我把它叫做“丰富的痛苦”，我痛苦、孤独，但从不感到空虚，我的生命永远是充实的。对这一点，也要看透，如果你想做一个教育的理想主义者，必须准备好永远孤独、永远边缘化，同时享受着丰富的痛苦。

这样说，也许太悲观了。出路在哪里呢？这就是我今天想和诸位讨论的第二个问题：关于在绝望中寻找出路，“联合起来，改变自己的教育存在”的问题。

我们还要重新谈一谈马小平。昨天马小平的学生黄素珍在这里发言，她曾写了一篇文章阐释她老师的思想，提出了“意义的创造”的概念，强调必须“回归日常，回归于平凡的生活，回归日常的实践”。马小平在跟黄素珍的谈话里也说到“生活毕竟不是关在窗子里漫谈理想，生活是严峻的、严肃的，也是残酷的，我们不能绕过今天的教育现状，生活到明天去。我们必须从今天起步，一步一步地迈向未来”。他说：“诗意化的生活的秘密不是别的，就是行动起来，用审美的眼光打量我们的生活，打量我们的工作，打量我们的人际关系。从现有生活资源中去吸取一种快乐和幸福。只要我们倾心去创造事物，去创造一堂课，去创造一次解决过程，去创造一次美好的生活经历，去创造美好的人际关系，我们就在创造世界了，就是在创造诗意了。所有的诗意都存在于我们生活的体验中和过程之中。”

这里我也想介绍一下一位没有出席这次会议的，也是我很熟悉的老朋友王栋生先生，他为这次会议准备了一篇发言，我念一段很有意思的话：“我曾寄希望于教育管理部门能够为未来做些实事，我曾寄希望于政治体制的改革，我也曾寄希望于社会的觉醒，但是，现今我更重视的，是个人的思考与实践。爱因斯坦说过，‘只有个人才能思考’。同样，只有个人才能读书，也只有个人的实践才能获取有价值的经验。因此作为教育者的人文阅读就显得无比重要。全国一千多万教学工作者，如果有十分之一的人有某种基本的人文品质，中国教育可能就不会是现在这个局面”。他说应该从提高教师个人的人文素养开始，“一所学校能有几个思想上独来独往的教师，能有一群读书人，或许如暗夜中的几盏灯，能给‘统一思想’下的学生一点精神的亮色”。

我由马小平老师和王栋生老师的话，联想起了一个重要的思想家，也就是我今天要向大家着重介绍的，捷克思想家哈维尔的一个重要思想。马小平老师曾经写过一篇《走近哈维尔》的文章，说他“一直想找机会向我的学生介绍哈维尔这个人”。也就是说，马小平曾经想把哈维尔思想引进中国教育界；我今天就是要继续他的工作，建议老师们去读一读哈维尔的《无权者的权力》这篇文章。他提出了一个非常重要的概念和思想，叫做“存在革命”。“革命”这个词或许有些敏感，我们可以改变一个词，叫“教育存在的变革”。“存在革命（变革）”的思想，在我看来有四个要点，跟我们这次会议讨论的问题比较接近，实际上我们已经这么做了，我想做一点理论的提升。其一、从改变自己的生活开始，从改变自己的存在，改变自己的教育存在开始。以“建设你自己”作为“建设社会”的开端：要改变教育状况，从自己的每一堂课开始，从每一次教育行为，每一个教育细节开始，和一群朋友共同一起改变我们的教育存在。当整个社会靠谎言生存的时候，我们这个小群体部分地生活在真实中；当整个社会在追求享乐的时候，我们这个小群体，尝试过一种有社会承担的、物质简单、精神丰富的生活方式；在意义真空的教育大环境里面，我们尝试一种有意义的教育，进行有意义的教学实验。这就意味着，要“在现有框架之中加进一些异数”，不直接和现有框架、体制对抗，而在力所能及的、自己可以控制的范围内，按照我们的理念去做我们的教育工作，创造具有内在对抗性的“第二文化”、“第二教育”，并在这一过程中追求自身有意义的存在。在我看来，很多老师的工作就是在建立第二教育。但无须张扬，也不摆出挑战姿态，只默默地做，持续地做，一点一滴地做：真正的教育从来都是“润物细无声”的。

第二、它牢牢把握“当下”，不虚构美好的未来，不寄希望于一劳永逸地解决社会、教育弊端的所谓“彻底、根本的变革”，而宁愿采取现实主义和经验主义的态度。不是为了美好的明天，就是为了美好的今天。所以它必然是一个渐变的过程，而且从当下做起，并在当下的教育实践里，获得意义，享受快乐，是实实在在的，而不是渺茫的、幻想的。

第三、从下面开始，起点在权力之外的某个地方，即我和你，我们之间。眼光向下，立足于自身，立足于和自己一样独立的人们。而且面对的永远是一些具体的个人，一个一个具体的学生。也就是我经常讲的："帮一个算一个"。这是一个草根运动，也可以说是一个教育志愿者的运动，力量就在你自己和你的朋友，一起来把握自己的命运，教育的命运。

第四、更注重行动，不仅是理想主义者，更是清醒的、理性的、低调的行动主义者，做一个普通人应该做或者可以做的事情。就像许丽芬说的，在荒诞教育环境下，做自己可以做的事情。而且要相信只要有一个人做，有一群人做，就会有更多的人做，它是有辐射效应的。我们要有自信：我们所做的这些事情是符合人性的，是符合教育本性的。因此只要做好了，有效果了，就有说服力，就会吸引更多的人，和我们一起做。在这个意义上，我们的孤单，也只是相对的。

我想要说的就是这个意思：在认清了中国教育不可能有大的变化，不抱任何不切实际的幻想的前提下，我们又要"反抗绝望"，做有限的和可以做到的事情，提倡一种静悄悄的教育变革，从我们身边做起的，来自于底层的教育存在的变革。既对教育现实保持清醒，又采取进取的态度，既悲观，又积极：这两个侧面是相反相成的。就像我一再强调的，在还有比例很小、绝对量并不小的老师，都已经在这么做了，我只是希望把这样的努力，变得更加自觉，并逐渐吸引更多的朋友参与其间。

我要说的第三点，是我们要用一种什么样的精神做这些事情？

这也是对老师们的经验的总结，就是两句话：一是韧性精神，二是教育智慧。

这里我稍微展开来讲一点鲁迅有关"韧性精神"的思想。他讲了一个故事：你要到山东去，带行李下火车的时候，就会碰到当地的青皮，他给你运货，说要两块钱。你说：路不远，他还是说要两块钱；你说：行李不重，他依然说要两块钱；最后你说：不要你送了，行不行？不行，还要两块钱。认准一个目标，要两块钱，就要到底，不达目的绝不罢休。鲁迅说，这样的流氓习气固不足取，但其韧性精神却值得学习。

我理解鲁迅倡导的韧性精神具体来说有三个要点。首先是要有长期奋斗的思想。鲁迅说：一代不行，就两代、三代——地坚持下去。从个体生命来说，一代、两代、三代的时间确实太长了，有点可怕；但是从民族的发展来看，两代、三代就不算什么。我是看明白、也想明白了，反正在我的有生之年，已经看不到中国教育会有多少长进；而且在我看来，在座所有老师，大概都看不到自己教育理想的实现，原因就是前面说的中国改革（不仅是教育改革）的空前复杂与艰巨，对此必须有充分的估计和思想准备。我们的努力，只能是“只顾耕耘，不问收获”。

第二、要慢而不息。这个“慢”包含两个含义：一是中国做事情太困难了，鲁迅说连搬一个桌子都要流血。因此，只能慢，必须慢。另一面，教育本质上就是一个慢的事业，是一个长期的潜移默化的过程，是急不得，也无法立竿见影的。但是不能因为慢，就停滞不前。要慢而不息，认定要做一件事，就做到底，绝不停止，绝不放弃。即使落后，也要坚持做；不怕慢，只怕站着不干。

最后，鲁迅还说了一个非常有意思的观点。认准一个目标，有几种做法，一个是不吃、不喝、不睡去干，精神可嘉，持续不了，顶多一个月。但是一边做，一边该谈恋爱谈恋爱，该读书就读书，该玩就玩，这就可以持续很长时间。这就是说，要把你的奋斗变成日常生活实践，不是在非常时期，用非常手段去做事情，那只能坚持很短一段，无法持久。如果变成日常生活化的努力，就可以长期做下去。

我在很多场合都讲鲁迅的这一思想。我说有三种活法：一种是“只打不玩”。精神可嘉，却难以坚持；一种是“只玩不打”。其实，这是现在大多数人的生活方式，我觉得要尊重这种选择，只要他是用自己诚实的劳动，支持自己的“玩”，是不失为一种人生选择。但是我们这些人，总想做一点利己利人的事，就不能只玩不打了。那么，就只能“边玩边打”，一边为自己的某个长远的或短期的目标而努力奋斗，同时该玩就玩，该干什么就干什么。坦白说我现在就是这么做的，每年都看准时机写一两篇很“狠”的文章，有人欢喜，有人骂，还有人怕。我也不管，从来不看别人的反应，骂我也听不见。我就去玩了：该旅游就旅游，该看戏就看戏。等到休息好了，再找个机会，写篇文章“打”一下：这样的日子，多痛快！

我最喜欢鲁迅说的两个字：“纠缠”，像毒蛇一样地纠缠。我对中小学语文教育的介入就是毒蛇般的纠缠。一些教育界的既得利益者不是不喜欢我，要赶我吗，我偏不走。这个世界绝不能让既得利益者那么顺利地独占一切，总要有人反对。我的存在就是让你不舒服，明知道打不过你，也要纠缠不止，这也是一种人生价值。很多青年让我题词，我就是写这八个字：“边打边玩，纠缠不止”。

但纠缠也要有方法，这就是“智慧”。这就涉及到问题的另一个方面。我经常说，思想者和实践者的逻辑是不一样的。思想者讲彻底，超前；实践者要讲现实条件，讲妥协。在现实生活与教育实践里，完全不妥协是不行的，但妥协又要有一个度，过了度，就会失去自己。如何掌握好“度”，既能通过一定的妥协，把事情办成，又不失度，不丧失自己的基本原则，这就需要智慧。这里还涉及对现代体制的分析。我在第一天讲话里，提到在座的老师遇到的五大问题，其实也还有另一方面。

第一、压制固然存在，但也不是铁板一块，而且时紧时松，这就有鲁迅说的“钻法网”的可能：当它松的时候，你就拼命挤进去，把它扩大；等它紧的时候，你就沉下来做准备；再松了就再作发挥，而且发挥得更为充分。这是一个反复博弈的过程，而且缝隙会越来越大，路越走越宽，反正我们并不谋求私利，就是想按我们的信念，做一点有利于学生健全发展的事情，这是关不了，挡不住的。

第二、现在家长的情况总体来说，问题很多，常常成为应试教育的社会基础。但据我的观察，家长也在发生变化，一些家长本身就有一定的人文素养，他对现行的应试教育是有看法的，这就有了和我们沟通的可能。如果我们做好工作，至少有一部分家长是会由阻力变为支持我们存在变革的动力。

第三、还有学生。学生的不理解，以至反对，这确实是我们最感痛苦的。但同时也应该看到学生的可塑性，关键还是看我们的引导。我一直认为我们严重低估了中学生的创造力和想象力。只要引导得当，孩子是能够成为改变教育存在的主要的推动力。刚才夏昆老师发言里谈到了学生对他的试验的支持，其实我们每个人都会有这样的经验和体验。

第四，同行的不理解与掣肘，确实让人沮丧；但也要看到，同行也是复杂，可能变的。今天夏昆老师没来得及讲，但他昨天告诉我，他所做的艺术教学，最初被看作是异端，但最近变了，有的老师主动要求他提供电影教育方面的资料。你做得好，学生接受了，就有可能被一部分同行接受，不管他动机如何，这总是好事。反对你的同行，也有变的可能，我们的教育试验，在学校里并非完全没有发展的空间。

最后，社会环境也会发生变化。这次企业家的介入，本身就说明了外在的环境正在变化，会有越来越多的社会有识之士，理解与支持我们。而且我认为经过努力，宽容、宽松的社会舆论环境，是可以在局部范围内实现的。发展空间与机会总是有的，就看你能不能利用机会，关键在你有没有足够的教育智慧在现行体制下寻找发展的空间。

我想总结几句话，这是一个前所未有的中国教育的艰难时刻，这是我们分析的前提。但是我们还是要有作为，也还可以有作为，即使不能大有作为，但是小有作为、中有作为是可能的，而且要靠我们自己去创造、努力的，这里就有一点孔夫子的知其不可为而为之的精神，这其实也是鲁迅的反抗绝望的精神。同时，我们要自救、互助，就是我在前一次讲话里说的“好人联合起来”做力所能及的事情。我最喜欢用的词就是“相濡以沫”，越是艰难时刻越是需要相濡以沫。我相信历史合力的作用，大家不要只看着自己，或者我们这个小圈子，其实全中国很多人都在努力，只不过彼此不知道罢了。我们无须串联，默默地做就行。但是要相信，和你一样默默做事的有很多人，而且各人用适合于自己的不同的方式去做。最后就会形成历史合力，会发挥你意想不到的巨大的作用。这就是我的悲观中的乐观：有越来越多的中国人，也包括我们这样的普通教师，大家都在思考，在聚集，在行动，这就是希望的所在。

附：2012年9月8日开幕式上的讲话

非常感谢王瑛女士和主办方给我一个机会，和来自教育第一线的老师们见面。在座的很多老师我们都是神交已久，或者文字之交已久，但是没有见过面，现在有机会聚在一起，我真的特别高兴。

我感到遗憾的，是有三位老师没有来。我的母校南师附中的王栋生老师和王雷老师，他们此刻在南京也有一个教育活动，只得缺席；还有一位四川农村中学的李国斌老师，我和他相识很有意思：是他的学生找到我，说钱先生你一定要写一下李老师；我想如此受到学生爱戴的老师应该是有魅力的，于是就把他写的《我的学生我的班》找来看，一看就觉得有许多话要说。此时他已经得了癌症，在他动手术之前我赶着把文章写好寄去。这次开会，我就提出一定要请他来，后来才得知他现在身体状况不是很好，就没有来。我们在这里祝福李老师的身体赶快好转吧。

见到诸位，我首先想起的，是我大概在1998年开始介入中小学的教育改革和语文教育改革情形，到现在14年了。这一路风风雨雨地走来，经过很多的曲折，有的人总想把我赶出中小学教育界，回到我应该去的地方——大学，但是我偏要留下来。我为什么要留下来，并且坚持到今天，很大程度上就是在座的老师们对我的支持。

我想用一句话来概括我们之间的关系：我们是在寂寞和孤独中相濡以沫，我不能离开诸位，诸位也不能离开我，而且无需有更多的交往，我们会有一种心灵的契合。有这一点，就足够，足以使我心满意足了。在这里我应该向这些年支持我，和我一起艰难前行的老师们表示谢意！（起立鞠躬）

今天看到很多马小平的同事、学生、朋友、同学，我也非常感动。我是通过马老师的学生王翔，后来又通过也是他学生的黄素珍认识他的，从一开始就感觉到这位老师的特别之处，就在于他的生命和学生的生命紧紧交融在一起，我甚至感觉到已经形成了一个生命的共同体。这是一个很高的境界，很高的教育境界，很高的教师为人的境界：这是马老师给我的第一印象。

马老师给我的第二印象，是他独具的世界眼光，全球意识。他不仅从中国现实出发，更从世界性教育危机、人类文明发展危机这样一个全球化的时代问题来看中国的教育，这几乎是我所接触到的中学教师中绝无仅有的，眼光之高远让我非常折服。

第三个印象：他是一个“精神的人”，有很高的精神追求，一开始就给自己提出一个问题：“一个中学老师能够走得多远？”他和王翔有一个对话，让我非常震动。王翔评论说，“老师，你是永远年轻的，你有一颗燃烧的心。”马老师对他说，“你也有一颗燃烧的心，但我和你不一样，你自己燃烧，我燃烧自己时还要燃烧学生。”这有力地证实了我的一个观察和判断：我们对中学老师及中学生的潜力远远地估计不足。我们教育的问题恰好在于，对于中学教师和中学生潜力的压抑，如果释放出来是非常了不起的。那是真正能改变中国与世界教育的。

当然，让我最感到震撼的，是曾鸣写的那个报道里的细节：“有一次马老师被许多的家长围住，责问他为什么不按应试教育那一套教学，马老师显得很疲惫，甚至有一点手足无措，最后泣不成声。”这个场面真正地让我震撼，并由此形成了两个概念，提出了两个教育命题。一个是“真正的的教师”的命运。什么是真正的教师，或者说合格的教师？我跟南师附中的王栋生老师有一个交流，我们共同认为，真正的教师、合格的教师应该具备三个条件：第一有独立思考；第二喜欢读书；第三他的一切教育活动，以致他的生命，都是围绕着学生的健全成长，这是他的教学的出发点和归结点。但是这样的真正教师，像马老师的命运所昭示的那样，在中国现实的教育环境里，却要面对五大困境。一是不同程度上受到教育部门、行政部门的压力；二是受到家长的包围，教育产业化的结果，已经根本改变了家长和老师的关系，变成雇主、老板和雇员的关系；三是反对自己的常常是学生，应试教育已经成为学生一种内在的要求；四是常常受到同行的另眼看待；五是社会舆论的不理解。这五个方面的压力最后就转换成内在压力，形成自我心灵的困境：我教书还有意义吗？我还能坚持下去吗？我想在座的老师大概都会经常这样拷问自己，好多人都觉得实在是坚持不下去了。

我想马小平老师的痛苦大概就是这样的，这是一个根本的问题：这样的真正教师、合格教师，本来应该是我们教育改革的动力或者依靠对象，但实际却恰好不是。我们今天的教育改革，依靠的是什么人呢？我也有一个概括，叫“不合格的教师”或者“伪教师”。他们或者是低智商的粗俗的利己主义者，或者是高智商的精致利己主义者，教学水平可能并不低，因此很容易和真正的教师相混淆，但是有一个根本区别：“伪教师”是没有任何教育思想、理想，也毫无教育公心，既不真正关心学生的成长，也不从教育自身追求个人生命的意义，只是追求和教育本质相违背的个人名利，因此他们一切教育行为都是围绕权力转的，迎合领导也就会表演作秀。我在这里并不是对这些教师进行个人道德的谴责，这不是道德的问题，而是体制的问题，他们是现行教育体系弊端的产物，同时也是现行教育体系得以维持、得以发展的支柱，但他们常常成为我们教育改革的骨干和依靠对象。

在我看来，中国的教育改革的问题就在这里：真正的动力和依靠对象受到排斥、打压，发不出声音；而另外一些低智商、高智商的利己主义者，却在拼命谋取利益，现在是利益把这些人捆绑在一起了，为了利益的教育是什么教育？为了利益的改革是什么改革？

这是应该提出根本质疑的。

那么我们怎么办？我觉得我们可以做两个方面的事情。

一是“互助”，大家聚集起来，尽可能地发出自己的声音，尽可能地营造一个稍微好一点的环境。我觉得今天到会的媒体朋友们，在这方面应该做更多的事情。刚才杨林科老师讲，当他最困难的时候是《华商报》支持他的，在《华商报》展开了讨论，产生了巨大的影响，这方面媒体可以做很多、很多的事情。我在评论杨老师的文章里，就提出要“营造一个扬善抑恶、宽容宽松的教育环境”，这是我们能够做的。我想王瑛女士今天开这个会就是想在这方面做一点工作，这是互助。

二是“自救”，就是老师们自己团结起来，组织起来。可以通过各种形式，我想今天的会议也是一种方式，大家交流、互相认识，以后还要保持联系。每个人在自己的岗位上会觉得非常孤独，包括我自己，我坐在书房里觉得非常寂寞，今天在这里看到大家，就觉得很温暖，因为你发现还有很多人跟你的想法是接近的，这就是我说的相濡以沫，自己救自己。我想王瑛女士组织这个活动，大致就是这两个目的，一是营造一个环境，帮助大家发出声音来，并且放大诸位的声音，所以叫做“寻找来自一线老师的声音”；第二就是为大家建立一个相互联系的平台。在座的杨东平老师有一句话，我觉得非常好，我到处讲。杨老师说：“我们现在要做的是好人联合起来，坏人已经联合起来了，他们干了那么多坏事。我们好人为什么不联合起来？好人为什么这么软弱？好人应该联合起来。”在某种程度上，今天的会议就是好人联合起来，讨论我们自己的事情，然后发出自己的声音。

谢谢大家！

他在进行一场决定中国教育命运的“静悄悄的变革”

——读李国斌《我的学生我的班》

翻开李国斌老师的《我的学生我的班》，就看到这样一段自白——

> 我知道，作为学校一个小小的班主任，虽然没有呼风唤雨的本事，不能左右学校的教育规定和要求，不能决定教育的“大气候”，但是我可以营造教育“小环境”。在遵循教育自身的规律和学生身心发展的规律的前提下，按照自己对教育的理解和思考，在我管理的班级进行教育改革试验。

我的心为之一动。

想起了刚刚为一位远行的老师写的文章里，谈到的对中国教育的一个观察：我发现，在全国各地，都有一些第一线的老师，他们是教育理想主义者，更是具有行动力与创造力的教育实践者。我对他们的存在选择，作了这样的概括和描述：“努力地改变自己的存在，改变着教育的存在，并在这样的改革过程中，把握个人的存在意义，实现对意义的承担。这是一场将决定中国教育命运的静悄悄的变革。”[1]

很显然，因这本书而刚刚结识的，这位四川边远山区的李国斌老师，也是这场“静悄悄的变革”的自觉参与者，而且有了具体的变革成果：他和他的学生一起创建的“永远的2001级1班”。

这是班级上的一位学生在校期间的一个感受——

“当我一走进学校，就像走进了另一个世界。这里很静，把外边的无聊、空虚、喧嚣，死死地隔在了一边。这里很静，但却充满了活力和竞争，充满了朝气和希望。每当走进学校，我就知道自己的存在，知道自己该做什么了。也许，这里同校门外的赵镇格格不入，我们好像脱离了尘世。但是，这里却通向北京、上海——通向一个在赵镇永远也无法感受到的世界。”

“多么希望高三的气氛和感觉扩展到我的家，扩展到全社会啊。”

这些学生后来离开学校，走进大学或社会，但在他们心灵深处却留下了这样的永恒记忆——

“进大学这么久，最深的感触是：我们那个纯洁、温暖的集体再也不会有了，大家在联系中感叹最多的便是这点，都很怀念那个集体。李老师，您的确创造了一个世界上最好的集体。也许您会认为我们不如你现在的学生聪明、活跃，但我们纯洁、真诚再也没有谁能比得上。那时候班集体强大的凝聚力，我们再也体会不到了。我们怀念以前的同学，更怀念带领我们凝聚在一起的班主任——您！感谢您给予我们的一切，感谢您为我做的一切！”

“你用你的心血在那样一个重要的阶段，让明亮的颜色盖

① 钱理群：《教育本质上是理想主义者的事业》，载2012年2月9日《南方周末》。

住了暗淡，留下了重重的一抹温暖的色调。在人生最宝贵的六年，你为我们画上了明亮的基调，以后无论走到哪里，它都将伴我们一起成长。”

诚如学生们所说，“在西部那么一个小地方，还有这样生动的素质教育”，实在是一个教育的奇迹。

学生们说：“每当走进学校，我就知道自己的存在，知道自己该做些什么”。这就意味着，李老师和他的同事与学生一起创造了一种教育的存在，它是和外部社会不一样的存在：当社会陷入了喧嚣、空虚、无聊、绝望时，学校里的班级集体却是安静、充实，充满活力和希望的。这确实是在现有的框架之中加进一个异数：社会永远是现实的，而学校却应该永远是理想的，我们说教育是一个理想主义的事业，就是这个意思。这就是说，当李老师和他的学生创造了“2001级1班”这个不一样的存在时，他们就已经接近了教育的本质和本性。像学生们所感受到的那样，正是在这样的存在环境里，他们的生命“画上了明亮的基调”，“留下了重重的一抹温暖的色调”，他们变得纯洁而真诚。这其实正是作为基础教育的中小学教育的基本使命：为孩子的生命打下真、善、美的光明的底子。如学生们所说：“以后无论走到哪里，它都将伴我们一起成长”。是的，孩子们终将走出学校，走向社会，他们将面对社会的黑暗，而陷入理想与现实的矛盾，从而引发许多的痛苦：这都是成长必须付出的代价。但他们从小就已经在学校里打下了真、善、美的底子，面对假、恶、丑的现实，他们就有足够的精神力量与之抗衡，光明底子愈深厚，抗衡黑暗的力量愈强大。尽管他们会有困惑，有妥协，有调整，但终究不会被黑暗所吞没，更不会和黑暗同流合污，而能够最终守住从青少年时代就深深扎根在心灵中的做人行事的基本原则和底线。这正是中小学教育的作用、影响和力量之所在。

人们都在感叹今天世风日下，许多人，包括年轻人，都陷入精神的堕落，突破了道德的底线。如果进一步的追问，就可以发现，许多人的堕落，就是因为他们在学校读书，特别是接受中小学教育的时候，没有打下一个真、善、美的光明的精神的底子。我们的教育的存在，过早地和社会存在趋同，甚至有过之而无不及：社会不安静，学校更喧嚣；社会腐败，学校也不干净；社会绝望，学校同样虚无，等等。这样的教育存在，使得我们的孩子从小就有了和他们的年龄不相称的世故，冷漠，阴暗，空虚，这样的未老先衰的生命是脆弱的，到了社会，是无力抵抗黑暗的侵蚀、诱惑的。我多次说过，我们的中小学教育给孩子们留下什么样的童年的、青少年的记忆：是宁静的，还是浮躁的；是温暖的，还是阴冷的；是蓬勃向上的，还是消极退缩的；是阳光的，还是灰暗的；是多彩的，还是无色无味的，都将决定一个人的一生。我还说过，中小学教师的生命的全部意义和价值，就在于能够成为学生童年记忆中最温暖、最光明的那个瞬间，我称之为“神圣瞬间”。

李老师的书，最大的魅力，就在于它展现了一个又一个的这样的神圣瞬间。我在欣赏、赞叹的同时，也有几分感伤：因为在现实的中国教育中，这样的神圣瞬间越来越少见，而且它们已经被教育的喧嚣和表演所淹没了。但这也是一个启示：只有把李老师的努力放在中国中小学教育的现状下，才能显出它的意义和价值。如前所说，李老师所做的，无非是按照教育的本性、本质去教学，是回归教育常识、常理；但现在我们教育的问题恰恰在于对教育本性、本质的背离，不按常识、常理办学。这样，李老师和他的学生所创造的“2001级1班”的教育存在，不仅和社会存在相异，而且也和现实的教育存在不同，成了教育的现有框架中的异数。从另一个角度说，李老师在他的教育实验里，改变着学生和他自己的存在的同时，也在改变着现行教育的存在。我称之为“静悄悄的变革”，就是这个意思。

我们的讨论，还可以深入一步：这是怎样的变革？它有什么特点，能够给我们怎样的启示？在我看来，主要有三点。

首先，我注意到，推动这场静悄悄的变革的，是李老师这样的边远地区的普通教师，如我们前引的他的自述所说，他不过是一个“小小的班主任”，“没有呼风唤雨的本事，不能左右学校的教育规定和要求，不能决定教育的大气候”。从本书的《我的故事》里，我们还知道李老师来自社会的最底层，是历经艰辛，甚至是带着屈辱的记忆走上教育岗位的。因此，他所推动、参与的变革是在权力之外的下面开始的，这是民间的教育实验。它的动力，不是来自教育行政部门的指令，而是出于内在生命的需要和教育的良知，李老师说，他是“带着过去，带着心里的‘光明’和‘黑暗’走进同学们的世界，构成了我的教育”。这是“我的教育”，不是领导要我做，而是我自己要做。因此，他所要进行的教育变革，不仅要改变学生的存在，也要改变自己的存在；教学的过程不仅是塑造学生灵魂，也是塑造自己的灵魂的过程；不仅要求走进学生的心灵，也要求学生走进自己的心灵。作为教师的李老师有着极强的“对每一个学生生命负责”的责任感，也有着极强的自省意识，时刻反省自己的教学失误（他称之为“教学败笔”）会伤害学生的心灵，影响他们的生命成长。这正是李老师的书最让我感动与震撼之处。我由此而意识到，李老师和他的学生，已经成了一个生命的共同体：他们努力走进对方的心灵，相互负责，一起成长。这是真正深刻的教育变革，不仅改变了老师和学生的生命存在，改变了师生的关系，而且对我们已有的教育观念、方式，以至教育体制，形成了挑战，李老师和他的学生创造的正是我们在前文提到的“第二教育”。

其次，我注意到，尽管李老师所进行的变革构成了对现行教育存在的事实上挑战，但他却并没有进行正面的攻击，有意识地避免直接的冲突，而选择了在现行体制下的局部变革的道路。这看似消极，却具有两个方面的深意。其一，立足于建设，立字当头，破在其中。其二，这更表明了一种难得的自我清醒：如前文所引李老师的话所说，我“不能决定教育‘大气候’”，却“可以营造教育‘小气候’”。清醒地意识到自己能做什么，不能做什么，也就意味着对自己的力量和限度，都有一个科学的分析。这样就不但能够在可能的范围内最大限度地发挥自己的生命能量，而且也减少了许多不必要的阻力和损耗，显示了教育的智慧和成熟。当然，另一方面，这也决定了李老师的变革实验本身的局限，李老师对此也是清醒的，并因此时时有无力感与孤独感。学生们都感到李老师所受儒家思想的影响；在我看来，最重要的，就是他是以儒家“知其不可为而为之”的精神，来从事教育变革实验的。他献身于这样的事业的生命，也就多少给人以悲壮感。但如学生们注意到的那样，道家也在他的心里有深深的烙印，因此，他也总能以洒脱的态度，面对一切，越是重病缠身，他越是坦然、淡然和从容。他的教育事业和生命是合而为一的，都已经进入了一个很高的境界。

最后要说的，是李老师不仅有高远的理想，他的行事却是现实主义和经验主义的。他并不期待彻底的变革，也不把希望寄托在所谓美好的未来——我说过，这是我这样的老一代理想主义者曾经有过的追求，这里是有着深刻的教训的；在这个意义上，李老师是一位新时代的理想主义者，他和他的学生是有着更多的一致之处的，他们要创造的是美好的今天，要在现有的生活中获取生命的意义和价值。因此，他们所推动的教育变革，不仅是从自己做起，而且是从现在开始，从每一堂课、每一次教育行为、每一个教育细节开始。一位学生长大了回忆自己的成长过程，这样对李老师说：“是您的一个握手和一句话改变了我的一生”。这绝非夸大之辞，而是一语道破了李老师所推动的教育变革的特点和魅力所在。它是把理想融化到日常细微的教学工作之中，认真地上好每一堂课，精心组织好每一次班级活动，不期待奇迹发生，只要求有微小的变化，移步而换形，潜移而默化，不苛求立竿见影，一切着眼于长远的发展。惟其如此平凡，它就是每一个有心的教师都能做到的，它也就有可能产生辐射作用，带动周围的人。我在本文一开始就说过，在全国各地都有像李老师这样的有理想、有行动力和创造力的老师，在共同推动静悄悄的教育变革。这样发生在教育底层的变革，尽管在今天的教育喧嚣中极容易被忽略、遗忘和抹杀，但却是真正决定着中国教育的命运的。

李老师用他的教育生命告诉我们，一个普通的中学教师究竟能够走得多远。正是李老师和李老师们用自己平凡的教学活动，悄然无息地改变着学生，改变着自己，也改变着中国的教育，创造着一个新的教育存在，这是真正深刻的教育存在变革。中国教育的脊梁，中国教育的希望，在这里，在这里。

2012年2月18—19日

共同营造扬善抑恶、宽容、宽松的教育环境

——读杨老师的“万言书”

读了杨老师的“万言书”，我一则以喜，一则以忧，最后仍怀希望。

先说“喜”，就是我的感动和欣慰。这些年，我一直在寻找“真正的教师”，而且总有收获；每有发现，必欣然为文。在《做教师真难，真好》和《钱理群语文教育新论》两本书里，我总结了十位“真正的教师”的教育思想与经验，他们分布在北京、上海这样的中心城市，南京、福州这样的省城和湖北县城与农村。最近，我又连写了两篇文章，写南海之滨的深圳的马小平老师和四川边地小城的李国斌老师所做的教育实验；现在，我又在西安古城发现了杨老师。所有这些发现恐怕都不是偶然的，它反映了当下中国教育的一个重要现象：在全国各地，从城市到农村，从中心地带到边远地区，都出现了一批“真正的教师”，他们在教师队伍中所占比例不大，但绝对量却不小，作用和影响更不可忽视。在我看来，真正的教师的出现，这应该是中国教育改革的重要成果；同时，这些真正的教师所遭遇的困境，也在一个相当重要的方面，反映了中国教育和改革的某些深层次的问题。这就启示我们：杨老师并不是孤立的存在，在讨论杨老师教育现象时，应该有一个全国教育的大视

野，而不能只局限于西安一个地区。

我之所以把“杨老师们”称为“真正的教师”，是因为他们的教育理念与实践，不仅体现了教育的本性、本质，教育的良知，而且体现了我们正在推进的教育改革的基本精神。在杨老师的理解里，“教育是一个生命对另一个生命的影响”，他的教育信念与追求是“震撼心灵，开启智慧，健全人格。目的是要学生学会独立思考、独立判断，进而达到独立行动，成为一个心灵博大、精神坚强的人”。他的教育有一个基本贯穿线，就是“一切为学生的生命成长负责”，在我看来，这是真正的教师的最重要的标准与标志。而且这样的教育理念和自觉追求，是完全符合教育改革所倡导的“以人为本”的教育观念的——我更愿意把它叫做“立人的教育”。杨老师所要倾心培育的独立思考，独立判断，独立行动的人才，也是国家最需要的创新型人才。而且最为难能可贵的，是杨老师们把这样的教育信念和理想融化到日常细微的教学工作之中。

杨老师还是一位优秀的语文教师。这些年大家把语文教育越说越复杂，弄得一线教师无所适从。现在，就需要回到常识：所谓语文教学就是爱读书、爱写作、爱思考的老师，带领着学生读书、写作、思考，打下基础，养成习惯，并在这一过程中享受快乐，体验生命的意义与价值。现在我在杨老师的教学中所看到的，就是这样的回到常识的自觉努力。杨老师是一个真正的读书人，这是语文老师最基本、最重要的素质。杨老师说，他把所有的课余时间都用在读书学习上，甚至上厕所、晚上泡脚都在阅读。他每年阅读量绝不少于1000万字，写读书笔记约在8–10万。这是杨老师的“万言书”让我最为感动之处。我想，如果有更多这样的嗜书如命的杨老师，我们的语文教学将呈现出怎样一个可观的局面啊！

杨老师是一位中年教师，这也是我的一个关注重点。我对这一代中年人有过这样的观察：“他们上大学期间，或直接受到80年代的启蒙主义教育，或在90年代还感受到启蒙主义的余光”，因此，他们多少还保留着教育的理想主义；但“他们加入中学语文教师队伍后，又直接承受着日趋严重的应试教育的巨大压力和诱惑”，因此，“这一代教师的分化是最为严重的，有的迎合而高升，被应试体制培养成接班人；有的消沉了；然而，也还有人在艰难中坚守”，杨老师大概就是这样的坚守者，他们在当下中国教育体制内，既事实上支撑着整个的教育，又承受着巨大的压力，“内心的焦虑、煎熬，恐怕是我们这些局外人所难体味的”，因此，他们也是最需要理解与支持的（参看拙作：《坚守，需要韧性与智慧——王雷〈战战兢兢的讲台〉序》）。

而我最为看重的，是杨老师所做的一切，完全是出于内在生命的需要。杨老师说：“教书是我的安身立命之本，我别无选择，只希望在学生的精神世界里延续一下我的生命”，“我不想满足于无意义生存，总想给这社会留下点什么”，也“为自己的生命做些什么”。因此，对杨老师来说，认真教书和进行教育实验，不是完成领导布置的任务，而是“我需要”；不是为了“让他人满意”，而是要“自己满意”。我曾说过，中国教育改革基本上完全是自上而下，由政府行政部门主导的，这既有其合理性，因为教育从来就是国家行为；但如果缺乏自下而上的民间改革的支撑和制约，就会带来一切依靠行政指令，改革的内在动力不足的问题。因此，像杨老师这样的发自内心的改革意愿和行为，就显得特别有意义。

通过以上的讨论，我们不难得出这样的结论：杨老师这样的真正的教师，自愿自觉的改革者，理所当然地应该是中国教育和改革的动力、依靠对象和骨干力量。

但现实却不是这样。我们所说的“杨老师现象”，就是真正的教师却被视为教育的“异端”、“不识时务者”，家长上告，领导谈话，处于被排斥与孤立的尴尬境地。而且这并不是个别现象。我想起了鲁迅的一段话。他说，观察中国的事情“要自己去看地底下”，“看看他的筋骨和脊梁”；“这一类的人们，就是现在也何尝少呢？他们有确信，不自欺；他们在前仆后继的战斗，不过一面总在被摧残，被抹杀，消灭于黑暗中，不能为大家所知道罢了”（《中国人失掉自信力了吗？》）。看来，这样的历史在今天依然在继续：“地底下”即教育第一线的杨老师们，在“前仆后继”地奋斗，却“总在被摧残，被抹杀，消灭于黑暗中”。教育改革的动力被当作阻力，教育的依靠对象成了被忽视、指责乃至打压的对象，这无异于教育和教育改革的自噬与自杀。我们是在用自己的手来摧毁好不容易形成的民族教育的筋骨和脊梁啊：这难道还不触目惊心吗？——这就是我的“忧”之所在。

我们要追问，怎么会发生这样的教育悲剧、荒诞剧？这当然涉及教育的理念与体制的问题，比如自噬的实质就是一个“劣币驱逐良币”的评价机制问题，将家长与老师的关系变成老板与雇员的关系，就是教育产业化的恶果，等等。这都需要更深入的讨论。我想说的，是一个要“营造什么样的教育环境”的问题。

我从杨老师的遭遇里，得到了一个重要启示：今天我们来讨论中国的教育问题，不能只局限于教育内部，教育问题同时是一个社会问题，它不仅涉及教育内部的老师与学校领导及主管学校的各级行政部门的关系，教师与学生的关系；而且涉及家长与学校、老师的关系，社会舆论与教育的关系，而学校内外关系又是相互影响与渗透的，比如家长与老师的关系，就会直接影响学生和老师的关系，等等。这一次事件是由家长告状引发的，就更加显现了教育中的家长问题，让我们看清楚：家长可以成为素质教育的动力，搞不好就会成为应试教育的社会基础。对杨老师这样的教育改革者和有志于教育改革的学校领导来说，他们的最大困境，就在于他们的教育改革实验常常遭到家长，以至学生的反对，这有点类似于鲁迅所说的“无物之阵”，这是多数人，多年形成的习惯势力，而且是出于善良动机（即所谓“为了孩子好”）的反对。这就是前面讲到的马老师面对家长的围攻，特别感到无奈和无力，甚至手足无措的原因。这里也就提出了一个如何处理好教师，学校领导，家长，学生，教育各级行政部门，以及社会舆论这诸多方面的关系问题，这也就是我们所说的教育环境的问题。这是应该提到教育议事日程上的关系教育改革健全发展的大问题。

我想提出讨论的，有两个问题。首先是，我们能不能在教育领导部门、老师、家长与学生之间，寻找一个最大公约数，达成某种共识？我很赞同杨老师的意见："我希望用人生教育统摄和抑制应试教育下的功利冲动，把生命教育、理想教育放在重要的位置上。当然从现实生存的角度，高考的成绩也是很重要的。但必须在中间找到一个平衡，要用人生大目标统摄高考小目标"。这里，既坚持了自己的基本教育理念与理想，强调了生命教育、理想教育，也着眼于学生一生的长远发展；又面对现实学生生存的需要，即要考上大学，就必须重视高考的成绩。于是，就提出了要在人生大目标与高考小目标之间，长远的生命发展与眼前的生存需要之间寻求平衡。这或许也就是鲁迅所说的，"一要生存，二要温饱，三要发展"吧。我设想，追求这样的生存与发展目标的相对平衡，是可以作为一种共识的。因为大家都有着共同的责任，就是要为我们的学生、孩子的生命负责，他们生存与发展两个方面的需求，都是不可忽略的。当然，这只是相对的平衡，而且出于不同的观念，不同的立场，对两个方面的要求，会有不同的侧重：一般说来，像杨老师以及我这样的教育理想主义者，比较注意学生一生的长远发展，因此，杨老师强调，必须"人生教育统摄和抑制应试教育下的功利冲动"，这也是我赞同的。而一些家长或学校领导则可能更重视眼前的生存、高考的需要。在我看来，有不同的侧重是难免的，可以理解和求同存异；但将任何一方面唯一化，却是有问题的。一般说来，即使是杨老师这样的坚守理想主义的教师，也不会完全忽视学生的高考。我所尊敬的，也被我称为真正的教师的，我的母校南师大附中的王栋生老师，就这样说过："高中完成两个任务就很好：一是在培养语文素质的同时给他一粒人文精神的种子，一是设法帮他搞到一张进大学的门票"。我相信杨老师也是这么做的，而且也是可以做到的。

现在的问题，或者主要危险在于，在一些家长、学校领导、老师、学生以及部分社会舆论那里，高考的要求被绝对化，以至唯一化，成了学校教育的全部，这就把狭窄化的功利教育推到了极致，也造成了严重的后果。这正是杨老师所要质问的："如果我们让学生的词典里只有'拼搏'、'奋斗'、'成功'这几个可怜的词，那么，请问：学生的生活在哪里？生命在哪里？那种把生活和幸福不断滞后的教育注定不是成功的教育。因为生命是不能保存的，一切也都是有保值期的，六十岁你能回到十六岁吗？用什么呵护生命的快乐与生存的质量？”我也曾说过，“我们的中小学教育给孩子留下什么样的童年的、青少年的记忆：是温暖的，还是阴冷的；是蓬勃向上的，还是消极退缩的；是阳光的，还是灰暗的；是多彩的，还是无色无味的……，都将决定一个人的一生”。请所有的家长，所有的教育工作者，都正视这个问题：如果我们真的爱孩子，就要为他的一生发展负责，万万不能以任何借口，剥夺孩子健康、快乐、幸福的童年；否则，我们将后悔一生！而教育又是不允许吃后悔药的！

其实，即使从功利的目的，我们也应该有一个长远的眼光。我经常对北大的学生说，知识社会和信息社会对人才是有自己的特殊要求的，一是应变能力要强，二是创新能力要强。未来社会的竞争是一个素质、学养的竞争，要在激烈的竞争中获得自己的发展，就需要有三种能力：终身学习的能力，研究的能力，以及思维的能力，包括思维的开阔性、广泛性、创造性、批判性和想象力，等等，这都是不能等到大学来培养，而要从中小学训练起的。从这个角度看，杨老师遭到一些家长质疑的他对学生独立思考和批判性思维的培养，才是真正有远见的。

不可否认，老师、学校领导、家长、学生之间，总会有这样那样的意见分歧和矛盾，杨老师说得很对，要所有的人都赞同自己，是不可能的。现在的问题是，面对分歧和矛盾，我们总是以恶意猜度别人，并往往采取告状之类的非理性的极端手段，人为地造成矛盾的激化，关系的紧张。这是当下中国社会充满戾气、怨气和相互不信任的风气在教育领域的表现。我曾经说过，每个人、每个群体、社会，都是善恶并举的。健全的个人、群体、社会总能扬善抑恶，彼此以善相处；如果反过来扬恶抑善，彼此以恶相待，个人、群体、社会就出了问题。我们现在社会环境、教育环境都有了病，这样的生态环境的恶化，是最不利于内部健康力量的发展的。

像杨老师这样的真正的教师遭遇如此困境，这是一个重要原因。我们也正可以从改变教育生态环境这里入手，即使全国的大教育环境我们改变不了，至少在我们所在的地区、城市、学校、班级的小环境，还是可以逐渐改善的。在我看来，这一次由《华商报》组织的讨论，就是改变教育生态的有意义的尝试，通过坦诚交流，教师、教育领导部门、家长、学生和社会舆论之间，有了更多的理解和同情。如果我们能因此营造出一种扬善抑恶、宽容、宽松的教育气氛，鼓励实验，允许失败，不横加干涉，不相互指责，不骂杀也不捧杀，在这样的环境里，就能够最大限度地减少内耗，校园内外各种力量的积极性都能得到有效的发挥和良性互动，我们的教育和改革就真的迈出了重要的一步。

2012年2月29日

打工子弟教育的意义和贡献

——在“清华伟新·新公民园丁奖”颁奖会上的致辞

我有幸读到了这次“清华伟新·新公民园丁奖”的获奖作品。文章的作者，作为11万坚守在打工子弟学校的老师的代表，来自北京、成都、东莞、广州、贵阳、昆明、上海、深圳等地；他们充满生命气息和温度的故事，深深地感动了我，更启发我思考关于打工子弟教育、关于中国教育的许多问题。下面要讲的，不是颁奖词，而是我的感谢与感想。

我大概是从2004年参加北京首届打工子弟作文竞赛活动开始，就和流动子女的教育发生密切关联了。八年的时间里，我不断从这个特殊教师群体里，吸取思想和生命的力量，并且一直在思考：这些不一样的“新公民的园丁”，对于中国教育的意义在哪里？他们作出了怎样的独特贡献，理应得到社会和教育各界的关注和尊重？这一次全国各地打工子弟学校最优秀的老师们所写的生命故事，对这些问题，作出了最好的回答。

他们的教育对象是打工子弟，留守儿童，是一群成长中的烦恼特别多，心理负担格外重，因而特别需要关爱，而又恰恰得不到足够的爱的孩子；可以说，打工子弟学校的老师，是在爱的沙漠里，用自己的生命的泉水滋润着学生的焦渴的心灵，实行真正的爱的教育的。

打工者和他们的子女都处于社会与教育的边缘位置，他们常常受到不公平的待遇，不仅陷于物质的贫困，更陷于精神和权利的贫困。打工子弟学校的老师，是在两极分化的社会环境下，为给予弱势群体的孩子以享受高质量教育的权利，追求教育的公平，而不懈努力的。

他们自己，尽管付出的代价最多，却长期处于工作劳累、工资偏低、没有社会保障，又得不到尊重的状态。也就是说，打工子弟学校的老师是在被社会漠视、歧视的生存条件下坚守岗位，从孩子的成长中获取自我的生命成长，享受生命的意义与快乐，从而维护了自己生命的尊严的。

可以说，今天站在这里的老师，以及他们背后的11万打工子弟学校的老师，都在极其艰难的条件下，坚守了爱的教育，教育的公平，以及教师的自我尊严：这就是我们要向他们颁奖，表示最高敬意的最充分的理由。

把他们的三大坚守，置于中国教育的大背景下，就更显示出其不同寻常的意义。爱的教育的缺失，教育的不公平，教师的尊严的丧失，正是当下中国教育带有根本性的问题。而这些生活在中国社会与教育底层、边远地区的老师们，却是在最缺少爱的地方坚守爱的教育，最不公平的地方坚守教育的公平，最没有尊严的地方坚守教师的尊严，这是怎样的崇高与伟大！每一个良知尚存的人，都应该向他们脱帽致敬！

在一定意义上，可以说，正是这些普通得不能再普通的老师，用他们的坚守，拯救了中国的教育，给中国的教育以希望。他们正在以自己在平凡的日常教育生活中的努力，改变着中国教育的存在。他们和公办学校里的“真正的教师”一起，正在推动一场静悄悄的教育存在的变革。

“真正的教师”或“合格的教师”，是我在考察中小学教育时所提出的一个概念。在我看来，真正的教师或者合格的教师有三个特点，一是以学生的健全成长为一切教育活动的出发点和归宿，二是善于独立思考，三是喜欢读书。我读这次获奖作品，最强烈的感受，自然是前面提到的老师们为学生的成长的呕心沥血，无私奉献；我还从获奖作品的朴实、流畅、深情的文字里，看到了老师们的文学素养和思想力量，在这背后，我看到的是，老师们为提高自我的素质，在极其简陋的条件下，努力学习，深夜苦读、写作与思考的身影。这同样使我深受感动，也应该是要给诸位授奖的重要理由。老师们的经验，再一次证明了："教学实践与阅读、写作、思考的结合"，是一个教师健康成长之路。

面对这些打工子弟学校里的"真正的教师"，我还想到了自己的责任。长期以来，这些最应该受到关怀与尊重的老师，却一直处在社会、舆论的视线之外，我们应该感到羞愧。我想，今天"新公民园丁奖"的颁发，应该是一个补偿，同时，也是一个召唤：一切真正关心中国教育和社会发展的公平，关心所有的孩子的健康成长的人们，都应该给予打工子弟学校和校长、老师、学生们以更多的关注，更为切实的支持。现在只是一个开始；以后还有很多很多的事要做。

最后，再一次向获奖老师，表示祝贺，谢谢你们。

校园里没有诗意味着什么

——《南师大附中校友诗选》序

南师大附中校友会编选《校友诗选》，以纪念附中一百一十周年校庆，这是一个好选题。它不仅是别开生面的历史总结，而且对当下的教育具有警示作用。

翻读这本诗选，我确实大吃了一惊：在附中的历届老师、学生中竟然有这么多的专业和业余的诗人，这是我从来没有想到过、关注过的。从19世纪“70后”的王老师，到20世纪“90后”的芮雪同学，附中人写诗的历史竟然长达一百多年，可以毫不夸张地说，附中是一块诗的国土！这是从一个特定的角度，揭示了中学教育的本质和附中的传统与精神的。从根本上说，教育本身就是一个理想主义的事业，因而也是诗的事业；诗和青少年又存在着本原上的血缘关系，每个年轻人天生的就是诗人；而中国又有诗教的传统，诗歌教育既有助于青少年精神自由和想象力的保护与培育，是心灵沟通的最好方式，而且是青少年承接民族、人类文明精神成果的最佳途径。特殊地说，如我在《附中：永远的精神家园》里的一篇文章所言，“附中精神”就是“青春的精神”，其主要内涵：“对未来的美丽想象，对理想的执着追求，对彼岸世界的终极关怀，由此焕发出内在和外在的激情，生命的活力，永不停息的精神的探索，永远不满足于现状的不断创造的欲求”，无一不是诗的。附中校园浓郁的诗意绵绵不绝，自然也就养育了生息其上的老师与学生永远充沛的诗情，于是就有了这百年诗作，令人神往。

但我们在感动之后，又不能不有更多的感慨：因为这一切，距离今天的现实实在是过于遥远了。我的面前，就放着附中刚退休的王栋生老师和仍在职的周春梅老师的两篇文章，读得我心惊肉跳，忍不住要呼应几句。王老师在他的新著《作文教学笔记》里揭露了一个事实：如今不仅整个中国，而且连本应是诗的沃土的校园里，“青年爱诗的环境没有了”，爱写诗的学生竟然成了学校领导、老师和同学眼中的异类，青少年心中的诗的萌芽被扼杀在摇篮里了！据王老师的分析，其原因有三。一是“高考作文规定‘文体自选，诗歌除外’”，在“一切与高考无关的教育，都不能进入中学”的应试教育的铁的逻辑下，劝阻、甚至禁止学生读诗写诗就是理所当然了。其二，即使课文里选有少量的诗歌作品，也纳入应试的轨道：“让学生背诵诗词名句以应考，拿着‘鉴赏辞典’指导他们‘赏析’”，这样本是能够触动心灵的诗变成了面目狰狞的怪兽，“爱诗的学生也爱不起来”了。其三，一些教师“经过一段时间的应试教育体验，丧失语文趣味，走向平庸甚至热爱平庸，追名逐利，文学品味和思想境界低于学生”，怎么能指望他们去引导学生走向诗歌这块精神的高地呢？这都是极其沉重的教育现实话题：诗的缺失和扼杀的背后，是作为教育本质的精神自由、想象力、理想主义、美的情操和心智的崇高的缺失和扼杀！王栋生老师最后说：“在错误的教育观之下，学生不仅仅不爱诗，不会爱一切美的事物，也不会有心灵的高尚，而更可悲的，是一个没有诗的民族也将没有希望和前途”。

周春梅老师的文章《诗，是不能被打断的》（载《新语文学习》2012年2期）一开头就讲了一个也是现实的故事：四川省眉山市仁寿县元通中学一位名叫吕淑英的老师，她请学生读诗，给他们讲诗，而且自己也喜欢诗，她的家和学生教室只有一层之隔，学生“经常听到教师和他先生在家里大声读诗。他们一读，学生就在教室静静地听”。周老师写道：“这真是美好的瞬间。教师用自己对诗歌的热爱，给孩子们留下了美好而神圣的回忆：像梦一样美、像青春一样纯洁的诗，静静地流淌在校园里，流淌在孩子的青春岁月中，滋养他们日后漫长的人生”。周老师因此领悟到：“诗，与功利性的目的无关”，“润物无声，非功利的热爱，才会被孩子们接受和铭记，代代传承”，她最后呼吁：“在刻板功利的教育环境里，让我们为诗歌、为美和灵性留出一些空间”。我读了也非常感动，为吕老师的诗教，也为周老师的自觉响应。在这本《校友诗选》里，读到了周老师自己写的诗以后，更是感到欣慰：附中的爱诗、写诗、教诗的传统，终会“代代传承”。当然，我很清醒：今天的小周老师们所遇到的教育环境，更为严峻，在“刻板功利”的应试教育下，要为诗歌“留出一些空间”，谈何容易！谈何容易！但我依然坚守着《让诗歌伴随一生》一文里提出的信念：“人在，诗在；青春永在，诗永生”，并以此言赠予本书的编者、作者和读者，以及所有正在、将要坚持校园里的诗歌教育的老师和爱诗、读诗、写诗的中学生朋友们。

最后，还有一点期待：《校友诗选》的出版或许能促成附中诗教传统的恢复和发扬，经过若干年的积累，可以再推出一本在校老师与学生的诗选。

2012年7月21日

辑二　学术研究的新创造

好人联合起来做一件好事

——在《安顺城记》预备会上的讲话

先说编撰《安顺城记》的缘起，谈谈历史。

我个人接触与思考贵州、安顺地方文化、历史的书写问题，大概是从2001年读了《20世纪贵州文学书系》以后开始的。我当时写了一篇书评，其中谈到鲁迅的一个观点。他说，近代以来，中国一直处于“被描写“的状态。这是一个弱势民族、文化在与强势民族、文化遭遇时经常面对的尴尬。我由此联想到贵州：在现代中国文化的总体结构里，贵州文化也是一种弱势文化，也会面对“被描写”或者根本被忽视的问题；因而提出一个命题：“用自己的语言，真实而真诚地描写我们自己！”呼吁“黔人和黔友联合起来，认识和描写贵州”。

于是，就有了2001年—2003年《贵州读本》的编写，在“认识和描写自己”的基础上，又提出了一个新的命题：“认识我们脚下的土地”。这又是一个惊心动魄的发现与自我反省。戴明贤先生在他的《一个人的安顺》后记里说：“小时候看景看社会，一切都是天生如此，理所当然，后来离乡外出，求学和工作，有了参照物，才发现有差异。进入新时期，眼界拓宽了，尤其是读了一些有关文化人类学的著作，感到童年的家乡，竟有一份自己的文化，竟是一个完整的文化生态圈”。——这意味着我们发现了一个“文化的安顺”，这是另一个安顺，是我们熟悉而又陌生的安顺，这是被遮蔽在历史深处的这座城市的本原。应该说，“文化安顺”命题的提出，是我们对贵州和安顺认识的一个大飞跃，足以惊天动地。

作为一个黔友，我也感到震惊。尽管一直把贵州、安顺视为“第二故乡”，但我突然发现，自己实际上并不认识贵州和安顺。因为我在贵州、安顺的那个年代，是曾将一切民间习俗与节庆活动看作是封建迷信，严加禁止的。很长时间以来，在我的印象里，安顺地方戏是跳神弄鬼，是与落后、愚昧联系在一起的。意识形态的偏见，让我们五官迷乱，有眼不识泰山，不识黔中真面目。

这样，我们就面临着重新认识脚下的土地，寻回失去了的文化安顺的任务。

这背后隐含着两个问题。

首先是我们自身的问题：我们自己及下一代的失根危机。我在《贵州读本》的“前言”里说到，生活在贵州这块土地上的人，通常有两种选择：走出大山和不离故土，漂泊与坚守。但无论是漂泊，还是坚守，都应有自己的家园：漂泊中有乡思，坚守里有依傍。但现在却面临着釜底抽薪的危险：当人们，特别是年轻一代，对培育自己的这块土地，土地上的文化与人民，产生认知上的陌生感，情感、心理上的疏离感的时候，就失去了精神家园。漂泊者从此走上心灵的不归路，坚守者就陷入了心灵的空虚。这是民族精神危机，更是人自身的生命存在危机。这样，我们对文化安顺的重新发现，对贵州、安顺历史的自我描写，就具有了自我拯救与民族精神建设、地方文化教育建设的重大意义。

我们同时发现的，是贵州发展方向、道路上的危机。我写过一篇关于“安顺城气”的文章。谈到“这些年每次来安顺，都看到城市建设的新成就，也不断听朋友们说起这样那样的城市建设新规划，作为安顺老居民，自然是高兴的。但无可讳言，也同时看到、听到、感到安顺城气的衰败，传统城气的失落：气定神闲的风姿不再，到处是一片浮躁之气；浮华代替了质朴，萎靡趋走了刚健；浪漫的想象为实利的经营所放逐，诡奇已无容身之地，安顺已不是我的安顺”。于是，就提出了这样的问题：“城市是会越来越现代化，但是，一个没了精神气的城市，对我们有什么意义？我们就把这样的城市交给子孙后代吗？我们又怎样向列祖列宗交代？现在是重新审视我们城市建设的方向和道路的问题的时候了。如果把城市建设变成单一的经济开发，而完全忽视政治、文化、精神、社会建设，我们就真的走向了歧途，而且是后患无穷。不是说‘以人为本’吗？那就请还一个属于安顺人的安顺，一个具有安顺‘人气’和‘城气’的安顺”。这样，我们对文化安顺的发现与书写，就具有了拯救城市发展危机，创造具有“人气”和“城气”的新贵州、新安顺的意义。

正是在这样的“认识脚下的土地”的指导思想下，大概在2003年至2004年期间，安顺出版了五本书：图文集《大山深处的屯堡》、散文集《神秀黔中》、小说集《迷离的屯堡》和《小城故事》（韦翰）、散文集《一个人的安顺》（戴明贤）。

这五本书引发了何光渝先生的思考，他在2005年提出了“构建地方文化的知识谱系”的历史任务。这是我们对贵州、安顺认识上的又一个重大突破。

如戴明贤先生所说，这样的努力早已开始。他举出的例子有：五卷本《贵州通史》、《贵州民族民间文学选辑》、《贵州民间文化研究丛书》、《贵州旅游史系列丛书》、《20世纪贵州文学史》、《贵州新文学大系》等一大批大型图书陆续出版，以及陈福桐、史继忠、黄万机、刘学洙、熊宗仁诸先生的研究成果，都为谱系的建立打下了坚实的基础。

对何光渝先生提出的“构建地方文化的知识谱系”命题，杜应国先生作了两个方面的阐释。他首先指出，放在全球化背景下来考察，这一命题“实则已经超越了具体的地域局限，而具有了某种普泛性的蕴含”。在全球化（世界经济一体化）快速消灭差别、去个性化、文化趋同的背景下，以多元化与多样性为支点的地方性特征，已成为制约全球化单一与趋同法则的最重要的平衡点。地方文化的知识谱系的构建，就成了一个世界性的问题。而且是来自内部的一种自我阐释冲动，是源于自我意识觉醒以后的自我审视、自我描写，是格外有意义的。

杜应国先生对“如何构建地方知识谱系”提出了他的设想：这不是一堆杂乱无章的知识堆积，而是有内在逻辑结构并结合学科构成与学理支撑的知识体系架构，是一个多学科、多层面，协同努力、互相递进的系统工程，涉及考古学、历史学、经济学、社会学、人类学、民族学、文化学、民俗学、文献学、语言学，及文学、艺术、音像、戏曲等多种门类、学科。

有了全球眼光，就加深了我们对安顺文化，对脚下土地的认识。刘纲纪先生有一个重要概括：安顺“由于它地处黔之腹、滇之喉，又为蜀粤之唇齿，因此外来文化对它的影响和它对外来文化的吸纳、改造，都比其他地方要更快更广”。安顺这块土地并不封闭，它是和中国，以至世界的更加广大的土地连接在一起，息息相通。这就提醒我们：对家乡土地的认识、把握、描述，必须源于本土，又高于本土，有一个全国、全世界的大坐标，即要有一个“大土地”的概念。在“大土地”的视野里，我们通常说的“地方”、“乡土”，就显示出一种新的意义。

在“构建地方文化知识谱系”指导思想下，又出现了一系列著作：《黔中墨韵》（2005年，安顺市文联编）、《黔中烟霞》（2006年，安顺市文联编）、《黔中走笔》（2006年，安顺日报社编），加上之前出版的《神秀黔中》（安顺市文联编），就构成了四大“黔中丛书”。还有两本研究著作《屯堡乡民社会》和《屯堡文化和地戏形态研究》先后出版。这些年安顺政协主编的《安顺文史资料》，以及企业家创办的《黔中文化》、《京海百合》等刊物，也发表了许多地方文化的历史资料。

文史资料的整理之外，还有我所提出的构建地方文化知识谱系的三大工程。

一是地方典籍的整理。比如我们可以仿鲁迅《会稽郡故书杂集》编《安顺故书杂集》，在《黔中墨韵》基础上编《安顺先贤文丛》等。这方面的最新成果是袁本良、杜应国重新点校的《安顺府志》。

二是关于地方文化的文学书写，即“大文化散文”的创作，也可以称为“文化志性质的散文”或“散文笔调的文化志”。这是由戴明贤先生的《一个人的安顺》首创的。其写作原则是“一切按记忆实录，述而不作”，特点有二：追求老百姓原汁原味的日常生活的实录；把文、史、哲包容在一起，具有了社会科学、民俗学、文化人类学等价值和功能。

除《一个人的安顺》，这方面的成果还有：宋茨林的《我的阳光我的月亮》、邓克贤的《子丑寅卯》，以及《神秀黔中》、《黔中走笔》里的不少文化散文。我曾经说过，戴明贤先生写了四十年代的“一个人的安顺”，宋茨林先生写了六、七十年代的“一个人的安顺”，还应该有八、九十年代、新世纪的“一个人的安顺”，形成一个以大散文的形式，以时间的坐标为经，写小城故事（小城文化演变的故事和小城人的精神发展的故事）的“一个人的安顺系列”。这将是安顺地方文化知识谱系的有机组成，它有人的活动，以安顺普通老百姓的生活为中心，记载民间小传统，而且是和亲历者的生命血肉相联的记忆和纪实，它就构成了一部活的历史，生命化的历史，个性化的历史。这是可以与典籍形态构成的大传统、正史互补的。

第三，就是《安顺城记》的编写。这是最后出场，带有集大成性质的大工程。因为我们在做了以上充分准备以后，就可以来进行民间修史的尝试。这就是今天提供给会议的《编撰构想》里提出的任务：“以撰写一部仿《史记》体例的《安顺城记》，以现代眼光，现代视角，采取国史体例与地方志体例相结合的方式，尝试为1949年以前的安顺历史作民间修史的探索，以形成一部较完整的，角度不同，手法新颖的地方志书写，使此前散乱、零碎的地方资料有一个系统的整合与富于现代语境的言说”。

这就要进入我今天要讨论的第二个问题。

二，编写《安顺城记》的理念、方法和史观。

我们的设想里，最引人注目的，自然是“仿《史记》体例”。

为什么要提出这个问题？主要是出于对现行史学、历史书写的一个反省：它是深受西方史学影响的一个产物。传统的西方史学，具有学科界限清晰，分期合理的优势，但也存在问题。我曾经将其概括为三大问题：有史事而无人物；有大人物而无小人物；有人物的外在事功而忽略了人的内心世界。最根本的问题还在于，今天包括历史学研究在内的中国学术，越来越知识化、技术化和体制化，缺少了人文关怀，没有人，人的心灵，人的生命气息。这样的学术、史学，只能增知识，不能给人以思想的启迪，心灵的触动，生命的感悟。

这就使我想起了中国自己的传统，即司马迁《史记》开创的传统。它的最大特点，就是文、史、哲不分，《史记》既是一部历史学经典，又是一部文学经典。它至少有三大优势：其一，不仅有大人物，而且有小人物；不仅有人的事功，更有人物的性格，形象和心理；其二，在体例上，将通史和国别史、专史与区域史相结合，史事和人物互相穿插，就能够较好地处理史观与史识的表述。它的“本纪”、“列传”、“表”的结构，也很有启发。其三，在历史叙述上突出文学的表现手法，其中最重要的，就是注意历史细节的感性呈现，以及对历史人物个体生命的呈现。因此，提出了这样的设想：如果在吸收《史记》的观念与方法基础上，再吸收一些传统的方志学的体例优势（如分篇较细，门类较专等），取长补短，相得益彰，就会有一个新的视野，新叙事，背后是新观念。

这样的设想，是建立在学术思潮史的一个分析基础上的。在中国的传统中，文、史、哲本是融为一体的。在19世纪末，接受了西方影响，才逐渐有了文学、历史、哲学的学科划分。以后，又陆续引入了诸如社会学、民俗学、文化人类学这样一些新的学科范畴，逐渐形成了分工明确的学科体系。而到了20世纪末、21世纪初，又出现了学科交融的趋向。这样的“合—分—合”是很有意思的。而在今后很长的时间内，恐怕都将是既分又合的。我们正是在这样的学术发展新趋向下，构思《安顺城记》的写作的。

这样，我们期待的《安顺城记》的写作，将有以下特色，其中又贯穿着我们的历史观。

首先，这是一部以安顺这块土地，土地上的文化，土地上的人（乡贤与乡民）为中心的小城历史。“土地”、“文化”和“人”（乡贤和乡亲），构成它的中心词，关键词。——这是对选材、历史叙述对象的基本要求。具体又有几个要点。

要注意安顺地理文化（地理位置，地貌特征）、风景文化与历史文化的关系，对安顺文化性格的影响。

它所呈现的是一个多元与开放的安顺文化，对内要突出多民族并存与相互影响、交融的特点。对外要突出与外部世界的交流与吸取（徐霞客，鸟居龙藏，湘滇黔旅行团，故宫南迁等等）。

正确处理乡贤和乡亲的关系，这背后有一个历史观，我们主张的是精英和平民共同创造历史，要突出乡贤的历史贡献，也要关注老百姓中的人物、风俗习惯与日常生活。

其二，这是一部以小城故事为主的，融文学、社会学、民俗学、人类文化学、历史、哲学为一炉的“大散文”笔调写的历史著作。——这是对历史叙述的基本要求，也有几个要点。

注意文学性，注重文笔，讲究语言，可适当运用安顺方言土语，突破类型化模式，是一种非类型化的写作。尽可能有一点形而上的意味。其实我们反复强调的“土地”的意象里，就蕴含着诸如生命与死亡、空间与时间、精神家园——这类哲思与隐喻的。我们或许可以在民间神话、传说，民间宗教——这些领域发掘这块土地上的人们对于世界与宇宙，此岸与彼岸的理解与想象。

要有生命气息。这里有一个生命史学的观念，对人的个体生命史的关注。我们的叙述要带有个体生命的体温，要通过一个个具体民族、家族、个人生命的叙述，体现城市生命，写出小城历史的“变”与“常”，小城文化性格。我在戴老师的书序里写道：“我从中看到了某种永恒的东西，是小城人永远不变的散淡、潇洒的日常生活，小城人看惯宠辱哀荣的气定神闲的风姿”，这城与人所特有的韵味，构成了一种坚韧的生命力量。——这也是我们的《安顺城记》应该显示与追求的境界。

增强直观性，追求历史的原生形态：这也是一种历史观。要有“图像志”，收入有关安顺的图像学资料，包括省、地史籍所载的地理图经，具有一定写实意义的绘画作品，人物图片，以及各时代的老照片。

最后，对这套书的编写工作，发表一点议论。

最近，我刚刚完成了一项大学术工程——《中国现代文学编年史——以文学广告为中心》，在《总序》里谈到了在当下学术背景下的两点追求，或许也可以作为本书的追求。

一、针对当下学术平庸化的倾向，强调“学术研究的创造性和想象力”。应该说，我们这套《安顺城记》的设计，是具有想象力的，对此我们要有充分的自信。我们的预设目标是一部有创造性、实验性、开拓性，且有自己鲜明特色的历史著作。

这一目标内含着三层意思。首先，“创造、实验、开拓”这三性，就决定了它对当下历史写作具有显然的挑战性；其二，但它并不试图否定现有历史写作模式，而是要求自己的生存权，并自我定位为“多元中的一元”；其三，这同时意味着一种清醒：追求鲜明特色，也就必然有局限，有缺陷，这就是我经常说的，是一种有缺憾的价值。我们是民间修史，不承担传播历史知识的任务。我们只追求特色，而不求全，因而必然会有遮蔽我们的叙述模式不能涵盖的东西。我们总的指导原则是：发挥特长，承认局限；要不断修订，自我怀疑，保持一种开放性。

二、在当下学风浮躁，学术商业化、体制化的背景下，我们强调并追求：

1、学术的严肃性、严谨性和科学性。要在史料的发掘、整理上下大功夫。著作之新，要建立在大量新史料的基础上。

2、提倡沉稳、沉潜的学风，不要急。以安顺人特有的气定神闲之风写《安顺城记》。三年时间完成就不错了。

3、提倡学术研究的理想主义，拒绝名利。参与《安顺城记》

的编写，就要有一点奉献精神。付出自然会有回报，但主要的恐怕不是丰厚的物质，而是丰厚的精神。

最近，我在教育界提倡“静悄悄的教育存在变革”；今天，我又要在这里呼吁“静悄悄的学术存在变革”。面对世风日下、学风日下的现实，我们这些无权无势的知识分子，无力改变整体格局和体制，但我们可以从改变自己和身边的教育存在、学术存在开始，集合一批志同道合者，按照我们的良知和追求，做我们的教育、学术与创作。而每当要寻求志同道合者时，我总要把目光投向我的第二故乡贵州、安顺的精神兄弟姐妹们。我曾经借用一位学者的说法，提过一个“好人联合起来做好事”的口号；今天，就在这里呼吁我的第二故乡的好人联合起来，做一件好事，写一部我们自己认可的《安顺城记》，这是一件泽被后代，功德无量的事。

我最近宣布“告别教育”，实际上这也可能是我能为贵州做的最后一件事。当然，我还有两个期待：

以《安顺城记》的写作，做一次试验。如果获得成功，就可以以我们的经验教训，推动《贵州城记》的写作。我没有奢望，至少贵阳可以一试。因此，这一次也请了贵阳的朋友和我们一起做。把我们的历史研究、学术研究，转化为文学资源和教育资源。我始终认为，写安顺小城故事的大文化散文，还是大有可为的，而且是一个培养青年作者的好途径。希望这一次《安顺城记》的写作，能对此有所推动。我还希望编乡土教材，这也是关乎后代子孙的大事。我经常说，我们现在的研究、写作，其实都是在为未来研究、写作。

我刚出了一本书：《梦话录》，说到自己总是在这个不宜做梦的年代不断地做梦。刚才又说了一大堆梦话。但我又觉得有些梦还是可以实现的。

谢谢大家耐心地听完了我的梦话，可能还要和我一起去做梦。

2012年12月25日—26日整理

《中国现代文学编年史——以文学广告为中心》前言

这是一部探索性的，区别于现有文学史的，有特定角度的，有所发现、有所突破的，有特色的中国现代文学史。但同时，它也必然是有局限，甚至有遮蔽的。我们追求的是一种“有缺憾的价值”。它是现有文学史的一个补充，另一种展现其丰富性和叙述多种可能性的方式。我们的预期读者是已经初步具有相关文学史知识的青年学生、研究生，文学研究者和爱好者。我们不担负普及、传授现代文学史知识的任务。

提出编写探索性文学史的任务，是基于以下三个方面的学术背景与考虑：

其一，学科的发展呼唤新的想象力和创造力。

文学史著作的写作，从来都是现代文学研究的热门。近年来，有关会议开了不少，提出了各种设想，具体实践并不多；专著更出了不少，但大都陈陈相因，重复劳动的多。真正有独创性的著作是有的，2009年、2010年先后出版的吴福辉先生的《插图本中国现代文学史》和严家炎先生主编的《二十世纪中国文学史》就是两部既集大成又有新开拓的大作。这其实是多年积累的结果。但就整体而言，现代文学研究学科的当下状态，却不能不令人忧虑：表面的繁荣下面，掩盖着实质上的平庸化。因此，学科的发展，正呼唤新的想象力，新的创造力。

其二，文学和文学史观念的发展和变化，要求对现有的文学史结构与叙述，有新的突破。

应该说，这些年来，我们对“文学”与“文学史”，以及“现代文学”的理解，已经发生了许多变化，并形成新的研究思路，即在原始史料的重新开掘的基础上，把现代文学的文本还原到历史中，还原到书写、发表、传播、结集、出版、典藏和整理的不断变动的过程中，去把握文学生产与流通的历史性及其与时代政治、经济、思想、文化、教育和学术的复杂关系。事实上这些方面已经出现了许多有价值的新成果，并揭示出一个更为阔大、丰富与复杂的文学史图景。而这样一个将文学生产与流通融贯为一体，注重文学市场作用，注重文学个人创作与社会文化的关系的文学史图景，是更能显示现代文学与古典文学相区别的新的文学风貌，但却是现在通行的文学史结构、叙述模式所难以容纳的。这样的文学史研究与书写中的内容与形式的矛盾，要求在文学史写作形式上有一个新的突破，创造新的结构方式，新的叙述方式；形式的突破，也必然带来对现代文学史图景的新的开掘与认识，创造出新的研究模式。

其三，对当下中国学术研究危机的大焦虑，大关怀，要求以研究的实绩做学术的坚守。

当下中国学术研究的危机，是有着深刻的体制与社会的原因的。作为个人，要改变这一状况，几乎是无能为力的。我们所能做的，就是“从我做起”，或者聚集一批志同道合的朋友，一起来做一些我们自己愿意做的研究工作。所谓“志同道合”，除了专业研究的共同兴趣之外，最主要的一是要怀有文学理想主义，学术献身精神；二是拒绝浮躁与诱惑，能够坐下来，老老实实做学问。这样的聚合，既可以相濡以沫，又可以实实在在地做一些有利于学术发展的实事，以研究实绩来坚守我们所信奉的学术精神、态度和学风。我们并不奢望影响学界，但“坚守”即是对某种我们不以为然的潮流、风气的抵抗，本身是自有意义的。

具体地说，我们要在这部探索性文学史里，进行三个方面的尝试。

第一，“以文学广告为中心”。

我们所说的“文学广告”，包括具有文学史价值与影响的重要的文学作品广告，翻译作品广告，文学评论、研究著作广告，文学期刊广告，文学社团广告，戏剧、电影演出广告，文学活动广告及其他。同时，我们说的“文学广告”，又包括具有广告性质的发刊词，宣言，编后记，文坛消息，公开发表的通信等。选择狭义和广义的文学广告，作为文学史叙述的基本材料，是因为文学广告本身是历史的原始资料，它的汇集就具有史料长编的意义。而史料长编式的文学史的结构方式，一直是学术界的一个追求（从朱自清到茅盾），也为这些年我们设想的“接近文学原生形态的文学史结构方式”提供了一种可能性。

更重要的是，文学广告又是文学生产与文学流通的交汇点。它有四个方面的意义。一是显示作者、译者或者出版者的写作、翻译、出版过程与意图，进而显示一定的文学发展趋向。二是显示最初的接受，不仅表现了作者，特别是出版者对读者接受的一种预期与引导，而且在一定意义上，文学广告都是简短的书评，可以一定程度上反映读者的最初接受和市场状况。三，有的广告还提供了文坛活动、文学创作、作家个人的许多信息，可以引发出文学背后的故事，揭示一些文学事件。四，文学广告也是一种文体，还会涉及装帧、印制诸多侧面，本身就具有文体史、文化史上的意义。以文学广告为中心，就更能体现“文学生产与流通一体化”的文学史观念。

从广告出发，就意味着我们不仅关注文学的生产与流通，还关注文学创作的语境和接受，关注广告所揭示的典型文学现象，关注广告背后的文化活动，文学事件，文人生活和交往，包括文人之死等。这些都是以往的文学史所不涉及，也很难进入文学史叙述的，却恰恰成为我们的最大特点，并会有自己的独立发现，在这方面，是有相当大的展开空间。

从广告出发的另一个含义，就是我们对文学广告这样一个现代文学所特有的文学、文化现象的特殊关注。有关文学广告的产生，发展，形式，广告语言，有关论争，以及相关的稿费问题，盗版书的问题，营销策略问题等等，在我们的文学史里都会有所反映。这也会大大丰富我们所描述的文学史图景。

第二，“编年史”的体例。

完全按自然时间排列，就可以避免将丰富、复杂的文学现象纳入某一观念，进行有序化处理，所带来的一些弊端。特别是将新文学作家和通俗作家，有不同思想、艺术追求的社团，刊物，流派，作家，作品等都置于同一历史时间和空间里，就可以从根本上消解文学史的等级叙述和判断，从而更接近文学发展纷乱、缠绕的无序化的原初形态。

当然，这样的编排也会有过于繁杂，读者阅读时不得要领的问题。我们采取的弥补办法，是在每一分卷前，有一个“前言”，对每一个十年的文学现象，作一个简要的梳理，并期待对现代文学发展的历史作出不同于现有历史叙述的新的概括和体认。更重要的是，全书条目的选择与叙述，都暗含着我们对现代文学发展的一些基本关系的持续关注，如文学与时代政治、社会、经济问题的关系，文学与出版、教育、学术的关联，中外文化的交流，文学内部语言、文体、题材、流派、风格的发展，等等，都形成了我们历史叙述中的内在线索，看似散漫无序，时断时续，但有心的读者，是不难看出其间的蛛丝马迹。对这些内在线索，在某些关节点上，我们也会作出分析与说明；但大多数情况下，都是写而不点破，这或许正可以为读者留下想象和思考的空间。

第三，“书话体”的叙述文体。

文学广告本身就是一种书话；用书话体来讲文学广告，是顺理成章的。书话是一种更为自由的文体：可以以文学广告为由头，写广告有关的背景，即广告后的故事；也可以“以小见大”，抓住一点，发挥出去，讲一段历史，一个或几个文学史典型现象，或问题；还可以对广告文本进行分析和评论。一切本着“有话即长，少话即短”的原则，任意抒写。

当然，作为文学史里的书话，它是有两个基本要求的：一是以叙述为主，特别注重典型细节的描述；同时又要有文学史的眼光与判断，有一定的深度，即将叙述与思辨结合起来，史料与史识结合起来，融知识性、趣味性、思想性为一炉，有情，有理，有味儿，这就可以摆脱严肃、死板，让人望而生畏的“文学史面孔”，至少具有可读性，让读者有亲切感。

书话体还要展示个性。本书是一次集体写作，我们一开始就明确：写法有大体的一致就可以，不必完全统一。文风更可以百花齐放，或幽默，或简洁，或严谨，或潇洒，各人尽量发挥自己的长处，不要勉强，束缚自己。全书要展现整体的风貌；各人写的解说又各自署名，各有个性，这可能也是一个特色。

不难看出，以上三个方面的具有可操作性的尝试背后，是有我们自己的文学史观作为支撑的。除了前面已经谈到的“将文学生产与流通融为一体的文学史观”，“接近文学原生形态的文学史追求”以外，还有两个重要方面。

首先是“大文学史”的观念和眼光：不仅关注文学本身，也关注现代文学与现代教育、现代出版、市场、现代学术之间的关系；关注文学创作与文学翻译、研究之间的关系；文学与艺术（音乐、美术、电影）之间的关系，等等。

其二是“生命史学”的观照。在我们看来，文学史的核心是参与文学创造和文学活动的“人”，而且是人的“个体生命”。因此，“个人文学生命史”应该是文学史的主体，某种程度上文学史就是一个个具体的个人文学生命的故事连缀而成的。文学史就是讲故事，而且是带有个人生命体温的故事。所谓“个人生命体温”是指在文学场域里人的思想情感，生命感受与体验，具有个体生命的特殊性，偶然性，甚至神秘性；而且是体现在许多具体可触可感的细节中的。而所谓文学场域，也是生命场域，是作者、译者和读者、编辑、出版者、批评家之间生命的互动，正是这些参与者个体生命的互动，构成了文学生命，以致时代生命的流动。这里强调的几个要素：生命场域，细节，个体性，都是文学性的根本；这就意味着，我们要用文学的方式去书写文学史，写有着浓郁的生命气息的，活生生的文学故事，而与当下盛行的知识化与技术化、理论先行的文学史区别开来。

最后需要说明的是以上所说，都是我们的主观追求，它的现实实现必然和预期的目标存有距离。或许更为重要的是，我们所追求的“特色”本身，也就包含了“局限”。即以“以文学广告为中心”而言，它在提供特殊的观照视角的同时，也会带来一些先天的缺憾：有些文学现象（甚至是重要的文学现象）是文学广告视野之外的，我们无法涵盖；文学广告的不平衡，也可能带来叙述的不平衡；广告词本身的商业性，有时也会形成某种遮蔽，等等。再加上种种主客观的原因，尽管我们以极大努力去查阅原始资料，搜寻文学广告，但功夫依然下得不够，多有遗漏，而且还有出现差错的可能。集体写作方式本身也会产生不平衡、不和谐现象。因此，我们一开始就确定以“发挥特色，承认局限”为编写工作的原则，提出应始终贯彻自我质疑、自我限定的精神，以保持学术的清醒，并以此为本书编写的又一个特色：这是一个开放性的文本，它期待专家和读者的批评、质疑。

2012年9月25日

大时代里的个体生命史

——《钱理群自选作品系列》总序

感谢北京三联书店的朋友，要为我编选“作品系列”，这就给了我一个机会，对自己的研究与著述，作一番回顾与总结。

尽管我从1962年第一个早晨写《鲁迅研究札记》起，就开始了业余研究，但将学术研究作为专业，却是以1978年考入北京大学研究生班，师从王瑶和严家炎先生为起端的。记得第一篇公开发表的学术论文，是刊载于《中国现代文学研究丛刊》1980年第2期的《鲁迅与进化论》；从那时算起，我已经笔耕三十三年了。粗略统计，出版了64本书，编了51本（套）书，写的字数大概有一千三、四百万。写的内容也很广，我自己曾经归为十个系列，即“周氏兄弟研究”、“中国现代文学史研究”、“20世纪中国知识分子精神史研究”、“毛泽东及毛泽东时代研究”、“中国当代民间思想史研究”、“中国教育问题研究”、“志愿者文化与地方文化研究”、“思想、文化、教育、学术随笔”、“时事、政治评论”、“学术叙录及删余文”。我曾经说过，我这个人只有一个优点，就是勤奋，整天关在书房里写东西，写作的速度超过了读者阅读的速度，以至我都不好意思给朋友赠书，怕他们没有时间看。在这个意义上，我是为自己写作的，我整个的生命都融入其中，并因此收获丰富的痛苦与欢乐。

这一次将一大堆著作归在一起，却意外地发现了它们之间的内在联系。我的文学史研究、历史研究，关注、研究的中心，始终是人，人的心灵与精神，是大时代里的人的存在，具体的个体生命的存在，感性的存在，我所要处理的，始终是人的生存世界本身，存在的复杂性与丰富性，追问背后的存在意义与人性的困惑。而且我的写作，也始终追求历史细节的感性呈现，具有生命体温的文字表达。这些关注与追求，其实都是文学关照世界的方式。我因此把自己的研究，概括为“用文学的方法研究、书写历史”。

多年来，特别是退休以后，我更是自觉地走出书斋，关注中小学教育、农村教育，地方文化与民间运动，关注的也依然是一个个具体的，有血有肉的生命个体，我和他们的交往也是具体的，琐细的，本身就构成了我的日常生活。同时，我又以一个历史研究者的眼光、思维和方法，去观察、思考、研究他们，在我的笔下，这些普通的乡人、教师、青年都被历史化、文学化、典型化了。因此，也可以说，我是“用历史与文学的方法研究、书写现实”的。

现在，他们——这些留存于历史长河中的生命，这些挣扎于现实生活里的生命，都通过我的系列著作，奔涌而来。他们中间，有历史大人物，也有民间底层社会的普通人，都具有同样的地位与分量，一起构成了大时代里的个体生命史，二十世纪的中国精神史，中国“人史”。我所有的研究，所写的上千万的文字，因此构成了一个有机整体，并且都渗透了我自己的个体生命史。

为了能展现这样的属于我自己的研究图景，本系列作品的编选，分为两个部分。第一系列是我的五部代表性研究专著《心灵的探寻》、《周作人论》、《丰富的痛苦——堂吉诃德和哈姆雷特的东移》、《1948：天地玄黄》、《我的精神自传》，以展示我的学术的基本风貌。第二系列是重新编选的文集，计有：《世纪心路——现代作家篇》、《爝火不息——民间思想者篇》、

《大地风雷——历史事件篇》、《精神梦乡——北大人、学者篇》、《漂泊的家园——家人、乡人篇》、《情系教育——教师、青年篇》。这本身也形成了一个结构：从五四新文化运动的开创者陈独秀开始，到曾经的精神流浪汉、如今大学博士生王翔结束，我大概写了将近一百位“大时代里的个体生命史”。为便于读者理解我的研究与书写背景，每一卷的开头都有“前言”，主要讲述我和本卷书写对象的关系，借此呈现研究者与研究对象的生命纠结，同时召唤读者的生命投入，以形成所描述的历史、现实人物与作者、读者的新的生命共同体。——这设计本身，就相当的诱人，但却有待读者的检验。

2013年3月17日

《幸存者言》自序

我一再追问自己：为谁写作？为何写作？于是，就有了这样的自白：我是有了曲折的经历，和我们国家和人民一起承受了巨大的苦难以后，才投身于现代文学研究的；自从事学术研究那一天起，我就把自己研究的目的、任务，归结为“将苦难转化为精神资源”。于是就将自己的写作命名为“幸存者言”。所谓“幸存者”有两个意思：其一，在我所经历的历次政治运动和历史事件中，许多远比我优秀的人都牺牲了，而我还活着；其二，在当下的中国，还有许多优秀的人才，他们仍在追求，思考，甚至写作，但却没有话语权，是我说的“民间思想者”。而阴差阳错，我成了学者，多少有了点发出声音的条件。作为这样的幸存者，对于那些被毁灭的生命，对于沉默的大多数，就多多少少有了点义务和责任。他们存在于我的生命之中：无声地站在我的身后，支持我，激励我，又要求我，监督我，当我提起笔时，无法不听从这些无声的命令：我是为他们写作的。

这样，我的研究与写作，就具有了两个自觉追求，特点与意义，也是我最为珍惜的。

首先追求自我生命与学术的一体性。学术的探讨，也是生命的挣扎；对研究对象的发现，同时是对自我的发现；对研究对象的审视和解剖，更是对自我的质疑和反省；随着学术上的不断开拓，自我生命也得到不断的升华。我喜欢在每部学术著作的后面，都附一个长长的《后记》，讲述写作背后“我的故事”，与著作中所讲的“他人的故事”一起，构成一个有机的整体；并且将这样的后记称为“墓志铭”。这并非戏言，我每写完一本书，确实有鲁迅那样的感受：“我的生命的一部分，就这样地用去了，……逝去，逝去，一切一切，和光阴一同早逝去，再逝去，要逝去了”，编辑成书，不过是将“陈迹收存起来”，掘坑造坟而已。从积极意义上说，这样的一篇篇文章，一本本著作，就构成了一个又一个的人生脚印，划出了一道在挣扎中前行的生命轨迹。

其次，我追求学术研究和我们的时代和脚下的土地的血肉联系。作为一个知识分子，我这样给自己定位：“自觉地站在边缘位置，用自己的方式，言说时代的中心话题”。对时代中心话题，也即社会、人生、政治、国家、民族、世界、人类的大事，大问题的兴趣、关注、思考与参与，已经成为我们这样的成长于革命年代的知识分子的一个近于本能的习惯。而所谓“边缘位置”，是强调“民间立场”，“距离”和“超越”。强调“自己的方式”，则是竭力要保持自身思考和言说的独立性。为实现写作与时代、土地的血肉联系，我采取了两种言说方式。一是学术著作，我所有的学术研究的问题意识都产生于时代所提出的重大课题，但我的思考与研究，却是专业的，学理的，有距离的，更带根本性的，我最为迷恋与着力的是时代命题背后与深处的人性、人的存在、人的精神、知识分子的选择的困境等人文问题。我同时以极大的激情书写思想与学术随笔和时事政治评论，直接对现实发言，基本上是集中在我所熟悉的学术、教育和政治三大领域。我对自己的要求有三：一是尽可能地说真话，诉真情，揭示真相；二是努力作深度的思考，以史家的眼光、胸襟写当下事；三是把自己放进去，在批判现实时，总要追问自己的责任，审视现实更是审视自己。

这样的写作是具有极大的自我反观性的。我这样总结自己的人生与写作："在这几十年的中国与世界前所未有的大变动、大转型中，我一直紧张地审视、拷问着自己，并通过学术研究寻找自己安身立命之地"。我希望通过这样的写作获得"学术"、"自我生命"和"时代精神"三者的统一，不但留下个人的生命印记，也能从一个侧面，为所生活的时代与国家、民族发展的历史写下自己的记录，尽到"时代书记员"的责任。

当然，所说的这一切，都是主观的自觉追求，但其实现的情况却远不如意。我在很多场合，都谈到了时代造成的我自己和我们这一代知识分子的知识结构和精神境界的缺陷，这就使得这样的追求与实现的矛盾，显得特别突出，并令自己特别无奈和沮丧。更重要的是，在我看来，任何学术研究都只具有有缺憾的价值：价值的另一面，就是一种缺憾；有特色也就同时有局限。我深知前述两大追求，自有其价值，因而产生有限的自信、自尊、自重；但更知其同时存在的负面，以及可能落入的陷阱，因而始终保持清醒与自我警戒。正因为意识到自己的局限，我所有的努力，都带有一种挣扎的意味。在这篇短序里，我已经三次用"挣扎"这一词，这是我最深切的人生感受和体验。但或许也可以因此而自慰：我们努力了，挣扎了，毕竟没有屈服，没有苟且，这就够了。

2010年10月30日

纪　事

一九八二年

这是我的自述："一生裁为四截。前二十一年，算是入世前的准备：1939年出生重庆，在南京读小学、中学，在北京大学亲历反右运动；中间十八年，在边远地区贵州安顺小城中等专业学校教书，在社会底层经历了大饥荒和文化大革命；1978年重返北京，与北京大学青年学生、同代友人一起，风风雨雨二十四个春秋；2002年后退休，又回归中学与贵州"。

1982年回北京已经四年，并于1981年研究生毕业，留校担任王瑶先生的助手。但一入学，王瑶先生就教导说，要沉住气，北大的传统是"后发制人"，没有准备好，就不要乱发文章。因此，直到1982年还没有发表一篇有份量的文章。掩饰不住内心的焦虑，就有了这篇没有发表，也无处发表的"悼文"。其中谈到"历史要求我们为上一代画句号，又为下一代作引号"，就已经隐含了我一生的定位："历史的中间物"。

一九八五年

直到这一年，我才真正准备好了，开始在学术界、思想界发出自己的，独立的声音。这已经是1978年攻读研究生学位七年以后。如果加上1960年大学毕业在贵州苦读十八年，足足准备了二十五年。

这一年春，我和友人黄子平、陈平原一起，提出了“二十世纪中国文学”的概念；这一年连续两个学期，我在北大第一次独立开课，讲授《我之鲁迅观》，并在讲稿基础上整理出《心灵的探寻》一书：“它是我对鲁迅的第一个独立发现，我也第一次发现了我自己”，“这是我的《狂人日记》”（《再版后记》）。

《后记》写于1986年初。日本鲁迅研究的前辈丸山升先生当时就指出，我写《心灵的探寻》一书，主要用意都集中在这篇《后记》里，他是对的：我其实正是要通过这本书的写作，来清理我和青少年时代两个精神之父鲁迅与毛泽东的关系。其中要竭力摆脱文革在心灵上的阴影的欲望是极其强烈的，这也是八十年代许多知识分子共同的心理。

《心灵的探寻》对我的学术意义也是重大的。它确定了我的学术与文化使命：“做沟通鲁迅与当代中国青年心灵的桥梁”。它所试验的“典型现象”、“单位观念、意象”的研究法，也成为我以后始终坚持的基本研究方法。

一九八八年

1986、1987、1988连续三年都是这样度过的：一面紧张而愉快地写着《周作人论》与《周作人传》，逐渐进入学术研究的第一个爆发期；一面却依然为基本的生存条件——家人的调动，住房，等等——所困扰，更由此照见了自己的胆怯无能，卑琐平庸，而自愧。

一九八九年

这一年，我五十岁。

在我的生日——1989年3月7日（农历己巳年正月三十日）晨，写完《周作人传》最后一个字时，我长长地吐了一口气。这又是一次艰难的精神清理：周作人研究既唤醒了我家庭的影响和幼小的教育所播下的对个性独立与自由的近乎本能的追求，和建国后我所受的革命教育发生了激烈冲突；但周作人的失足又引起了我对排斥民族、国家、群体意识的个人主义和世界主义的反思和警惕。

这一年，整个中国都卷入了社会的大动荡。在事件发生前，我已经感到隐隐的不安，连续写了《现实的危机在哪里》、《由历史引出的隐忧》等文，这大概是我最早写的时政、思想评论文章。和当时许多知识分子良好的自我感觉相反，我开始了对知识分子的批判性审视，提出了“在中国，要‘启蒙’，先得‘启’知识分子之‘蒙’；要‘改造国民性’，先要改造知识分子的‘劣根性’”的命题。

一九九〇年

王瑶先生在那样的历史时刻骤然离世，在本来就已经十分沉重的心里，灌入阵阵冷气；我特别感到自己的无助，顿时有一种“大树突然倒了”的恐惧，并且分明感到，随着先生的远去，一个时代，那个启蒙主义的，理想主义的八十年代结束了。从此，再也没有了依傍，一切都要自己独自面对，“在我们多少‘明白’了（在过去的一年里，我们‘明白’了多少事情！）一点以后，就挺起身，走下去吧——走自己的路！”

一九九一年

这一年依然处于“生命的低谷期”，精神的痛苦未除，又遭遇病魔的袭击，终于躺倒了手术台上。病后就有了先前没有过的“要赶快做”的念头。《大小舞台之间——曹禺戏剧新论》的写作不仅圆了我少年时期的戏剧梦，更具有了“自我解脱，自我拯救，生命力的自我证实”的性质。我也终于通过这样的研究与写作，走出了时代与个人的“郁热”氛围，进入生命的“沉静”状态，开始了新的思考与创造。

一九九二年

这一年，迎来了自我学术、思想、生命创造的一个新的高潮，其标志是完成了《丰富的痛苦——堂吉诃德和哈姆雷特的东移》一书。这是我对“这些年来，中国与世界所发生的历史巨变”所提出的时代重大课题：“知识分子和共产主义运动的关系”的一个学术的回应；是对自我精神结构中的“堂吉诃德气”与“哈姆雷特气”的一个发现和自觉的反省和清理；是我的“知识分子精神史”研究的开始；是我的学术视野从中国向世界的扩展；是文学研究与思想、文化研究相互渗透的一个尝试，提出了一系列重要的思想命题，是我的学术中思想含量最大的一部著作。或许也正因为有如此多的自觉追求，也就成为我写得最为吃力的一部著作，是最露馅，最能暴露我的知识结构的缺陷的著作，某种程度上，这是一次超限度、超常规的写作，因此只此一回，再也写不出类似的著作了。但也正是这样的自我挑战的，富有想象力的写作，是我最为向往的，即使粗糙，毛病多多，无法重复，我也满足了。

一九九三年

也许只有到1993年11月24日写《永远压在心上的坟》这一刻，我才意识到那沉重的死亡记忆（二十七年前和几年前的）已经融入了我的生命和学术，是永远也不可能摆脱的梦魇。同时，也让我意识到自己的生命和贵州这一方土地，和青年这个群体之间的割不断的精神联系，它也必然要渗入我的学术研究与写作中，或许我以后的学术发展与变化，也就在这一刻悄然不觉地开始了。

一九九四年

应该说，1993、1994、1995年连续几年，我都沉浸在对历史、现实和自身的反思、反省中。《中国知识者的“想”、“说”、“写”的困惑》是其中的代表作之一。反省的对象，是启蒙主义。这既是对自己一直坚持的启蒙主义立场的反省，也是对八十年代启蒙主义时代精神的反思。其实，这样的反省、反思，我在八十年代末即已开始，1988年就写过一篇《启蒙者的两难选择》（收在《永远压在心上的坟》中）。但到了九十年代，我要作这样的反省，是很容易被误会的。因为此时兴起的保守主义和后现代思潮，都在猛批八十年代的启蒙主义。因此，我既要反省启蒙主义，又必须和他们划清界限。我依然从鲁迅那里吸取思想资源，强调了鲁迅的“双重怀疑”：“对启蒙主义的怀疑，以及对‘启蒙主义怀疑’的怀疑”。后来，我又明确地将其概括为“既坚持又质疑启蒙主义”，并以此作为我自己的基本立场。但我得承认，在1994年的这篇文章里，我的重心是通过对知识分子（包括我自己）言说的困境的揭示，对启蒙主义进行质疑。我的朋友王富仁先生因此对我发出忠告，他说得很诚恳：你的质疑固然有道理，但现在大家都在否定启蒙主义，你我两人即使明知其有问题也得坚持啊。

一九九五年

1994、1995年间，应韩国外国语大学之邀，任中文系客座教授。这样，我就有了时间和空间的距离，对历史和现实进行根本性的思考和无顾忌的自由写作，因此，写有《异国沉思录》。最重要的是，我开始着手毛泽东思想研究——在我看来，未能对毛泽东思想进行彻底的清理和科学研究，是八十年代中国政治、思想、文化的一个重大失误，而九十年代以后中国社会发展所提出的种种问题，都使得毛泽东研究具有特别的迫切性和理论与实践的重大意义。就我个人而言，在连续写了《心灵的探寻》、《走进当代的鲁迅》等著作，对"我和鲁迅"的关系进行了基本的清理以后，也迫切需要处理"我和毛泽东"这样的也许是更为根本的精神与生命课题。《世纪之交中国大陆知识分子对历史的反思和现实困境》就是初步思考的一个结果。

一九九六年

1995年底，我正雄心勃勃地准备开始写《毛泽东：世纪中国遗产》一书时，一个突然的约稿：谢冕先生主持《百年中国文学总系》，希望我加盟写"1948年文学"一书，就改变了我的写作计划，并于1996年写出了《1948：天地玄黄》这本新书。但细想起来，这样的变更，也非偶然。首先是毛泽东研究的难度太大，实际上我并没有准备好，这样突然刹车，倒是个明智之举。而在完成了《周作人传》以后，我就开始了四十年代中国文学的研究，我当时的计划是以此作为我的"二十世纪中国文学"研究的一个开端。尽管已经准备了五、六年，积累了大量材料，却因为没有找到恰当的文学史结构与叙述方式，就始终未能提笔。而谢冕先生“从一个年代看一个时代”的设想，就突然激发了我的文学史想象和写作热情，我因此而提出了“文学史叙述学”的概念。也就是说，《1948：天地玄黄》一书的写作的冲动，是来自一种文学史写作形式（结构与叙述方式）的试验欲求，这在我的学术研究中是第一次，尽管我每写一本学术著作都有写作形式的追求，但以此为主要动机，却是少见的。这本书，也是我的又一本特具想象力的著作，是我格外珍惜的。

一九九七年

1997年，是我的学术研究、写作，以至生命历程的一个转折点。这里的两篇文章可以看作是这种转变的宣言。《我想骂人》，倾诉的是，作为“宁静的学者”的“内心的疑虑、担忧、恐惧和悲哀”，因此，“时时响起一种生命的呼唤”：像鲁迅那样，冲出学院的大墙，“站在沙漠上，看看飞沙走石，乐则大笑，悲则大叫，愤则大骂，即使被沙砾打得遍身粗糙，头破血流”也在所不惜。这是一个自我选择的重大调整：从单纯的学院学者，转而追求“学者与精神界战士”的结合，也就是立足于学术研究，加强对现实的介入，因而强化学术研究的批判力度，同时追求更接近自我本性的精神境界：“独立自由意志的高扬，批判精神的充分发挥，大爱与大憎的结合”。这自然也要付出代价：平静的书斋生活被打破，从此进入“多事之秋”。

《民间思想的坚守》一文通过对文革后期的“民间思想村落”的回顾（我正是从那里走出来的），强调“民间思想者存在的本身，对于中国的现在与未来的思想与学术发展的不可忽视与抹煞的价值”，这就预示着我的人生道路和学术研究下一步的发展方向：参与和推动自下而上的民间改革运动，进行民间思想的历史与现实形态的研究。

《读文有感》，是继1989年《由历史引出的隐忧》等文之后，对中国知识分子的又一次批判性审视，针对的是九十年代思想、文化、学术界的一些令人担忧的倾向和问题：这也是我介入现实的重要方面。有些问题好像说得早了一些，今天还有意义。

一九九八年

我的介入现实的第一个行动，就是借北大百年校庆之机，推动一个“重新认识老校长，继承和发扬蔡元培先生开创的北大精神传统”的民间纪念活动，以冲破八十年代末以来北大校园沉闷、窒息的空气，对新一代的北大学子进行新的思想启蒙，发扬“科学，民主，自由，独立，批判，创造”的五四精神。除了和一群老师与同学编写剧本，将蔡校长的形象重归北大舞台外，我还作了《周氏兄弟和北大精神》、《鲁迅〈野草〉里的哲学》等学术演讲，并开设了《鲁迅、周作人思想研究》课程，试图“讲鲁迅，接着鲁迅往下讲，往下做”，在学生中产生了广泛影响。同时还发表了一系列文章，在思想文化教育界和社会上都引起强烈反响。发表在《读书》上的《想起了七十六年前的纪念》就是引起许多共鸣的一篇。

《“遗忘”背后的历史观与伦理观》，也是我这一时期所写的思想、文化评论中比较引人注意的一篇，对于我自己却有特殊的意义。我说过，我的写作，一个重要动因就是还债，其中最重要的就是偿还我年轻时候因为被迫“划清界限”而对父母兄长所欠下的债。我先后写了《哦，你是我的父亲》、《这也是一种坚忍和伟大》、《无以表达的悔恨》、《哭好哥》等回忆、纪念文字（收在《永远压在心上的坟》、《世纪末的沉思》中），而这一篇为纪念父亲编辑的《钱天鹤文集》而写的文章，则从历史观和伦理观上作了理论的清理，算是对父母的在天之灵的一个交代吧。

《矛盾与困惑中的写作》，是对八十年代的学术，特别是所提出的“二十世纪中国文学”这一概念的一个当事人的反思，因此为学界所瞩目，这些年更经常被那段历史的研究者所引述。

一九九九年

这一年，我六十岁。因此，编有《六十劫语》一书，在以此为题的“代序”里，对自己的“六十年”作了一个总结：一生“和两个空间——贵州与北京大学，一个群体——中国的年轻人，建立了血肉般的联系，而联系的主要纽带，就是鲁迅”。这样，“贵州”、“北大”、“青年”和“鲁迅”就“构成了我的生命的四大情结：人生道路的支点，精神的后援，思想、灵感、想象力的源泉，学术的出发点和归宿——都在里面了”。文章还宣布：“经过十数年的苦苦探索与体验，鲁迅的‘立人’思想已经由外在的理性认识内化为自己的生命追求，因此，这是一次自我的‘安身立命’。把‘个体精神自由’确定为彼岸性的终极追求，这也就确立了在中国现实变革运动中思想文化上的彻底的批评立场：坚持对一切形态的奴役体制、奴役现象的揭示与批判，坚持对一切人（特别是知识分子）各种形态的奴性与压抑他者的倾向的揭示和批判，坚持对自己已经或可能出现的奴性与压抑他者的倾向的揭示和批判”。

这一年，有两篇重要文章。一是《“民国以来最黑暗的一天”——“三一八”惨案七十三周年祭》，这是一直压在心上的死亡记忆的再一次浮现。此文以“吴言”的笔名发表，是应香港《二十一世纪》杂志所约，有心人自会注意，而许多人都早已遗忘了。

《不容抹煞的思想遗产——重读〈北大右派分子反动言论汇集〉》一文，是我的“中华人民共和国民间思想史”研究的起端，是一次“拒绝遗忘”的自觉努力，是“幸存者”的责任所在。后来写成《拒绝遗忘：“1957年学”研究笔记》一书（2008年牛津大学出版社出版），这是我的学术研究的一个新的重大开拓。在现实生活的层面，因为这是四十年来，第一次以历史学家的身份，对

1957年的右派鸣放，特别是北大学生的“五一九民主运动”，在政治、思想史上的历史贡献与地位，作出了学术的评价，因而在全国近百万的当年右派那里，引起了极其强烈的反响。文章结尾一声高喊：“所有‘右派’兄弟姐妹，你们在哪里？这几十年你们是怎样生活的？”感动了无数人，也埋下了后来大批判的祸根。而我的建立“1957年学”的呼吁，学术界没有任何回应，至今这个禁区还没有突破。

二〇〇〇年

这一年，我“运交华盖”：先是全国性大批判，原因颇为复杂，这里且不论，最后是权力出场。幸而我身处北大，在中文系领导，老师和同学的支持、保护下，我依然保留了教书的权利。

《我在做这些事——2000年总结》，就是对我的批判者的一个回应。批判者杀气腾腾地问：“他们要干什么？”我从从容容地回答：我在“咒骂声不绝于耳”中做自己的事情。做什么呢？为中小学生编写课外读物《新语文读本》，借以推动自下而上的民间教育改革运动，对我们的孩子进行思想启蒙。我说过：“在自己历经沧桑、步入老年时，又处于世纪之末，我越来越感到，或许为正在成长中的孩子做点事，才是更为实在而有意义的——这几乎是看透了一切之后，唯一没有、也不愿、不敢看透的一点”，“把民族和人类最美好的精神食粮给我们的孩子”；这就是我的心愿。

这一年的生命体验，最后凝结为一句话：“我存在着，我努力着，我们又相互搀扶着：这就够了”。

二〇〇一年

但在2000年底，我还是因为身心交瘁而病倒了。但正是在病中，我第二次与鲁迅相遇（第一次是文革后期），我又获得了超越苦难，从低谷逐渐走向高山的生命体验。2001年初，大病初瘾，我就"带着伤痕累累的丑陋面孔"，迫不及待地走上北大讲台，讲了一年的鲁迅，最后整理出了《与鲁迅相遇》一书。我在北大连续十七年给前后二十一届的学生讲鲁迅，其中影响最大的三次都结集成书，这就是1985年的《心灵的探寻》，1998年的《话说周氏兄弟》，以及2001年这本《与鲁迅相遇》，我的讲课和写作风格也逐渐从峻急走向从容，但内在批判的、怀疑的精神，则始终如一。

二〇〇二年

终于到了和北大告别的时刻。

2002年6月27日上完了最后一课。当天北大校园网里，学生发了六百条帖子，许多学生都说："钱老师一路走好"，听起来颇有悼亡的味道，我并不在意：我懂得学生的意思。也有学生说："他该说的都已经说了，愿意接受的也就接受了，不愿意接受的，大家也不在乎了，也该退休了"，说的是实话。最让我动心的是学生的这句话："一位最像老师的朋友，一位最像朋友的老师"，我一辈子给学生写了无数评语，最后得到了学生这样的评语，我满足了。

对我来说，这是一段生命的结束，又是新的生命的开始。

学生问我，退休后，你要去哪里？我说，要回家，要去中学，要到贵州，去"追寻生存之根"，后来这就成了我的第一本《退思录》的书名。

二〇〇三年

退休后，第一程是去贵州。我在那里生活了十八年，那是我的第二故乡。2003年，我和贵州的友人一起编了《贵州读本》，然后带着这本书到贵阳和黔南、黔东南、遵义、安顺各地区，和当地的大学生进行面对面的交流。以后，我几乎每年都要去贵州。那里有文革后期“民间思想村落”里的“老战友”，还有这几十年陆续结识的老、中、青三代新朋友，他们这些年重又聚集起来，从事新农村建设的实验，进行地方文化的研究和地方文化散文创作的新探索，我去那里，既给予精神的支援，更不断吸取新的精神资源。我曾经写过一篇《“报春晖”的意义》：“‘报春晖’，不仅是一个‘回报’，一种‘给予’，更是一个‘回归’，一种‘获取’。在某种意义上可以说，这是重新建立我们与中国这块土地，与中国农民的血肉联系”，“重新寻找我们自身的根：我们事业的依据，我们做人的依据”。

在学术与写作上，我也因此大有收获。我先后写了很多文章，纵论“贵州发展道路”、“贵州大学教育”、“中国乡村建设和改造之路”、“地方文化研究”，具体探讨“屯堡文化”的历史与现状，当代以“小城故事”为中心的“文化志散文”的意义，并和友人一起提出了“构建地方文化谱系”的命题，最后结集为《漂泊的家园》一书（贵州教育出版社，2008年出版）。

二〇〇四年

回归中学，这是我的第二个宿愿。2004年三、四月，我回到母校南京师范大学附中，与语文教研室的老师一起，开设了“鲁迅作品选修课”。取得了经验以后，2005年，又在北大附中和北师大实验中学分别讲了一个学期的鲁迅。这是一次自觉的教育试验，目的有三：一是倡导“大学教授到中学上课，沟通大学与中学教育”，二是探讨“高中选修课”的教学，三是尝试“把鲁迅的精神扎根在孩子心上”。对我来说，也有三个意义，一是对中学教育改革的关注与参与，由理论鼓吹到亲自实践。二是自我生命的回归，用我的诗意的说法：中学是我们永远的精神家园，我们在人生的初夏时节从这里出发，到生命的暖冬又重新栖息于此。

其三，是我对鲁迅认识的深化与传播鲁迅的大计划的重要环节。在我看来，鲁迅属于为数不多的民族精神原创性、源泉性的文学家、思想家，如同英国的莎士比亚、德国的歌德、俄国的托尔斯泰一样，应该是国民基础教育的基本教材，是培育民族精神的教育工程的重要组成。而且，鲁迅著作是需要读一辈子，常读常新的，在人的生命成长的不同阶段，和鲁迅有着不同的关系，与相应的不同的阅读内容，沟通方式。我因此在退休后，用了极大精力，编写了系列《鲁迅读本》，即《小学鲁迅读本》（和小学教师刘发建合作）、《中学生鲁迅读本》（和几所中学老师合作）、《鲁迅作品十五讲》（供大学生学习用）、《与鲁迅相遇》、《鲁迅九讲》（供研究生和成年人阅读与研究参考）。我的讲稿也整理出《钱理群中学讲鲁迅》一书。

2004年我还参与北京师范大学志愿者组织“农民之子”主持的“首届北京市打工子弟学校作文竞赛”的工作，欣然担任评委会主席，为部分入选作文写评语，打分，还出席了新闻发布会与颁奖大会，作总结发言。这是我退休后做的第三件大事：参与民间青年志愿者运动的开端。以后，我的参与越来越自觉和主动，“农民之子”外，还先后和”西部阳光行动”、“晏阳初乡建中心”“梁漱溟乡建中心”等志愿者组织发生了密切联系，举办讲座，培训骨干，参加论坛讨论，为《丛书》写序，担任指导教师，等等。我所作的工作主要是为志愿者提供思想资源，进行理论总结，提倡和参与构建“志愿者文化”。因此，写了大量文章，如《中国知识分子“到农村去”运动的历史回顾与现实思考》、《和青年志愿者谈鲁迅》、《关于新一代乡村建设人才的培养问题》、《我的两个提醒》、《我们是谁》等等，在青年志愿者中产生了一定影响，并准备结集为《论志愿者文化》一书。

二〇〇五年

退休后的“回归”其实主要还是回到家里，无论是参与地方文化研究，关注中小学教育，还是参加青年志愿者活动，都只是“社会工作”，大部分时间还是自己和老伴一起过日子。在享受日常家居生活之乐之外，主要兴趣有二：一是旅游；二是读书，写作。

每年有旅游，每游必摄影，并编有《钱理群摄影集》，且精心命名。于是就有了《湘西行（凤凰、通道）》（2002年10月），《欧洲浪漫之旅（雅典、庞贝、罗马、佛罗伦萨、比萨、维也纳、莱比锡、巴黎）》（2003年9月），《温馨之旅（加拿大）》（2004年7月—8月），《挑战极限之旅（西藏）》（2005年7月），《追求永恒之旅（埃及）》（2006年月），《南天同行（台湾，香港）》（2007年1月），《跨海东去（美国）》（2007年7月—8月），《休闲之旅（乘游轮去阿拉斯加）》（2008年8月），《西北行（甘肃、青海、宁夏）》（2009年6月）。正是在旅游中体悟到“人在自然中，是一种最好的生命存在方式，最好的教育方式”，并在“游走中摄影”里，找到了“我的一种存在与言说方式”。

于是，也就有了两种自我表达的方式：用摄影表达自我与自然的关系，又用文字、著作表达自我与社会、历史、人生，与人的关系。退休的最大好处，就是可以心无旁骛地沉浸于学术研究中，而且可以冲破禁区，研究自己最想触及的课题。于是，就兴致勃勃地开始了民间思想史与知识分子精神史的研究。本年所写的《我的精神自传》，其实就是一部“关于1980年代以来的知识分子精神史的研究著作”，不过是以“自己”作为一个审视点。它和以后完成的《拒绝遗忘：“1957年学”研究笔记》（2008年出版），《知我者谓我心忧：十年观察与思考》（2009年出版），是我退休后的三大学术著作，是计划中的“中国知识分子精神史（1949年以后）”系列著作的重要部分。退休后虽然基本上不参加我的本专业现代文学研究的各种会议，自觉与学界保持距离，但却依然钟情于学科，写了《钱理群讲学录》与《钱理群论现代文学研究》二书。有意思的是，我的所有这些自称的学术著作，都不按正规的学术著作的写法，而自创“自传体”、“笔记体”、“现场观察记录体”、“演讲体”，这既是有意为之，也是因为退休后就可以不守规矩了。

二〇〇六年

退休后的写作，还有一种重要文体，就是“思想学术随笔”，我统称之为“退思录”，从字面上说，就是“退休以后诸多感想的记录”，也还有“退一步，海阔天空”的意思。我曾经多次说过，退休的最大好处，就是可以不受任何限制，“胡思乱想，胡说八道”，而且因为与现实生活、学界都有一定距离，不但“旁观者清”，视野也可以开阔些。退思录的文章不仅涉及当下社会政治、经济、思想、文化、教育、学术，国际国内的各种问题，现象，而且大多直言不讳，是我一再声明的“不是以专家的身份，而是作为一个关心时事的公民的发言”。或许也因为如此，这些文章的发表，书的出版都不太顺利，我另编有《删余集续编》、《删余集二编》，将其中曲折“立此存照”。已出版的，除前面提到的《追寻生存之根：我的退思录》（2005）外，还有本年出版的《那里有一方心灵的净土》，2010年刚出版的《活着的理由》。另已编好的《重建家园》、《鲁迅左翼及其他》，则前途未卜。

对于我，这样的退思录却别有意义：因为都是按年代编，而且写得比较袒露，较少遮蔽，也就相对真实地展示了“我自己”：我的精神结构和生命存在状态，及其发展变化的轨迹。每一本退思录杂乱无章的文字里，都会有一个或几个生命关键词，如《那里有一方心灵的净土》后记里所说的“心灵净土”、“情系教育”、“脚踏大地”、“搅动灵魂”，就是一个很好的概括。

二〇〇七年

尽管退休后我竭力做到自行其是，但仍受到极大限制，所谓“体制外的自由”是极其有限的，甚至是不存在的。这一点，我很清楚，因此，经常说我所作的一切，特别是所谓“社会工作”，对我自己的意义是高于社会意义的，而其价值意义又是高于实际作用的。我的那些文章，也如鲁迅所说，是“如一箭之射入大海”，成效是非常渺茫的。因此，2007年的这篇演讲，所说的“屡战屡挫，屡挫屡战”，不仅是指我退休后在教育方面所作的一切努力的结果，而且可以看作是我退休以后的境遇、以至命运的概括的。而我的“屡挫屡战”，也不过是鲁迅所说的“反抗绝望”，而且也像鲁迅讨论“活着的理由”时所说，很大程度上，是为反对者所做，而活着的。自从我介入中小学教育以来，总是有人要把我赶出去，而我偏偏不走，中学不行到小学，城市不行到农村，反正就要坚守在教育岗位，“死而后已”。这大概就是“性格决定命运”吧。

我是抱着“只顾耕耘，不计收获”的理想主义精神做这些事的。总结起来，也确实做了不少。退休后，就写了三大本教育论著：《我的教师梦——钱理群教育演讲录》（2008），《做教师真难，真好》（2009），《钱理群语文教育新论》（2010）；除修订《新语文读本》（2006）

此外，还主持编写了《地方文化读本》（2010），《诗歌读本》（2010），构成了三大读本系列。无论所著所编，全当作严肃的学术工作，倾尽全力来做，不追求一时功效，只求对得住自己和孩子。

二〇〇八年

二OO八年，是一个特殊的年头，发生了许多事。对这些事，我都作出了回应，作了三大演讲，而且都是应志愿者之约而作：

《当今之中国青年和时代精神——汶川赈灾中对志愿者的演讲》、《奥运会后的思考》、《和志愿者谈生活重建》。这样频繁地和“当今之中国青年”对话，或许有偶然的因素，但也和我的两个判断有关。这就是我在汶川地震的演讲里所说，“从现在起，应该有一个新的觉醒，要在思想上作好准备：中国，以至世界，将进入一个自然灾害不断，骚乱不断，冲突不断，突发事件不断的‘多灾多难’的时代”，而经济发展，基本解决了温饱问题的中国，也走到了十字路口，面对着“制度重建、文化重建、价值重建和生活重建”的四大重建任务。而所有这一切都需要年轻一代——80后，90后的青年，“直接去面对，直接去参与，直接去承担”。2008年至今中国与世界发生的更多的事情，都证实了我当时的判断，我为此忧心如焚而又无能为力，只能寄希望于年轻人，我唯一能做的就是把我们的经验教训，把我们感觉到的危机，如实告诉他们，发出我们的预警。正是和当代青年这样的精神联系，有力地抑制了我内心深处越来越深重的悲观与无力感，并依然保持着对时代新问题的敏感、新鲜感和生命的活力，这也是我抗拒身心的衰老的一种挣扎，只不过不知道我还能坚持多久。

二〇〇九年

2009年最重要的事，就是去台湾讲学。退休以后，无论是中国大陆内，还是中国大陆外的学术活动都很少参加，只是参加过美国讨论反右运动，韩国讨论中国文化大革命的学术会议，但和台湾知识界的联系却逐渐密切。这一次就是应聘为台湾地区的讲座教授，作三个月的讲学。主要开了两门课：在台湾清华大学为中文系本科学生讲“鲁迅作品选读”，这是台湾的大学本科课程里第一次系统讲鲁迅，意义和影响自然不小；为台湾交通大学文化研究所的研究生讲“我和毛泽东、共和国六十年”，也是第一次在台湾系统讲毛泽东，更是引起广泛关注。我也借此机会，把我从1984年开始，准备了十五年的毛泽东研究，作了一次系统的整理，并完成了一本书的结构，在2010年又用一年时间补充修改，写成一部数十万字的著作，终于圆了清理“我和毛泽东的关系”的梦，这很可能是我晚年最重要的一部著作。此书一成，我这一生，就没有什么遗憾了。

在台湾的讲学，更在我的生命史上具有非同寻常的意义。就像我在《讲课感言》里所说，1948年，我和父亲在中国大陆离别，六十年后，我来到父亲的安魂地台湾讲学，实际上是向冥冥中的父亲倾诉。而我最为珍视的教师生涯也因此而结束在台湾。这都是命运的安排，让我感动不已，感慨不已。

给自己的七个命名

我的所有的学术探讨，对外部世界历史和现实的追问，都最后归结为对自我内心世界的逼视，对自我存在的历史性分析和本体性追问：

“我是谁？我何以存在与言说？”

于是，在不同的历史时期和相应的写作阶段，就有了不同的自我命名。

（一）

1978—1989年，是我的第一个十年，是生命与学术的探索、开拓期。其代表作是《心灵的探寻》、《周作人传》、《周作人论》。其命名也只有一个：“历史的中间物”。这是一个典型的启蒙主义的概念，直接来自作为研究对象的周氏兄弟，也和八十年代的启蒙主义时代思潮、氛围相契合。

这同时也是一个自我的觉醒与发现：身处在八十年代那个思想解放，重新审视历史、社会、现实，重新审视既成观念中先验的前提的时代大潮里，既有一种摆脱在文革中发展到极端的以对人的奴役为特征的政治文化的束缚以获得解放的强烈欲求，却又无法简单、轻松地与之告别，因为我也在其中。同时发现的是自身在学术上的尴尬地位：一方面学术发展的客观情势要求担当承上启下的责任，但因自身知识结构的先天缺憾而时有力不从心之感。在明确意识到能做、能达到什么，不能做、达不到什么以后，就有了对自己学术工作的意义与价值的基本估计，因而与鲁迅的自我认定产生共鸣："至多不过是桥梁中的一石一木，并非什么前途的目标，范本"。

由此而决定了学术研究的自我惩罚性与反省性的品质。学术研究就是为了还债，摆脱内心的黑暗，是一种自我清理、清洗。因此，八十年代的思考与研究始终围绕两个中心，一是历史的追问：自我独立性是怎么丧失的？二是自我的审问：知识分子在专制体制中扮演了什么角色？由此而形成两个基本观念与立场：对任何时候、任何形态出现的专制主义，都坚持不妥协的批判态度；任何时候都要坚持个体的精神自由——这构成了我此后一生做人与做学问的底线。

同时产生的是一种自我牺牲的自觉，认定自己的学术与文化使命就是充当沟通"鲁迅"（中国现代思想文化传统）与"青年"（不仅是青年学生，也包括青年学者）之间的"桥梁"，不仅以极大的激情从事本科生和研究生的教学工作，以教师为自己第一天职，而且期待与促成后来者对自己的超越，并坚持一生。

另一面，又自觉地压抑自己的民间野性，渴望取得学院学术体制内的发言权，也因此而不断自责。

（二）

1990—1997年，是生命与学术的沉潜期。代表作也是三部：《丰富的痛苦：堂吉诃德与哈姆雷特的东移》、《大小舞台之间——曹禺戏剧新论》、《1948：天地玄黄》。在九十年代的时代政治低气压与经济的畸形发展中，我的思想由启蒙主义进入了怀疑主义的时期，可以说是潜入到了时代、社会、历史与自我生命的深处，对其中的观念，体制，进行了更为深入的反省、反思，同时又在质疑中坚守精神追求与学术创新。

这一时期也只有一个命名：“堂吉诃德与哈姆雷特”。这首先是一个自我发现：青少年时代在一个封闭的，却又是充满信仰、理想、浪漫精神的，制造乌托邦的时代文化氛围中成长，由此而养成堂吉诃德的气质，以及曾经受到压抑，在八十年代重又唤醒的哈姆雷特精神，构成了我自己这一代——二十世纪五、六十年代培养的，新中国第一代知识分子精神史的一个重要方面。但在九十年代的这一次的自我发现，是发生在国际苏联、东欧事变与国内政治风波的大背景下，是围绕着“共产主义运动和知识分子的关系”这一中心课题展开的，因此，它的着重点，必然集中于对堂吉诃德精神与气质中的负面的反省和反思，对乌托邦主义、道德理想主义、政治浪漫主义与经济浪漫主义、民粹主义、启蒙主义、精神皈依、斗争哲学、追求“历史合题”的哲学观、世界观等诸多方面，都进行了质疑。可以说，这是哈姆雷特精神的复活、坚守与发展。或者说，是用哈姆雷特精神进行一次全面而彻底的，并且具有深度的思想清理，而且是紧密结合着自身的经历和生命体验进行的，因此，这又是一次历史经验、教训的总结，同时是对所面临的现实困境的挣扎，它既有血有肉，又力图有所超越，成为存在论的追问。对我个人而言，这还是和曾经的精神之父毛泽东终于到来的告别。因此，同时展开了对毛泽东时代的政治、文化、思想观念与体制的质疑和反思。而这一切反省和反思，又转化成了专业的学术课题：堂吉诃德、哈姆雷特两个文学典型在世界范围内的东移；同时具有堂吉诃德、哈姆雷特气质的中国最杰出的剧作家曹禺的个人生命、戏剧生命的历程；1948年历史巨变中，中国的堂吉诃德、哈姆雷特们的艰难选择。我所要追求的，是思想与学术，历史与现实的有机融合，这是一个思想与学术难题，也因此激发了我的想象力和创造力，为之倾注了全部的热情和精力，并收获了“丰富的痛苦”。

（三）

1998年—2002年，这是我的生命与学术的突围期。它发生在两个背景下：首先是中国自上而下的单一的经济改革，到九十年代中后期，就逐渐显露出了其内在矛盾，在经济高速发展的同时，引发了严重的社会问题，特别是贫富不均和社会发展不平衡造成的两极分化，形成了以新权贵阶层为中心的强势利益群体，以及下岗工人、农民工等社会弱势群体，而知识分子也因此发生分化。另一方面，是我自身的变化：在终于取得了学院学术体制内的发言权的同时，内心的自责与孤独感却日见强化。特别是当整个知识界，特别是我视为精神基地的北大，发生了丢失精神的思想、文化、教育、学术的全面危机，曾经被我自觉压抑的内在野性、民间性，对社会、历史的责任感、承担意识，就爆发出来，并和学院体制发生激烈冲突。我终于决定要破门而出，在对现实生活的参与中扩展思想和学术发展的新空间，重新回到民间社会寻找新的精神基地，形成上、下的互动。因此，在自我生命的历程上，这又是向文革后期的民间思想者的更高层面上的回归。这样，也就必然要搅乱多年苦苦追求，并且已经习惯了的单纯的学者的宁静生活，将自己放在时代漩涡中心的位置。这是我的自觉选择，也就自然要承受由此带来的一切麻烦、混乱、尴尬与痛苦。在失去单纯和宁静以后，我的自我命名，也就变得复杂起来，大概有四个命名。

首先是“学者，教师，精神界战士”。我曾经说过，就自己的本性和所受家庭教育而言，我是最醉心于适应教师和学者生活的；但我受的革命教育、鲁迅影响、在贵州的底层生活、文革经历和我的易冲动的个性，又有当战士的欲求。因此，在我1978年走上学术道路时，就面临“做学者，还是当战士”的矛盾。在经历了纯粹学者的生活以后，九十年代末重新面对这一矛盾，就有了更为成熟的选择：依然是从鲁迅那里找到资源，所谓“精神界战士”，他不同于人们通常所理解的从事实际社会、政治运动的战士，他所关注的始终是精神现象，人的精神问题，所反抗的也主要是精神奴役现象。这样，学者与精神界战士之间就获得了内在的统一：同样以精神现象作为自己的对象，学者从事学理的探讨，历史的考察；而精神界战士则关注现实的社会批判，文化批判和思想启蒙。前者为后者提供批判的理论与历史资源，后者则将前者的思想成果转化为现实的批判力量。我所希望的，就是把这两个相辅相成的功能集于一身。

其二，是“真的知识阶级”。这首先是出于九十年代中后期我的两个自我反省。一是对中国社会的两级分化，我应负什么责任的追问。我不无尴尬和愧疚地发现，自己和中国的进入体制的知识分子，实际上是导致两极分化的自下而上的单一的改革路线的支持者和参与者，十数年来，我们事实上是处于自恋与自怜状态，已经脱离了中国民众的大多数，放弃了知识分子的独立批判的社会职责，甚至日见失去了对现实生活中的问题作出反应的欲求和能力。与此同时，我又反复追问自己：在自我生命和学术发展的前两个历史时期，努力摆脱革命意识形态对自己的消极影响和束缚，自是十分必要，但是不是又发生了“把孩子和脏水一起泼出”的失误？正是在以上两个痛苦的追问中，同样已经融入了我的生命里的，革命年代所培育的，又为历史的血腥所歪曲与遮蔽了的精神，经过批判、清理以后，在新的历史条件下，又重新浮现出来，诸如消灭一切人压迫、奴役、剥削人的现象的彼岸理想，追求社会平等的社会主义价值理念，对被压迫者，对社会弱势群体的同情与关注，自觉的社会责任和承担意识，为理想而献身的精神，强烈的社会实践欲求，等等，都在一个更高的历史层面上，得到激活与释放。这正是我1997年决定突围的内在原因。

而九十年代中后期知识分子的大分化，所谓“新左派”与“自由主义”的论争，更是把时代提出的知识分子的历史选择的问题，鲜明地提了出来。正是在以上内在生命的需求和外在环境的变化推动下，我对鲁迅的“真的知识阶级”的概念，产生了强烈的共鸣：这既是对研究对象鲁迅的发现，也是一个新的自我发现。所谓“真的知识阶级”，有两个基本内涵。首先是坚持反抗来自一切方面，一切形态的奴役、压迫现象，因而永远不满足现状，做永远的批判者，并永远处于边缘位置。其二是永远站在受侮辱，受损害的底层民众，社会弱势群体这一边，做他们真诚的朋友。可以说，在中国发生严重的两极分化，以及知识分子内部分化中，我终于在鲁迅的“真的知识阶级”这里找到了自己的历史位置。一方面，我将永远站在强权政治和体制（不管它们打着什么旗号）的对立面，不管中国如何发展，在任何时代与社会，我都将处于边缘位置。我承认，这是由我内在的个体精神自由的彼岸关怀，无政府主义倾向所决定的。同时，在现实的中国政治、思想、文化结构里，我将拒绝充当国师、幕僚、智库、社会反抗运动组织者、骨干、领袖、导师的角色，而坚持以个体介入的方式，从自己的理想、信念出发，以鲁迅的韧性精神，不断发出独立的批判的声音，并做力所能及的基本的思想、文化、教育建设的小事情，同时，又清醒于自己的思想、行为的限度和局限，只顾耕耘而不问收获。

在确定了这样的基本立场以后，我又给自己两个命名。一是“幸存者”，这就是在本书前面里所说的，以躲过历史浩劫，而又具有一定发言权的学者应有的历史责任感，书写被强迫遗忘的历史，挖掘被淹没的历史精神。二是“思想者与实践者”，在思想者的不妥协的批判与实践者的必要的妥协之间取得某种平衡，用我自己的话来说，就是将思想者的“想大问题”与实践者的“做小事情”结合起来。这一时期的社会介入的一个重要方面，对中学语文教育改革的参与，就是先作为教育思想者，对现行教育体制进行尖锐的批判，以后又作为实践者亲自主持编写《新语文读本》，并从事中学语文教育学的理论探讨和建构，写有《语文教育门外谈》一书，在这两方面，都在教育界和社会上产生了很大的影响。

这一时期的写作，最引人注目的是思想、学术随笔，如《永远压在心上的坟》、《拒绝遗忘：钱理群文选》等，都拥有广大的读者，使影响超过了学术界和教育界。学术研究在第二阶段曾经走出以后，又回到了周氏兄弟这里。代表作是《话说周氏兄弟》、《和鲁迅相遇》，以及《走进当代的鲁迅》里面的几篇论文（《作为思想家的鲁迅》、《鲁迅对现代化诸问题的历史回应》、《鲁迅与20世纪中国》等）。这一时期我对周氏兄弟研究的重心转向鲁迅，而且对九十年代提出的思想、文化问题有更自觉的回应。其重点在发掘和阐释鲁迅的核心思想和概念：一是“立人”，由此而展开鲁迅对建立中国“近世文明”即中国现代化道路的独特思考；二是“精神界战士”和“真的知识阶级”的概念，由此展开鲁迅对知识分子道路的独特探索。所追求的依然是学术和自我、时代精神与问题三者之间的契合。

（四）

2002年退休以后，自我生命和学术才逐渐达到进退自如的境界，进有新的开拓，退则自有坚守。我曾经多次说过，退休对于我是一个巨大的解放。首先它使我在最大限度上摆脱体制的限制，可以“胡思乱想，胡说八道”；同时又摆脱了专业的限制，可以自由突进到新的研究领域。也就是当中国在职的学者越来越陷入体制化与专业化的学术与心灵的桎梏，并难以自拔时，我却获得了相对的，当然也是有限的自由。我甚至认为，这是命运对我的眷顾。而我在前一阶段所作出的“学者与精神界战士”的结合和“真的知识阶级”的选择，也只有在这一时期，才得以有限度的实现。我在退休以后，作出的第一个选择，就是自觉地从学术中心位置退出，远离学术界，远离北大，对所有学术的，社会的，政治的群体，都保持距离，真正将自己边缘化，同时以纯粹个人的身份，按照自己的兴趣与意愿，参与社会、学术、政治活动，并保持最大的独立性，竭力维护随时可以介入，又随时可以退出的自由，掌握好若即若离的度。

正是在退休以后，我的社会关怀得到了新的扩展。主要有四大块。其一，前一时期已经开始的对中国教育改革自下而上的参与，不但有新的深入，进行大学教授到中学上课的倡导和实践，更有全面的开拓：由中学进入小学，由城市进入乡村，由学校教育进入社会教育，家庭教育，在实践的基础上，又作出了理论的探讨与创造，写有《钱理群语文教育新论》、《做教师真难，真好》、《我的教师梦：钱理群教育演讲录》等三大著作。其二，主动参与了对青年志愿者运动的推动，并进行了志愿者文化的理论创建，写有《致青年朋友》等著作，在志愿者和当代大学生中产生了一定影响，和80后、90后的青年建立了一定程度的精神联系。其三，以贵州为基地，通过对地方文化研究的推动，参与西部文化建设和农村文化建设。其四，以思想、文化、学术随笔，以及时事政治评论的方式，对当代思想、文化、学术、社会、政治的重大问题，进行及时的回应，作历史与理论的分析。不少文章都引起了社会的关注。除五部《退思录》外，还写有《知我者谓我心忧：十年观察与思考》一书，这可以看作是对时代的现场记录。

我自己最为看重，也用力与用心最多的，是学术研究。尽管基本退出学术界活动，但对自己的专业——现代文学研究与鲁迅研究的热情不减，写有《鲁迅九讲》、《鲁迅作品十五讲》、《钱理群中学讲鲁迅》、《钱理群讲学录》、《论现代文学研究》等专著，在研究视野与深度上都有新的发展。

但这一时期的研究重心，显然有了重大转移，即由现代文学研究，转向了现代思想史的研究，目前已经取得了三大重要成果：已出版的《拒绝遗忘："1957年学"研究笔记》，开创了民间思想史研究的全新领域；在中国大陆和台湾出版的《我的精神自传》是知识分子精神史研究的新的尝试；刚完稿的《毛泽东时代和后毛泽东时代（1949——2009）——历史的另一种书写》，则是对中华人民共和国历史的研究和毛泽东思想的研究进行新的创造性的实验之作。

退休后的以上所有的活动与写作，无论是关注农村教育，推动志愿者运动，参与地方文化研究，还是开拓民间思想史研究，都有一个鲜明的特点，即是自觉地加强了自我生命与学术研究和中国这块土地上的文化与人民的血肉联系。于是就有了"漂泊者和坚守者”的自我命名。所谓“漂泊者”，即是远离本土，在远方发展；而“坚守者”则固守本土。这本是人的两种生命形态、生命选择，也是两种心理欲求，事实上是并存于人的生命之中的。就我自己而言，祖籍杭州，生在重庆，却一生浪迹于南京、贵州、北京，显然是个漂泊者；但身处全球化的时代，又固守中国本土，当然也是坚守者。更重要的是漂泊心态与坚守心态，更是时时纠缠于心。而“漂泊者与坚守者”这一命名的提出，则是要揭示一种精神危机，这是我在退休后越来越强烈地感觉到并不断提出的。我发现，我自己、中国的知识分子，以及年轻一代，都存在着精神上逃离土地的趋向：对脚下的土地，和土地上的文化、人民，有一种认知上的陌生感，情感与心理上的疏离感。这样，漂泊者就走上了永远的精神不归路，坚守者也身在本土而心在远方，都失去了根，成了无根之人。面对这样的精神的，更是生命存在的危机，就提出了“构建精神家园”的问题。可以说，我退休后的所有活动与写作，都是自觉的寻根之举。这不仅是个人生命进入老年期，必然要寻找皈依，更是有着全球化的深刻背景：全球化是以多元化为基础的，它不仅要求和国际接轨，追求统一和消抹差别，达到世界的融合，更要以差异性、地方性、本土性来支撑。就是说，退休后对地方、本土、民间的前所未有的亲和力，不仅是出于现实的关怀，背后是有一个全球化的世界眼光的。这同时也意味着，个人生命和学术都进入了一个大视野，大境界，这或许是最值得珍惜的。

2010年11月4日—5 日

当今的中国呼唤思想家、哲学家

——在李泽厚思想讨论会上的发言

我退休八年以后，基本不参加学术会议了。我对李泽厚先生确实没有任何研究，对哲学一窍不通，不知道到底要讲什么。

我只能从自己的经验出发，讲三个问题。

李泽厚在80年代有一个自我定位，说他是第二代学者，第一代就是冯友兰、朱光潜他们。当时我是被称为第三代学者，实际我自己应该是第二代，我刚才算了一下，李泽厚先生是1930年出生，我是1939年出生，我们都是30后，他是头，我是尾，我是1956年上的大学，跟李先生都是50年代的。

当时研究生中的第三代人，最佩服第一代，对第二代的评价就比较复杂，有的让人尊敬，有的就不大让人瞧得起。李先生自己也说过，他那一代是问题最多的一代，这不是谦虚的说法，是反映了客观事实的。但李先生恰好作为第二代学者而在80年代脱颖而出，并且产生巨大的影响。这个原因到底是什么？如果我们现在研究李先生，大概要考虑这个问题。这代人，有几个特点。第一，他们在批判封资修的背景下成长起来，在知识结构方面有重大缺陷，李先生这点比较好，他的知识结构相对合理一些，至少比我们合理，这可能是他脱颖而出的重要原因。

第二个特点，跟马克思主义、跟革命有非常深的关系。大家谈到李先生是马克思主义者，归根到底他和马克思主义有一种纠缠的关系，是摆脱不掉的。对此，我自己就有很深刻的体会。别的几代人，都可以很客观、很轻松地谈论马克思主义的问题，革命的问题，我们这一代却不能，因为，我们就在其中，革命的问题、失误，马克思主义的问题、失误，都跟我们的生命有关系，我们不可能采取决绝的态度来对待革命和马克思主义，这是一个非常残酷的现实：知道它的问题在哪里，要摆脱它，但是无论从思想哪个层面，又很难摆脱。

当然我们这代人有几种选择，有一种僵化马克思主义，还有一些人过分轻率地和马克思主义告别，但是李先生不这样，我自己不这样，而是跟马克思主义有非常缠绕复杂的关系，从李先生身上可以看出来，这是非常艰难的任务，一方面批判马克思主义，从当中跳出来，另一方面，在更高层面接受某些东西。我觉得李先生在这方面是比较成功的，我们不可能设想，没有马克思主义，李先生能有今天的成功吗？不可能，但是他既批判马克思主义，同时在更高层面上继承坚持马克思主义，这些方面的经验是非常值得研究的。

这代人还有一个特点，有很强的社会责任，很强的政治意识、人文关怀。中国革命有一个特点，就是把所有的人都卷入历史潮流，政治潮流，就形成了这一代根深蒂固的历史情结，政治情结。不管别一代人如何批评，还是摆脱不掉。即使是理论思考，也总是面对现实的，总是要对现实问题作出自己的回应。李先生就是这样。这可能会带来一些问题，但这又是一个特点，未尝不是一个长处。

有人感觉李先生很悲壮，我理解他的艰难和悲壮、无奈，真的有很多很多的无奈，也是需要别代人去理解的。我感觉，如果要把李泽厚作为一个研究的对象，可能要对50年代以来的成长背景，做更深入的研究，才能完全理解他的一些东西。

回过头看改革开放几十年的历史，有一个奇怪的现象，在80年代，影响思想文化界全局的有李泽厚，我们那一代研究生，那一代大学生，都深受其影响，他是我们的启蒙老师。但到90年代，李泽厚这样的影响全局的学者就没有了，当然有人提到王元化先生，李慎之先生，但是他们不是全局性的影响，只是局部的，不像李先生那样有全局性的影响。这样的人物只出现一个，而且应该说，李先生所发挥的影响主要在80年代，到90年代，他的影响越来越弱，当然这跟他离开国内本土有关系。这一代学者和现实的联系是天然的，脱离本土，对李先生是很大的损害。

我们回顾这几十年，我们现在能举出来的就是李泽厚，这样的具有全局性影响的就这一个，而这一个，还有重大缺陷，这是什么原因？我觉得非常值得我们思考。

我想把问题拉开来说，谈谈当下的中国知识分子，我分了几种类型。

第一种类型，就是批判型的知识分子，即公共知识分子。他们坚守自己的社会理想、价值理念，对现实不公正、非正义的现象和现行体制的问题，不断提出公开批判，在当下受到很高评价。

第二，实践知识分子，进行思想文化教育的具体建设性实践，也有很大影响。

第三，专业化的知识分子，对自己专业发展有很大贡献，他们中间有些人有脱离，甚至逃避现实的倾向，但他们所作的专业工作，也是社会需要的。

这三种知识分子在中国都有，但是缺一种类型的知识分子，就是真正的思想家、哲学家。我们现在正是一个信仰缺失、价值混乱的时代，需要有真正的哲学家、思想家，能够为社会提供新的思想价值观念、新的理想，在我看来这是最重要的知识分子，或者说，这应该是知识分子最基本的社会职能，但恰恰在当下中国，是缺失的。

我领会刚才尤西林先生说的也是这个意思，知识分子对社会的最大贡献，是解决社会的精神问题。当下中国有无数危机，但我认为精神危机是最重要的、最基本的，也是影响最深远，真正危及中国的未来的。知识分子应该用自己的专业来回应精神危机问题，给这个时代提供精神性、建设性的东西，这就是思想家、哲学家的任务。因此，我们中国最需要的，是真正的思想家、哲学家。我们至少要有李泽厚式的思想家、哲学家，虽然我对李泽厚并不很满意，但是从中国的现实出发，我们至少要有李泽厚这样的能够影响全局的思想家、哲学家。在我看来，我们今天开这个会，最重要的意义就在这里，就是要呼吁能够对当下中国精神危机作出回应，作出新的精神建设的思想家、哲学家的出现。

尤西林先生希望形成一个有影响的群体，我觉得现在比较难，对这个问题我比较悲观。我们不要谈大师，中国现在没有、相当一段时间也不会出现大师——我说的是真正的大师，而不是自封的，或被某种政治势力捧出来的“挂羊头卖狗肉”的大师。我们只能期待思想家、李泽厚式的思想家的出现。或者退一步，有一批关注、思考、提出精神问题的思想者出现；应该说，这样的思想者在中国学术界，特别是在民间社会，是有的，但力量还不够，他们的声音，在中国社会和中国思想、文化、学术界还很微弱，影响也很小。但如何让这样的思想者越来越多，并形成力量，是当下中国知识界、思想界所面临的很迫切的问题。尽管现在一时难以形成有影响的群体，但我们总要向这个方向努力，因为这样的思想者，是培育真正的思想家，以至真正的大师的“泥土”。鲁迅说过，我们做不了天才，起码可以做泥土。这或许是更为切实的吧。

最后顺便讲一点，我们讨论80年代中国思想，还有一个很大维度，我们关注不够，就是中国民间思想，这些年我作了一点研究。在我看来，中国从1957年开始，就有了自觉的民间思想运动，这个运动一直延续下来，从1957年到60年代，到文革，特别是文革后期，形成“民间思想村落”，到改革开放开始80年代初期，出现了以西单民主墙和民间刊物为中心的社会民主运动。1980年以北大竞选为中心的大学校园竞选，实际也是一个思想运动，产生了一些思想的成果。此后，民间思想依然存在，主要是在灰色地带发展，主要方式是通过一些刊物或者编委会发出自己的声音，形成社会影响。例如“文化：世界与中国”编委会，《走向未来》丛书，湖北的《青年论坛》，王元化的《新启蒙》，等等。在“八九风波”以后，民间思想沉寂了很长时间，但仍顽强存在，用不同方式发出声音。从新世纪到现在，就逐渐形成三大民间运动，一是维权运动，一是网络民主运动，再一个是民间社会组织活动。这三大民间运动，都有很多知识分子参与，虽然主要是社会运动，但也有思想成果。问题是这样的民间社会、思想运动至今还没有进入我们的历史叙述与研究中。中国现代思想史，不能只有一个正史，还需要一个民间思想史，这两者关系很复杂、很有意思，这是一个很宽阔的研究领域，我希望有更多年轻人参与，从中可以吸取很多宝贵的思想资源。由于政治原因，我们总是把前人的思想遗产用强力割断，强迫遗忘。结果后来人只能从头开始。在我看来，这样的思想的切断，是中国思想发展未能达到更高水平的重要原因。因此，我也想借这次以李泽厚为例，讨论80年代中国思想的机会，向学术界，特别是年轻学者，提出一个呼吁：请注意对民间思想的研究，可以就从对80年代的民间思想研究开始，再上溯七、六、五十年代，下延九十年代和新世纪。

“来自营垒的反思”的意义和评价

——读陈为人《让思想冲破牢笼——胡正晚年的超越与局限》

作者谈到自己的“山西作家人物系列”，在写了赵树理和马烽两位山药蛋代表作家以后，还要写胡正的动因，引述了学者丁东的一个评价：“胡正正是他们这批‘山药蛋派’作家中最有反思精神的一位。他们都是《讲话》精神滋润下成长起来的一代作家。来自营垒的反思，才更为有力，更为弥足珍贵。这对于梳理当代文学史上的特有现象，比写其他作家更有价值”。

在我看来，丁东的这段话，正可以作为我们阅读和讨论本书的一个纲，由此可以引发出三个追问：包括胡正在内的“山药蛋派”作家，在中国现、当代文学史上是属于什么营垒？他们为什么要反思，怎样反思，反思了什么？如何评价他们的反思？这都是发人深省的问题。

先说“营垒”。这就需要做一番现、当代文学史的历史回顾。上个世纪的三十年代的左翼文艺运动曾有过无产阶级文学的倡导，但在对由谁来创造、怎样创造无产阶级文学这个根本问题上，却存在着不同的意见和想象。作为无产阶级文学的倡导者的创造社、太阳社认为，只要左翼作家转变了立场，掌握了无产阶级意识，就可以创造出无产阶级文学。鲁迅、郁达夫则对此提出了质疑，他们认为，“现在的左翼作家还都是读书人——智识阶级，他们要写出革命的实际来，是很不容易的”，“在现在这样的中国社会中，最容易出现的，是反叛的，小资产阶级的反抗的或暴露的文学”（鲁迅：《上海文艺之一瞥》）；“真正的无产阶级文学，必须由无产阶级自己来创造”（郁达夫：《无产阶级专政和无产阶级文学》），这就必须依靠“政治之力”（鲁迅：《文艺的大众化》），经过根本的社会改造，消灭了等级制度，普及了教育，使不识字的下层人民掌握了文化，“自己觉醒，走出，都来开口”（鲁迅：《俄文译本〈阿Q正传〉序及著者自述传略》）。今天来看，鲁迅、郁达夫这样的设想，还是一种乌托邦的想象，本身是有许多问题的，我们这里不作讨论。需要指出的是，从三十年代起，培养工农作家就成了左翼文艺运动的一项重要工作；而到了四十年代的革命根据地，共产党领导的革命政权确实依靠鲁迅所说的政治之力，在农村和部队普及教育，开展群众文化活动，并在这一基础上，培养出了一批直接来自社会底层的，又受到革命教育的工农兵作家，我们今天所说的“山药蛋派”作家就是其中的代表。他们具有两大特点：一是革命培养出来的，二是出身农民，有代表农民说话的自觉性，这确实是前所未有的一代文学新人，而且自然成为工农兵文学即中国特色的无产阶级文学的主力，由此而形成了一个文学营垒，是革命营垒的有机组成部分。

如果做进一步的深入分析，就可以发现这样的一代文学新人自身的两大特点，就决定了他们的内在矛盾。这集中体现在他们中的领军人物赵树理的创作追求，也是他们共同的区别于其他作家的独特追求上：“老百姓喜欢看，政治上起作用”。我曾经分析说，这“正是表明了他的双重身份、双重立场：一方面，他是一个中国革命者，一个中国共产党的党员，要自觉地代表和维护党的利益，他写的作品必须‘在政治上起（到宣传党的主张、政策的）作用’；另一方面，他又是中国农民的儿子，要自觉地代表与维护农民的利益，他的创作必须满足农民的要求，‘老百姓喜欢看’”（《1948：天地玄黄》）。我以为，正确地理解和把握这样的双重身份，双重立场，是理解赵树理，以及包括胡正在内的“山药蛋派”作家及其创作的关键。

应该说，这双重身份、双重立场，还是有其统一与和谐的方面的。特别是中国共产党作为一个革命党领导农民翻身求解放的革命时期，这样的统一与和谐常常成为主导倾向。因此，当毛泽东在《在延安文艺座谈会上的讲话》里，强调文艺为革命政治服务和为工农兵服务的统一，号召革命文艺家“把自己当作群众的忠实的代言人”；强调“人民生活”是“一切文学艺术的取之不尽、用之不竭的唯一的源泉”，号召作家“长时期地无条件地全心全意地到工农兵群众中去”，“学习工农兵”，和工农兵相结合；强调要重视民间群众文艺，号召文艺家要和“在群众中做文艺普及工作的同志们发生密切联系”，创作为老百姓喜闻乐见的作品，等等，都是和这些来自底层社会，和农民有着天然的血肉联系的赵树理们的内心要求相一致的，他们的欣然接受是有内在逻辑的，并非盲从，如研究者所说，“那么步调一致，那么自觉自愿，那么胜任愉快，那么毫不怀疑”，应该是十分自然的。他们也就因此成了“《讲话》派”，这是顺理成章的，我们应该有一个同情的理解。

而且赵树理们在创作中对《讲话》精神的实践也有自己的独特理解和做法。赵树理曾经把他的创作经验归结为一种“问题”意识。他，或者也包括所有的“山药蛋派”作家，他们对中国农村及农民的观察与表现确实有一个中心问题，即是中国农民在中国共产党领导的社会变革中，是否得到真实的利益，也即中国共产党的政策是否实际地（而不仅仅是理论上）给中国农民带来好处。当他们在现实生活中发现中国共产党领导的农村土地改革中，农民确实在政治、经济上得到某种程度的解放，在思想文化上也发生了深刻的变化，他们的歌颂是由衷的，并且是生动活泼的。也就是说，在党的政策和农民的利益相对一致的基础上，“山药蛋派”的创作取得了一种内在的和谐。这也是他们作品的魅力和生命力所在。

但同时我们也应该看到，赵树理、胡正们的双重身份、双重立场，从一开始就存在着或许是更为根本的矛盾和不和谐。这主要是他们是始终生活在中国社会的底层，生活在农民中间，并且和农民有感同身受的精神与情感的联系，也就必然时时面对革命的阴暗面，对中国农民利益的损害。如赵树理1948年在河北参加土改时所发现的，尽管一般贫农分得了土地，但主要得到好处的却是农村干部，特别是一些“流氓混进了干部和积极分子群中，仍在群众头上抖威风”。面对这样的现实，赵树理内在的农民的立场和党的立场，就发生了矛盾。他的处理办法是：一方面，坚持为农民说话，通过小说作了如实的揭露，但另一方面，又设置了党自己纠正错误的大团圆的结局，以显示“邪不压正”。这或许也是反映了当时赵树理的思想真实：他总是希望，一定程度上也是相信，党能够纠正错误，他无论如何也要维护党的立场和农民立场的一致性，即所谓党性和人民性的一致性。由此形成了“山药蛋派”作家处理其双重身份、双重立场矛盾的一个模式，如本书作者所说，一面坚持直面现实的现实主义原则，使自己的创作显示了某种批判性的锋芒；但同时又将“现实悲剧喜剧化”，并用所谓“本质真实论”的“革命现实主义”原则来说服自己。但即使是如此煞费苦心地安排了大团圆的结局，赵树理的《邪不压正》还是遭到了党报的严厉指责。这样，赵树理一面被树为贯彻《讲话》的旗帜，一面又因为背离了《讲话》规定的对“革命人民和革命政党”只能“歌颂”不许“暴露”的原则，而受到批判。这其实是预示着赵树理和“山药蛋派”作家们以后的命运。

革命胜利以后，共产党由一个革命党转变为执政党，就发生了一些变化。就我们所讨论的问题而言，主要有两个方面的变化，一是共产党自身的变化：革命理想、信念逐渐淡化，而越来越以维护执政地位为追求与目标；另一是党和农民关系的变化：为了推行以富国强兵为旨归的现代化、工业化发展路线，必须以牺牲农民为代价，而毛泽东的空想的农业社会主义试验，尽管把农民提得很高，却给农民带来无穷的灾难。这都是此时仍在农村挂职生活的“山药蛋派”作家亲身经历，亲眼所见的。如胡正后来反思所说，最初把农民组织起来，以避免两级分化，多少反映了贫困农民的要求，他们也能接受，因而写了不少肯定与歌颂的作品；但从强迫组织高级合作社开始，到以后的大跃进，人民公社，大饥荒，四清运动，直至文化大革命，对农民来说，都是一次又一次的劫难。面对党的路线、政策与农民利益的严重背离，这些既忠于党，又视农民为父母的“山药蛋派”作家，就陷入了忠、孝两难全的尴尬之中。而建国后一段时间利用权力来贯彻《讲话》只准歌颂，不准暴露的精神，所造成的真话不能说的政治、思想、文化环境和氛围下，他们中的最杰出者赵树理也只能如研究者所说，坚守假话我不说的底线，用曲折的方式，写出有限的农村生活中的真实，就已经被视为顶风之作，而一再受到批判。胡正在以后的反思中，也因此给了赵树理以极高的评价，说他“忠于现实生活”，“站在人民立场上”，“呼喊出了群众的呼声”。他如此评价，是因为深知在那个时代，这样坚守的艰难。事实上，许多人都难以做到不说假话，难免要写跟风之作，就陷入了所谓“党性和良心”的矛盾。更为严峻的，是作家自身的变化。这是无可回避的事实：革命胜利以后，这些当年的老革命都成为权力的掌控者，这就意味着个人利益和党的执政地位、利益的一种捆绑。这样的存在，就决定了意识的微妙变化：如胡正反思时所说，“了解农民的愿望少了，考虑上面的政策多了”。这一少一多却非同小可：这意味着，原先的双重身份，双重立场，发生了倾斜：越来越远离农民的利益和要求，而向执政党的利益与要求靠拢。这大概就是一种异化吧。胡正后来反省说，自己某种意义上也是党的极“左”路线的执行者，这是有内在原因的。

但即使如此，也不能满足毛泽东的要求：尽管已经向毛泽东主导的党的极“左”路线靠拢，但依然保留着对农民利益的关注，就不可能和毛泽东主导的党保持完全一致，这在文革中就成了滔天大罪：“山药蛋派”的作家无一例外地被打倒了。首当其冲的赵树理作了拼死的反抗，他的力量来于他自信是代表和维护农民利益的，因此才在批斗会上戏称自己是“农民的圣人”。而幸免于难的胡正们却开始了自己的反思。文革将长期以来认为是不容置疑的毛泽东制定的党的路线，对人民，特别是农民的利益的损害所造成的严重后果暴露无余，从而引发了根本性的怀疑，反思也就因此而产生。

另一方面，正是文革，使每一个人，每一个利益群体，都更加自觉地意识到自身的利益所在；在这个意义上，反思也是一种新的选择。于是，就出现了不同的反思：是站在维护党的执政地位和利益的立场上反思，还是站在维护底层人民利益的立场上反思？面对党的执政利益和人民利益之间的尖锐对立，既要党又要人民的双重立场是难以坚持到底的，必然要有所选择，至少要有所倾斜。昔日的革命者终于发生了分化：前者也可以对毛泽东和文革的某些极左的做法提出批评，但却要坚持毛泽东所建立与维护的集权体制，这样的反思是有限的，并且在实质上是和他们有所批评的毛泽东路线，以至文革相通的；而后者则是彻底的，有可能根本上走出毛泽东时代的阴影。我们说，胡正的反思比较彻底，原因就在于，他自觉地站在人民的立场，以底层民众、农民的要求与利益作为标准，去反思党，反思历史与现实，就使自己的思想获得了真正的解放，并有了全新的认识。

作为一个作家，胡正的反思，首先体现在他的创作中，这就是本书特别关注的反思三部曲：《几度元宵》、《重阳风雨》、《明天清明》，如作者所分析，胡正的新作有两大新的特点。一是转而从自己的历史记忆和生命体验中去开掘，反思革命本身的问题。这样的和自己的生命相纠结的革命阴暗面的历史记忆，在过去的年代是沉睡着的，甚至是被着意遮蔽的；现在重新唤醒，对作家具有双方面的意义：一方面，使他的历史反思和自己的生命相关联，就具有了带有血肉的深度；另一面，他一贯坚持的现实主义也具有了某种体验现实主义的特色，显然也是一种深化。更重要的是另一个特点：这意味着作家“悲剧意识的觉醒”。如本书作者所说，这不仅是和作家已经习惯了的颂歌模式的告别，而且是对中国传统文化的突破，胡正说他的三部曲“离‘山药蛋派’远了一些”，这确实是一种深化与超越。

也许人们更为重视的，是胡正思想理论上的反思，包括对《讲话》的反思，这也是本书论述的重点。在我看来，这样的反思有一个逐渐深化的过程。首先发现的是自己所参与的革命身上摆脱不掉的封建主义的印记："没有把资产阶级革命的民主、自由、独立的一套承接过来，还是打倒皇帝做皇帝"。接着又痛定思痛地发现了"把马克思主义的学说简化为一个暴力学说"，而导致的人道主义危机。对胡正这样的老革命来说，这样的两大发现，确实是惊心动魄的，要正视它是需要非凡的勇气的，但对胡正来说，又是十分自然的，因为他看清楚了，这正是党领导的革命最终走向最初宗旨的反面，损害了本应是自己的基础的底层人民、农民的利益的原因所在。当他进一步追问："为什么中国共产党经过文革后的反思和改革，却依然不能从根本上遏制党的腐败的趋势，反而越演越烈？"就发出了"谁的政治"的惊天一问："什么政治家？他们这个政治家的考虑呀，不是人民大众的政治，而是维护他们自己利益这么一个政治，说得直截了当点：统治者的政治"。这就说到了要害。看清这一点，胡正的选择也十分明确：要和"他们这个政治家"决裂，坚守"人民大众的政治"的立场。这样，他也就终于摆脱了双重立场的内在矛盾造成的困境。

但胡正还要坚持自己的反思的限度。他一再表示："我们要承认历史而不是否定它"，"我是反思，但是不反共"，"我反思我们的体制，并不反对我们的制度"，"对我们的社会主义制度并不否定"，"我是在四堵墙内的反思，对四项基本原则还是要坚持的"。他还说："我们这一代人，对明天有太多的憧憬和向往"，"明天是清明"。他因此提醒本书的作者：不要对自己的反思"引申"过度。

应该如何看待胡正，某种程度上，也是他们那一代人，为自己的反思所设置的这条底线？本书作者认为，这是"一种深刻的思维在恐惧前止步"，构成了一种"局限"，而所谓"引申"则是研究者的"评价与作者原意不符的现象"，这在文学史上是屡见不鲜的。——我可以部分地同意作者的这一分析，我也认为，胡正的思想仍然存在着一些局限，那一代和中国共产党休戚与共的老革命党人，是很难越过党的领导这一条线的。但我又认为，如果把他们坚守反思的限度，简单地视为局限，可能有些简单化，我们对胡正这一代人的反思，应该有更复杂的分析，更多的理解和同情。

胡正对本书作者说了一番很动情的话："我们这一代人和你们不一样。我们是在《讲话》精神下培养成长起来的作家。从思想感情上说，我们就不可能反对《讲话》。这是个感情的问题，更是个立场问题。你们这一代人，年龄比我们小，就不可能对《讲话》有我们这样深的感情"。胡正这里说到了反思中的"感情"，使我联想起了鲁迅。鲁迅也是一个"来自营垒的反思"者，他说过："他的任务，是在有些警觉之后，喊出一种新声；又因为从旧垒中来，情形看得较为分明，易制强敌的死命"（《写在《坟》后面》。这些话是完全可以用来评价胡正的反思的意义。鲁迅说过，这样的"来自营垒的反思"的最大特点，是所要反思的对象，是和自己的生命纠缠为一体的，"我也在其中混了多年"，"我未必无意之中，不吃了我妹子的几片肉"（《狂人日记》）。胡正说他自己不仅是党的极左路线的受害者，更是执行者，说的也是对历史的谬误自身的责任，而且这样的历史已经渗入自己的血肉之中，构成了自我生命的有机组成。因此，对历史的反思，其实就是对蕴含了全部青春理想和热情的自我生命历程的反思，对历史的谬误的否定，必然是一种挖心裂肺的自我否定，这绝不可能是轻松的，也绝不可能彻底，但却是刻骨铭心的，不能不牵动爱爱仇仇的最复杂的感情，由此而发出的反思的声音，必然是如鲁迅笔下的那位"赤身露体地，石像似的站在荒野的中央"的老女人那样，"于一刹那间将一切并合：眷恋与绝决，爱抚与复仇，养育与歼除，祝福与咒诅——"（《颓败线的颤动》）。这样的带有复仇视情感的反思，确实不如没有经历那段历史的旁观者的我们今天的批判那样鲜明而绝决，却有着难以企及的历史深度和厚度，是不能以局限二字轻轻了结的。

而且，从另一角度看，这样对反思的限定，也是一种坚守。对胡正那一代老革命者来说，有一些从年轻时代就开始的理想与追求，是必须坚守的。他说自己"反思而不反共"，其实就是要批判、否定发生在党身上的异化现象，而要坚守他当年入党时所追求的党的宗旨和信念：要为天下穷人谋解放。胡风也曾提出要区分“现实的党”和“理念的党”，批判前者而坚守后者。我们可以不同意胡风（也许还有胡正）这样的区分，但对他们区分背后的坚守，还是应该怀有尊重与尊敬。胡正说他“反思体制而不反思制度”，也是强调要批判现实的“封建社会主义”，而坚持“劳动者当家作主”的社会主义理想。胡正表示要坚持《讲话》的立场，并不是说他对《讲话》没有反思，相反，按照本书的转述，他对《讲话》的批判已经达到相当的深度，但他仍然要坚守《讲话》最初吸引他的那些观念，如文艺要为工农兵服务，要作“群众忠实的代言人”，要重视普及，成为老百姓喜闻乐见的民族、民间形式等等，我们可以批评这样的文艺观存在这样那样的不足，但也必须承认这样的选择与坚守的历史与现实的合理性。胡正坚信“明天是清明”，也表示了对他们那一代人的乌托邦理想的坚守，我们可以批判将“彼岸乌托邦理想此岸化、现实化”的失误，这确实是造成毛泽东时代灾难的重要原因，这里有深刻的历史教训；但我们却不能因此否定乌托邦理想本身的意义与价值，没有超越现实的乌托邦理想就不可能有真正的改革。比如胡正那一代人坚信的“消灭一切人压迫人、奴役人的现象”，就是这样的可以趋近，却不可能完全实现的乌托邦理想，今天坚守这一理想就有极强的现实批判力量。在我看来，胡正所要坚守的，无论是共产党的最初宗旨，社会主义理想，还是《讲话》的某些原则，我们可以有不同看法，却必须承认，它们在今天的中国，都可以作为批判性资源，仍然具有生命力，是不能简单视为局限性的。

这里，还有一个重要问题：当我们谈到局限性时，其实是以我们今天经过反思以后所建立起来的新的价值观念和立场作为依据的。这是自然的，也是正常的：思想、文化的发展，正是要仰赖于不断的反思，不断的总结历史的经验教训，并由此引起新、旧观念之间的相互辩驳，以至批判。但我们必须清醒地看到，一切反思得出的新结论，新观念，新立场，即使是合理的，也只具有历史的相对的合理性，是认识长河中所达到的某个阶段，何况其本身也还有可能隐蔽着我们今天尚未意识到的谬误。因此，对一切反思所得出的新观念，新立场，在坚持的同时，也还需要有必要的怀疑和反思，即所谓“反思的反思”。对一切未加反思的思想和立场，其实都应该保持某种警戒的。这也是胡正那一代人的历史教训：当年他们以“文学新人”的姿态与身份出现时，未尝不是对前人的选择进行反思的结果，集中体现在《讲话》里的新观念、新立场当然有它的历史与现实的合理性；问题是，他们当时没有对自已的新观念、新立场进行必要的反思与质疑，将其绝对化，自以为真理在手，不但以此否定了一切异己的选择，并且将自身的合理性也推向极端，最终走到了反面。这样的历史经验教训是应该认真吸取的，这也是胡正的反思对我们的启示的一个重要方面。

2011年11月30日—12月2日

一本逼人深思的书

——裴毅然《悲壮歧路》序

（一）

酷暑中读完裴毅然先生这本好沉重的书——不仅是书的篇幅“重”，更是其内容之“沉”，我长长吐了一口气：此书的出版，正当其时！

我这么说，是基于我对当下中国思想文化问题的一个判断。大概是在今年年初，在郭小川（他正是本书所研究的“延安一代”中人）诞辰九十周年纪念座谈会上，我有一个发言，就谈到，如何认识革命时代和当下我们的时代，这两个有着内在联系的时代，实际上是当下中国知识界、思想文化界、学术界所面临的一个核心问题，也是争论的焦点。并且有这样的分析：“据我的观察，存在着四种倾向。一是对革命时代和当下中国现实的全面肯定和赞扬，将革命理想化、现实盛世化；二是对革命和现实都持尖锐的批判态度，以至全盘否定；三是肯定革命年代而否定现实社会；四是肯定现实而否定革命时代”。

在发言中，我还谈到自己的困惑：“这四种倾向，在我看来，都有两个特点，一是观点明快，态度鲜明，立场坚定；二是立场、观点在先，缺乏具体的分析、研究。谈历史，实际上对历史了解甚少，根本没有进入具体的历史情境；讲现实，多从感情、道德、义愤出发，缺乏具体的实际的调查研究，更不用说理论的辨析和批判。我的困惑在于，尽管我自有必须坚守的基本信念和基本判断，但我更愿意把问题看得复杂一些，对所有过于明快的判断，我都有些怀疑，总觉得在明快因而痛快的背后，遮蔽了一些东西。因此，在对历史与现实作出判断时，我常常犹豫不决，即使作出了一些判断，也有些心虚，自己就先怀疑起来。这样的立场就显得不够坚定，在这处处要求站队的时代，就不免把自己置于尴尬的境地”。

在发言的最后，我还表达了这样的期待：“作为一个学者，一个知识分子，我们要做的，所能做的，不是急急忙忙地表态，而是要坐下来，踏踏实实地进行研究，创造对历史与现实都具有阐释力的新的批判理论。而这样的探讨，又应当从个案研究入手”。

我正是以这样的期待来看裴毅然先生的这本新著，论定它的出版“正当其时”，不仅是因为本书对当下中国政治、思想、文化、学术界争论的焦点问题，旗帜鲜明地表达了自己的看法，对时代所提出的重大问题作出了自己的回应，表现了在当下中国学术界特别难能可贵的知识分子的社会责任感；更因为本书是作者坐下来踏踏实实地研究的成果，其用功之力，思考之深，表明这是一个学者的回应，它的鲜明的观点，是建立在学术研究基础上的，读者尽可以不完全同意研究的结论，但确实能够从中得到许多启示。

我尤其欣赏的，是作者采用的“个案研究”的方法，而且选择“延安一代知识分子”作为研究对象，这是显示了一种锐利的学术眼光的：延安一代人，如作者所说，是上承五四一代，大革命一代，下启解放一代及红卫兵一代的，因此，拎起这一代，是可以把握与揭示二十世纪中国知识分子的历史道路的全景的。或许更为重要的是，延安这一代还在深刻地影响着中国的现实，前文提到的党内毛泽东派与党内民主派的主要骨干都是延安一代人，意味着延安一代在当代的分化。因此，以延安一代人作为个案进行研究，总结历史经验教训，是能够有助于人们认清当下的这些争论的历史渊源及其深厚的历史内容的：这是一个极好的历史与现实的结合点。

（二）

我更看重本书的，是作者的研究对当下的问题争论的启示。

本书的最大特点是史料的详实，这也是作者的自觉追求："尽量还原史实，以据立论，重在对具体历史情境的剖析"。这本来是学术研究的基本要求，但在当下的中国政治、思想、文化、学术界却成了问题。这也是本书所揭示的历史的积弊："为实现自己头脑中的概念，而无视具体现实，尤其是无视革命造成的现实"；立场在先，观念在先，判断在先，而且不需要事实的支持，甚至不顾及基本的历史事实，睁了眼睛说瞎话。

这当然不是一个单纯的学风问题，它其实正是"强迫遗忘"的结果。而且不能低估这样的遮蔽、否认历史事实的强迫遗忘的有效性。比如说，今天的一些青年已经不知道，进而不相信1959—1961年中国曾经发生过大饥荒引发的大规模死人的事实——人们对死人的具体数字与造成非正常死亡的原因尽可以有不同的认定和分析，但讨论的前提，是必须承认历史上确实发生过大规模非正常死亡的这一基本事实。如果把论断建立在不承认基本事实的基础上，那是无法讨论问题的。理论与观点的力量正在于，能面对所有的事实，并作出有说服力的解释与分析。也就是说，揭示与面对所有的事实，这应该是我们讨论中国革命时代和当下的时代问题的前提与基础。从客观存在的事实出发，得出结论：不管人们在认识上存在怎样的分歧，但在这一基本方法论或基本讨论规则上应该取得共识，不然是越争论越糊涂的。

我读本书，最为感佩的，就是作者敢于面对事实的胆识。本书所揭示的事实，在今天的某些年轻人看来，是不可思议的，因而是可疑的；对历史的当事人而言，这些事实又是不堪回首的，对年青时候深受延安这一代人影响的作者来说，面对这些事实，也会引发痛苦的记忆。这就意味着，作者要面对历史事实，必须顶住来自各方面的压力——不仅是外在压力，更来自研究对象，接受对象，以至作者自身。这是需要勇气、良知和学术与历史责任感的。

真正面对全部事实也不容易，除了主观有意无意的遮蔽外，也还有材料不足的困难，事实上历史也不可能完全复原；由此决定了任何对已掌握的事实作出的判断，都具有相对性，随着新的史料的不断发现，就可能对已有结论作出补充，修正，以至局部或全部否定。而要面对不利于自己的分析的材料，并作出合理解释，则更不容易。比如本书多次谈到一些延安人至今也还局部或全面地坚持自己当年的选择和观念，作者没有回避这样的事实，但却归之于这些历史当事人缺乏反省和觉悟，迷途而不知返的局限，这就有点简单化，是应该作更复杂的分析的。其实这是反而有助于对问题的深入认识和讨论的，作者错过了这样的机会，是有点可惜的。

我一直记着的，是恩格斯的一句话：道德的义愤，代替不了科学的研究。学术研究不能局限在对历史或肯定或否定的价值判断上，而应该对所发生的一切，作出学理的追问和解释，并从中总结历史的经验、教训，这样才能做到“将历史苦难转化为精神资源”。这正是本书的着力点，在这方面是显示了作者思考的深度和功力的，也同样给今天的争论以启发。比如，延安这一代人的最大悲剧，是所谓“从这道门进入，却走到了另一个房间”。用作者的话来说，就是“寻找中失去了寻找的东西，在努力中失去了努力的价值”。本书特地引述了原张闻天的秘书何方先生的反思：“当年参加革命时怀抱的崇高理想就是为自由、民主而奋斗，喊的口号中有‘不自由毋宁死’，唱的歌也是‘我们为了博爱，平等，自由，不惜任何代价，甚至我们的头颅’。可是后来不知怎么搞的，这个理想竟然逐渐淡忘了。而且回头一想，反而是越奋斗，离民主、自由、博爱、平等越远，甚至走到了它的对立面。是当年选的理想错了（因为那是资产阶级和小资产阶级的东西，是反动的），还是后来背叛了原来的理想（因为自由、民主、博爱、平等这些东西属于人类共同理想，不分什么资产阶级的还是无产阶级的）？难道这些问题不值得认真的反思？”这其实也是所有面对这段历史的人们，包括研究者，都必须认真思考的。于是，就注意到这样的现象：延安这一代所献身的中国革命事业除了它的现实性以外，还有强烈的乌托邦色彩，每一个命题在逻辑与历史的起点上，都充满纯粹、崇高的理想主义、浪漫主义和乌托邦主义精神，而其逻辑的展开，历史的实现的结果，却显示出专制主义的血腥味。如作者所说，“一切非理性的所谓‘抒情诗’上都有导向专制与恐怖的可能”。而且终点的专制主义并非对起点的理想主义、浪漫主义和乌托邦主义的反叛，而恰恰是其逻辑的与历史的展开的必然结果。这也就是说，专制主义的后果正孕育于起点的理想主义、浪漫主义和乌托邦主义之中。本书的探讨，最有价值的部分，就是对这起点的追问，而且都是以大量的事实为依据，是从事实出发的，但又不是对事实的简单描述，是高于事实，更具有理论的高度与深度的，这样建立在科学理性的分析基础上的批判，才是真正有力的，由此总结出的历史经验教训，就具有了某种普遍的启示意义，足以警戒后人。——这正是我们的研究、讨论、争论的目的所在。

作者一再强调自己的“红卫兵一代，知青一代”的身份，强调：“红卫兵无论价值理念，文化构成，思维方式，行为范式，都出自延安一代的母体”。在这个意义上，我们可以说，本书写的是“红卫兵一代眼里的延安一代”，更准确地说，是一位幡然醒悟的红卫兵对曾经是自己精神之母的延安一代的反思和反叛，所展现的是处于精神纠缠中的两代人的精神史。这大概是本书的真正意义和价值所在。

它自有不可取代的特殊价值，但同时，也就有了对其进行再反思的余地。比如说，作者对精神之父的反思与反叛的背后，是一种刻骨铭心的“弑父情结”；而这又恰恰是延安一代觉醒的起点，如作者所说，延安一代对于五四一代也同样存有弑父情结，而且不止于弑父，几乎对所有的老祖宗都持尖锐的批判、否定的态度。而如作者所分析，这样的和前辈、传统的彻底决裂的决绝态度，发展到极端，就成为延安一代人后来走向迷误的一个重要原因。我们从总结历史经验教训的角度看，对各代人都难免的弑父情结，包括延安一代的弑父，都要有同情的理解，因为不对前辈进行反思和反叛，就永远被传统所笼罩，无法走出自己的路，但同时更要看到将必要的反思、反叛，推向极端，就会成为一个陷阱。因此，我读完本书，就不免产生一个疑惑：难道延安一代就没有给后代人留下任何精神财富吗？他们的精神价值，仅存在于他们晚年的反思、忏悔显示的“真”吗？他们早年的“真”，难道仅仅是一种需要反思的幼稚与天真？作者也承认，延安一代人的特点是：“正直坦率，单纯天真，倔强豪爽，嫉恶如仇，不尚虚假，情绪激烈，并过于理想地看待革命”。不可否认，这样的精神气质，是他们后来走向精神迷误的内在原因，这里确实包含了惨痛的历史教训；但它难道就没有正面的价值和意义？在我看来，在今天这个理想丧失，激情不再，是非不明，整个社会弥漫着游惰、虚假、世故、市侩之气的社会里，延安一代人精神气质在经过反思以后，是可以转化为新的精神资源的。——这里有两条界限：一是不能不加反思，批判，也就是绝不能把那一代人和那个时代理想化，那就会重犯历史的错误；二是又不能因为反思和批判而将其全盘否定，那我们就会犯“把孩子和脏水一起倒掉”的新的历史错误。本书的叙述，给我的一个强烈印象，是处处充满了“大彻大悟，回头是岸”的气息。而这恰恰是我最为担忧的。因为这恰恰是延安一代曾经落入的一个陷阱。本书引述了当年丁玲在批判王实味会议上的一个发言，其中心意思就是大谈她的“大彻大悟，回头是岸”。客观地说，当年丁玲的彻悟：从个人主义皈依集体主义，从自由、民主的理想皈依追求平等、正义的社会主义理想，从追求个性解放皈依争取工农解放的革命，是自有逻辑，有局部的合理性的，并非完全的盲从，而且在丁玲看来，她所皈依的是真理，因此，她说自己“回头是岸”，是有相当的真诚性的，当然也不排斥有屈服于外在压力的成分，对这两方面都不可忽视，这正是显示了历史和人的思想的复杂性的。丁玲的真正迷误在于，她将自以为找到的真理绝对化，把“回头”看到的那个“岸”（革命，社会主义，马克思主义等等）终极化；其结果就是本书所总结的：走到了当初追求的反面，从理想主义、乌托邦主义走向了专制主义。我们不能一面总结这样的历史教训，一面又自觉、不自觉地以另一种形式，从另一个极端，重复历史的错误。也就是说，前文所概括的本书对延安一代的精神迷误的批判，经验教训的总结，不仅要警示世人，也应该警示作者自己。其实，作者对此也并非没有警觉：他在本书的《跋》里就谈到了“自己也难以避免像空气一样进入我的体内的红色思维”，反思、批判者与被反思、批判者之间，研究者与研究对象之间存在着的这样的思维方式的类似或相同，正是深刻地反映了我们在前面一再强调的两代人之间生命的纠缠的，这也从一个侧面反映了作者所要批判的“从理想主义到专制主义”的思维的毒害与危害之深重，并且反映了这段革命历史的复杂性与丰富性的。

本书作者曾引述了一位著名学者的一个观点：应该在“保守”与“激进”之间保持必要的“张力”。在我看来，这一命题是具有普遍意义的。我们应该在一切方面——民主、自由与平等之间，个人主义和集体主义之间，资本主义与社会主义之间——都保持一定的张力。当然，就个人的具体的选择而言，总是有“偏至”的，所以鲁迅有《文化偏至论》之说。也就是说，在现实政治思想文化的选择中，有的人偏向于民主、自由，个人主义，资本主义，有的偏向社会平等，集体主义，社会主义，这都是正常的。问题是，一不能把自己的选择绝对化，终极化；二不能把不同于己的选择妖魔化，而且还要善于从中吸取合理的资源。做到后者就自会有一种博大、宽容的胸襟，这是保证自身思想的健全发展和民族与世界文化的多元化的一个前提；做到前者，就会和自己信奉的思想、社会制度之间，保持一个距离，形成一种张力，这是保证自身思想、学术和精神上的独立性、批判性与创造性的前提，而在我看来，这样的独立性、批判性与创造性，是一切真正的知识分子的生命之根本。在这方面，鲁迅对民主、科学、自由、平等等工业文明的基本价值观所采取的“既坚持又质疑”的态度，是有极大的启示意义的。

写到这里，我突然想起了捷克著名的改革家、思想家哈维尔的一个警告。我们知道，哈维尔也有过批判自己参与建构的体制，推动民主改革的经历，和本书所讨论的老延安人的思想发展有类似之处。他在谈到自己这一代的历史经验时，就提醒说，时刻不要忘记我们曾被“一种透明的乌托邦所捕获”，因此，我们必须“怀疑所有的乌托邦”，怀疑所有“形形色色的意识形态产物”，要永远保持“对任何不能自审的东西的反感”和本能的警惕与抵制。应该说，缺乏这样的怀疑和警惕，正是延安一代发生精神迷误的重要原因，后来人应该永远引以为戒。

当然，我对自己对本书的疑惑也有一个自我警戒：说不定我的疑惑正是在本文一开始就提到的我在当前这场论争中的犹豫不决，不鲜明，不坚定，因而常陷入尴尬的状态的表现，因此，我的疑惑也只能仅供参考，说说而已。而我确实从本书中受到很大启示和教益，包括引发的某些疑惑，也是能逼人深思的。我想，这或许也是作者对我们读者的期待。

2010年8月14—18日

为历史作证

——我读《悲喜世纪末》

今年春节哪里都没有去，关在家里读黎汀大姐的《悲喜世纪末》，读得很投入。我应该是大姐的同代人，她所写的，无论是文革后期，还是八十年代的中国现实，都是我所经历与熟悉的；但读时却有重新发现之感，因为随着时间的流逝，许多具体的历史情境，历史细节都已经淡化甚至遗忘，现在在大姐笔下，得到了精细的呈现，就唤起了我的许多记忆，联想，以至浮想联翩。这大概就是同代人的共鸣吧。

我同时注意到，本书没有曲折的情节，没有小资味的爱情，更没有刺激性的时尚描写和超现实的空幻色彩，它能不能为当代年轻读者接受，就似乎成了一个问题。这里确实有一个文学观念、美学情趣的问题。我们那一代人深受马克思主义文艺观的影响，很重视文学的认识功能，强调文学的史诗性，要求文学提供真实的现实“生活的图画”，成为反映时代的“镜子”（列宁：《列夫·托尔斯泰是俄国革命的镜子》），用“编年史的方式”描述自己所处的时代（恩格斯：《致玛·哈克奈斯（1888年4月初）》）。本书的写作显然是遵循着这样的“清醒的现实主义”的原则，它以部队高级干部肖旭一家从文革到改革开放的历史巨变中的命运起伏为中心，又通过其亲戚、战友、街坊的命运的描写，扩散到对社会各阶层的历史沧桑的展现，其中对肖旭的岳母，出身于世族、曾经的资本家的贺菊如大起大落的命运的刻画，尤为生动与厚重。作者的意图显然是要提供一个“世纪末”即20世纪70—90年代中国历史转折的大变动时代充满大悲大喜的生活图景，以为历史作证。在我看来，这样的“社会生活史卷”和“历史教科书”的功能，也应该是文学功能的一个方面。我们过去确实发生过将文学的认识功能过分夸大，片面地为政治服务的失误，导致了文学功能的狭窄化；但是，如果因此走向另一个极端，根本否认文学的认识功能，削弱文学的史诗性，恐怕也会导致另一种狭窄化。而且读者的审美要求也是多样的，年轻读者还是多变的；因此，当下相当多的读者在追逐“短，轻，快”的文学趣味时，也自有读者（包括青年读者）追求更为严肃、厚重，能引发思考的文学。就我所接触的一部分文学青年而言，我发现近来他们有一个新的趋势，就是不满意于充斥市场和主流媒体的“瞒和骗”的历史叙述和文学描写，而渴望知道历史的真相。从这一角度看，本书为历史作证的文学品格，在日趋多元化的文学市场里，也是会有自己的位置，得到有这样的需求的读者（包括青年读者）的欢迎与首肯的。

我个人更注意的，是本书内在的批判性与挑战性。为历史作证的文学，往往是用文学的方式对时代所提出的重大政治、思想、文化问题作出自己的回应。茅盾就曾公开宣布，他的《子夜》是对二十世纪三十年代“中国社会性质问题”大论战的一个发言。近年来中国的政治、思想、文化、学术界围绕着“如何看待和评价建国以来的中国历史”一直存在着激烈的争论。在我看来，有两种思潮特别值得注意：一是从“左”的方面，美化文化大革命，否定改革开放；另一是从右的方面，全盘否定中国革命。将本书的写作置于这样的背景下，就不难看出其现实意义，它也是一次发言：通过具体可感的描绘提醒人们注意并尊重基本的历史事实与常识，而对历史的评价背后是隐含着对当今“中国向何处去”的道路问题的不同选择和想象的。我也是从这个意义上，特别重视小说主人公肖凯歌形象的塑造。作者赋予其“思想者、探索者”的品格，是大有深意的：他第一次偶然接触到天安门事件时，就遭遇了一次“思想洗礼”，产生了“要改变自己生活状态”的想法；在因此蒙冤入狱以后，他“头脑清晰了许多：最终必须问自己，你要做一个什么样的人？”；在劳动改造期间，他又进一步问自己：“什么才是正常的合理的人的生活？”；到文革结束后的八十年代，他并没有像父母期待的那样上大学，考研究生，而是产生了“不安分的念头”，追求“另一种活法”，不顾“别人的说三道四”，而要“把命运牢牢掌握在自己手里”；但在商业大潮里，他又依然执着“寻找那值得为之付出一切的信仰，来安顿自己的灵魂”；在世纪末的西方崇拜里，他产生了新的怀疑，渴望着探讨“美国是一个怎样的矛盾体？”因而追寻世界性的思考视野；到小说的“尾声”，新世纪到来时，他又立刻敏锐地抓住“互联网的出现”对中国改革和思想解放的重大意义。如作者所概括：“思考的习惯已经成为他生命中不可缺少的东西”，“对一切未知的事物，总充满强烈的好奇心，并推动着他不停地思索学习”。这样，小说对人物及家庭历史命运的描写背后，是一个思想不断解放的历史过程，是一部人物的精神成长史。这样的历史书写是更有深度的。小说的另一位主人公肖旭在文革结束后的全家团聚时曾提议要“为所有精神得到解放的好人干杯”，这是点睛之笔：改革开放的最大历史意义就在于，它使中国各阶层的人，都从文革达到极致的专制统治下获得政治、经济、精神的解放；而文革之所以不能“重来”，就是因为中国人民再也不能退回到任人宰割的时代。这同时也是预示着：今天的中国要解决所面临的远比当年更为复杂的问题，把改革推向深入，也依然要依靠新的思想和精神解放，呼唤更多的像肖凯歌这样的“不停地思索学习”，自觉地把“命运牢牢掌握在自己手里”的人：这也是我在新的一年开始时读黎汀大姐的《悲喜世纪末》所得到的最大启示。为此，我应该向大姐表示我的感谢和敬意。

2012年1月26—28日

摆脱固定思维，用笨功夫做学问

——读邵迎建《上海抗战时期的话剧》

作者说他研究上海抗战时期的话剧，有发现“新大陆”的感觉；我读这部著作，也同样发现了一片学术研究的新大陆。我想起一件往事：当年和朋友们一起合作《中国现代文学三十年》，我负责写上海孤岛话剧那一节，却找不到任何参考书，只看到一篇《〈中国沦陷区文学大系〉话剧卷·导言》（作者朱伟华），只得摘抄充数（当然在“附记”里作了说明）。以后就一直留心这方面的研究，依然是成果廖廖。因此，我看到这部专著，确实眼睛为之一亮：尽管姗姗来迟，却终于等到了。

“上海抗战时期的话剧”之所以成为研究的难点，少有人问津，是因为在这特定历史时期特定地区的文学，有其特殊之处：它是由孤岛时期和沦陷时期两个时段的文学所组成，前者有西方的租界占领，后者则由日本侵略者直接全面占领，这是典型的半殖民地和殖民地文学。但这也正是研究这样的特殊形态的文学的意义所在：它内在着一个对殖民者逻辑及殖民统治的本质的追问，以及在殖民统治下知识分子、作家、导演、演员的言说环境、言说选择，社会责任与作用等问题的思考。不可否认，这些年在国内、国外的思想文化学术界确实存在时隐时显的将殖民统治美化，或竭力淡化殖民占领背景的倾向，应该引起高度警惕。但同时应该注意的，是另一个倾向：有意无意地将沦陷区文学简单化，只强调水深火热这一面，而掩盖其畸形繁荣发展的一面；只强调占领军暴力镇压这一面，而忽略其怀柔发展政策的作用；只强调人民的反抗，而不愿正视殖民地意识的影响，麻木、屈从，甚至迎合这些国民性弱点的表现。这不仅遮蔽了历史的复杂性，而且殖民统治的辩护者正是由此乘虚而入，借口恢复历史的另一面，将其无限夸大而达到美化殖民统治的目的。也就是说，研究的简单化恰恰是为对历史的曲解开路的：两个极端，最后就走到一块去了。

本书的研究，正是看到了简单化带来的严重后果，而强调尽可能地展现历史的各个侧面，以揭示历史本来具有的复杂性与丰富性为追求。这不仅是学术研究的科学性所必须，而且也是针对着殖民统治及其辩护者的虚假性的。这里仅举一例：我正是从本书的描述里，第一次知道，曾被视为“中国左翼剧运的原典”的《怒吼吧，中国！》居然经日本占领当局批准，于1942年在上海沦陷区公演。这是简单化思维所难以想象的，或者有意将其忽略不提，或者武断地将演出视为和敌人合作的汉奸行为。而殖民者的辩护者也很容易以此来证明：日本占领区依然拥一定自由。这两种主观臆断，都不需要对事实的客观考察，因此为作者所不取。他的研究不囿于既定观念，而是从材料出发。他对历史当事人的各个方面：批准演出的日本陆军报道部，具体组织者汪伪中华民族反英美协会，中日双方负责人，演员，观众，舆论媒体，以及演出现场和演出后的反映，都作了具体、详尽的考释，从而多侧面地呈现了事件本身的复杂性。一方面，这反映了在太平洋战争爆发以后，日军策略的变化，试图通过这次以“反英美帝国主义”为主题的演出，来重塑日本“反西方侵略”的形象，以此得到中国民众的理解与合作；但中国的演员和观众则将其变成一出“借西讽东”剧，以发泄被压抑的反日情绪：这是一场占领者的“欺骗”与被占领者的“反欺骗”的精神搏斗，而以前者的失败告终。这样的分析，是能够显示本书作者的研究特色的：一切用材料说话。作者说他“追求的是原汁原味”，“尽量使用时人的语言，‘让他去说’”，“少谈问题意识，但求贴近场境；少分析、多叙述”（《后记》）。在我看来，作者并不是没有问题意识，没有价值立场，而是将其建立在材料的基础上，隐蔽在事实叙述的背后。

这样，本书的意义，就超出了“上海抗战时期的话剧”这一具体课题与领域，它提供的是一种直面客观全面的，而不是主观筛选的事实，以揭示历史复杂性与丰富性为旨归的研究方式，对当下的中国学术研究是特别具有启示性的。这背后的经验，或许是更为重要的。作者谈了两点，一是要摆脱“固定思维”，意识形态的先入之见，二是要“用最笨的方法”做学问，即一页页翻阅原始报刊，一个个采访历史当事人，在搜寻、梳理材料上下足功夫。——这是深知学术的甘苦之言，而且完全切中时弊。

2012年3月9日

辑三　民间运动和农村变革

老石留给我们的思想遗产

——读《刘老石纪念文集》

（刘老石，原名刘相波，天津某大学的教师。后来成为梁漱溟乡村建设中心人才培训基地的领导人。2011年不幸遭遇车祸罹难。全国志愿者纷纷悼念，称他为“中国大学生志愿者运动的精神之父”，并出版《刘老石纪念文集》，此为我写的序言）

我读《刘老石纪念文集》，再一次受到感动，感到震撼。感动自然是因为他的精神和人格；震撼则因为他的感召力和影响力，其背后又有他的行动力和思想力。老石的行动力是我早就佩服的，思想力却是这一次集中阅读才强烈感受到的。老石曾向青年们提出五个“拼命”：“拼命的读书”，“拼命的实践”，“拼命的锻炼身体”，“拼命的思考”，“拼命的和好人站在一起”（《明天，我们决定勇敢地去承担——写给青年的大学生们》）。其实他自己更是身体力行的：他既是一个“拼命的实践家”，又是一个“拼命的思想者”。他的思想来自实践，因此是“带着泥土气息的思想”，如他的学生所说，“中国从来不缺空头理论家”，但像老石这样的从实践中出思想、寻真知的，却少而又少，“在这一生中，他并没有自己的学术专著，也未曾获得博士学衔”，但他拥有立足于中国本土的实践和思想，其实践成果和思想成果都“胜过万千学者”（马永红：《乡建路上失去一双奋力前行的脚》）。他的思想更来自自己的生命、心灵深处，因此，人们读他的文章，常“震撼于他文字的力量”，这是“有灵魂的文章”。这样的真实、真诚，有着生命气息，有温暖的，简明的，为普通人能理解、接受的思想，“不是愤青的空洞的呼唤，不是书斋里吊书袋的无用虚弱，更没有写字人以调戏文字的哼唧”，它属于另一个世界：民间的，农民的，青年的世界（刘海英：《悼念相波》）。

在老石去世以后，乡村教育促进会发来了中英文的唁电，说到“他是少有的对中国农村发展持有系统连贯的见解的几个人之一”，并且说：“刘老石的哲学和精神对我们有极深的影响”（《乡村教育促进会悼念刘老石》）。这是一个公正的，重要的评价。它揭示了老石思想及其贡献的两个方面：关于中国农村发展的系统的连贯的见解，以及背后的精神与哲学。我要说的是，老石的系统的连贯的见解，不仅来自他的实践，也是他的理论总结与创造的结果。在这方面，他也是有高度自觉的。早在2006年他在《新乡村建设实验如何深度推进》一文里，就已经提出：“下一阶段的实验不能够仅用原来的摸索的方法来推进了，需要相当的理论探索。所以，我们说今天的实践其实已经到了理论思考的边缘，正在等待新的理论思路的介入”。尽管他的主要精力仍然集中在社会实践，但他从未间断自己的理论探索，《老石文存》里的文章，集中了他的思考，虽然只是初步的总结，却有着相当的理论含量，应该成为我们创造中国乡村建设和中国改革理论的基础，我们说老石的基石地位和作用，这也应该是一个重要方面。我们纪念老石，不仅要追怀和发扬他的精神，而且也要学习他的思想，并且加以深化与发展。这也是我们后继者的责任。这里，仅就我的学习心得，作一个简要的概括与叙述。

在我看来，老石的思想主要有三个方面：关于中国改革的思考，关于中国乡村发展、建设道路的思考，以及关于中国教育改革、中国青年成长道路的思考。在这些思考的背后始终贯穿着一种中国改革最需要的精神。

（一）关于中国改革的思考。

从老石介入中国农村改革的第一天开始，他就苦苦地探索一个问题：农村改革与进步的推动力在哪里？

在2001年所写的最早的农村报告里，老石就发现“农村的真正的问题”是“农村公共管理责任的缺失”。一方面，“公共管理，公共政策供应不足”；另一面“农民本身的自觉意识又不够强”，“最终形成了农村社会进步推动力不足，使农村的经济政治形势徘徊不前”。但进一步深入考察，就发现了：“希望还是有的”，“这个希望就在于农民中产生的具有新思维的农民精英们，而且很有可能就是过去那些有影响力的‘农民领袖’（其实只是农村公共事务的带头人）”。这些农民精英大体具有四个特点：“热爱公益事业，能够对大家负责”，“有一定的号召力和影响力”，“具有一定的知识背景，或具有某个专业方面的经验背景”，“能够接受外在的新事物，并主动与外界的新事物保持联系”。他们有着强烈的对现实加以改变的愿望和能力，“这种改变不仅仅是对农村内部的，如提出新的经营方式、技术改进、产业结构的调整，也是对外的，如信息交流、引进技术、关注市场等；也不仅仅是经济上的，比如减负增收，同时也包含农村政治上的诉求，比如，促进村务公开，推动村民自治等；甚至如果引导得好，在目前农村形势很不稳定的条件下，他们是农村稳定最可靠的保障，比如，他们可以将一些群体盲目、冲动的行为合法化”。在老石看来，如何认识和确立“农民精英的原动力作用”，并且“使那些还没有精英存在的地方也产生出精英来”，实现“原动力的普及”，这是解决中国农村问题的关键（《寻找农村进步的推动力》）。

问题恰恰在这里：中国农村的现实是，相当多的政府部门都误将这些农民精英视为制造麻烦的人，所以用各种办法打击他们。如老石所说，打击农村改革动力的后果，就是“不仅基层政权更加肆无忌惮，而且农民的反抗也会更加暴力、无组织和冲动”，现有的农民精英“也将逐渐走向当地政府的对立面，最后自发形成农民自己的社会中心，农村政权也将进一步边缘化，失去政权基础，逐渐丧失存在的理由”（《寻找农村进步的推动力》）。

问题的严重性更在于，这样的视改革动力为阻力，加以打压的改革悲剧，一直在延续。2003年和2004年，当中国的农村改革把“成立农会”的任务提到历史议程的时候，却又遇到了合法性的问题，即老石在他的文章里所说的“阴谋论”与“利用论”，在一些政府部门和知识分子眼里，农民的变革要求和代表这样的要求的农村精英发动的变革运动，“对社会秩序和稳定具有破坏作用”，会“被坏人所利用”（《农民需要新“农会”》，《合作：走向成功之路》）。

如果我们放大视野，就可以发现，这样的视动力为阻力，加以打压的现象不仅存在于农村，更是整个中国改革所遇到的普遍问题。我曾经说过，当下中国存在三大民间改革思潮与运动：维权，网络民主和老石参与其间的非政府、非营利的民间自组织（或称“志愿者组织”、“公益组织”）。正是它们明确地表达了今天中国的民意，中国老百姓的改革要求：维护普通劳动者——工人，农民，市民（它们都是今天中国的弱势群体）的生存发展的权利，政治的参与权和监督权，以此推动中国政治、经济、社会、文化的全面改革。但恰恰是他们，被视为不稳定因素，甚至敌对势力的代表而横遭围堵和打压。

最让人痛心的，是老石自己最终也成了这样的打压对象。老石作为一个有自己独立的教育理念和行动力的高校教师，无疑是中国教育改革的先行者，但在学校领导和一些教师的眼里，他却长期被视为异端，一再被排斥，最后被迫辞职。读他辞职后的公开宣言《老师是用来牺牲的》（这可能是他公开发表的最后一篇文章），我们不能不追问：为什么在中国，改革的真正动力总是被视为阻力，本应该是改革的依靠对象却一再成为打击对象？——这其实正是当下中国改革所面临的最根本的问题，它是直接关系着改革的前途的。

原因其实很简单：真正的改革是必然要触犯既得利益的；而老石所说的农村精英，以及老石自己，却是代表了公众利益，特别是底层弱势群体的利益，他们强烈地要求改变现实，就必然要打破既定秩序和相应的既成观念，就会被权势者和习惯势力视为异端，他们特别具有行动力和号召力，更会被权力的执掌者看作威胁。在这个意义上，可以说，如何对待这些真改革的动力，是衡量改革的真假的基本尺度。

提出真假改革的问题，是因为今天的中国，几乎无人不谈改革，已经成为一种时髦。因此，我们必须分清：每一个改革的口号和旗帜下，其动力是谁？它要达到什么目的？鲁迅曾经说过："曾经阔气的要复古，正在阔气的要保持现状，未曾阔气的要革新"（《小杂感》）。中国的复杂性，就在于现在这三种力量都打着改革的旗号，因此，也就有了出于不同动力和目的的三种改革。一种是以"曾经阔气"的人为动力的，他们也不满意现实，要求改革，但他们改革的目的是要"复古"，比如要求中国回到"十七年"（1949—1966年）的体制，甚至是回到文革。他们表面上似乎很激进，实际上是一股保守势力。第二种是以"正在阔气的"人，即既得利益者，那些老石说的"权贵资本"势力为动力的，本来他们的利益就是维持现状，是不需要改革的，但大势所趋之下，又不能不把改革的旗帜拿在自己手里，于是就力图使改革变得对他们有利，这就是在改革的名义下，维护与扩展既得利益的改革，这其实是当下中国真正盛行的改革，不管所提出的口号多么堂皇，其实行的结果都是对老百姓的利益更大损害。第三种，也就是老石和老石们所耗尽心血推动的改革，它是以"未曾阔气的"人，也就是现行体制下利益受损的无钱、无权、无势的弱势群体为动力的，他们中间的首先觉醒者，也就是老石所说的农民精英、工人精英、市民精英，迫切要求改变现实，争取自己的生存、温饱和发展的权利，掌握自己命运的真正的人的权利，公民的权利。这也是我们，一切有良知的知识分子和觉悟的青年所要求的真正的改革，它的标志有二：一是改革的基本动力来自人民，特别是底层民众，弱势群体，因此改革的前提就是必须顺从民意；其二是以满足、维护、发展大多数民众的利益为改革的出发点和归宿，并以此为衡量、评价改革、检验改革成效的标准，要实实在在地使老百姓得到好处。我们今天学习老石关于改革动力的思考，就是要分清三种出于不同动力与目的的改革，警惕“复古”式的改革，拒绝“维护和扩大既得利益”的改革，推动老石所献身的维护底层人民利益的改革，特别要支持和依靠这样的改革的真正动力和主力的民间精英。在老石去世后，许多农村改革第一线的农民带头人纷纷赞扬老石“是农民的好朋友，好兄弟”，“你的一切都是为了中国的农民”，是真正“属于渴望改变的农民”的知识分子（山东马宜场，湖北房县茶叶专业合作社等）。我们每一个人也都应该努力成为这样的人。

老石参与和思考中国改革，所面临的第二个问题，是改革的思想、道路、方针、政策来自哪里？这个问题是在争论所谓“真假合作社的评价标准”问题时提出的；关于“真假合作社”这里不准备作具体讨论，我们关心的是老石在这次争论中所提出的两个重要原则。一是“我们不希望今天的农村合作最终一定要遵循西方的合作社标准才算规范，我们更希望中国的农民合作能够创生出他们自己的规范标准，形成我们本土的合作社标准来”。这里提出的是中国改革的一个根本问题：它并不拒绝吸取人类文明的思想成果，但绝不照搬外国经验，它一开始就是从中国的国情出发，选择了一条人类改革、发展历史上从未有过的，产生于中国农民自己的实践，并符合中国实际的独特而独立的改革、发展道路。这也就避免了一些落后的发展中国家照搬外国经验所造成的弊端，以及严重后果。这应该是我们的一个基本经验和原则：一定要坚持改革的本土性和独立性，尊重中国农民本土实践的要求与经验。其二，老石提出，绝不能把知识分子“自己善良的愿望和想象作为准则来衡量一个鲜活的实践运动”（《真假合作社再讨论：规范的合作社标准与不规范的合作社运动》）。这就是说，既不能用我们的既定理念，即所谓“善良愿望”，其实是不加检验，未经反思的先验的理论观念、逻辑来规范实践，也不能用我们的想象，主观预设的理想社会模式来指导实践，并以是否符合我们的理念、愿望与想象作为衡量实践的标准。在这方面，我们是有过深刻的历史教训的：毛泽东时代的人民公社、大跃进的农村改革就是靠理想的设计，走向了空想社会主义的乌托邦，从而给农民带来了巨大灾难的。因此，我们今天的改革，必须确定两条原则，一是尊重实践的原则：中国改革的思想和未来社会发展的道路，绝不能从某个既定的原则和理论出发，也不能靠少数人的主观设计，而只能从群众的实践中去不断探索和开拓。富有生命力的东西，永远来自人民的实践；必须面对新的现实，新的实践所提出的问题，新的实践中所形成的新的实体与结构，以此出发，进行新的变革的实践，从中总结出新的改革理论与发展道路。另一个原则，就是尊重民意。这就是前文所说的，不以是否符合各人主张的“主义”为标准，而以是否顺应民意，是否有利于大多数老百姓的生存与发展（不仅是眼前的生存与发展，更是长远的生存与发展），是否有利于国家与民族的发展作为衡量改革的唯一目的与标准。坚持这两条：实践和民意，或许我们就可以超越主义，超越左右，而获得最基本的共识，即所谓最大公约数，共同推动以民意和实践为基础的改革，这就能够得到广泛的民意支持，真正化为普通民众的日常生活实践，并不断从民众的实践中获得新的改革想象力和推动力。

老石多次谈到，中国的改革需要“自上而下与自下而上”的结合，“民间草根力量与政府力量的配合”（《农村的精神文化重建与新乡村建设的开始》）。现在的问题是，一方面，政府改革动力不足，又缺少总体的改革的战略思想，变成一个救火队；另一方面，地方的、草根的改革实践又多方受阻，这就陷入了困境。政府、上层方面的问题需要另作专门讨论，这里要强调的是地方、民间的改革试验的重要性与迫切性。中国改革的突破，要从地方的草根的试验开始。如老石所说，“中国农村和农民有着无穷的智慧和创造力”，今天农村的合作社试验就有许多“丰富多彩的农民创造”（《真假合作社再讨论：规范的合作社标准与不规范的合作社运动》）。如果放开来看，不仅是农村，各地方、各部门、各领域都有不同程度的改革试验，问题是如何对待，要给予充分的时间和空间，还是要靠我们这里讨论的民意和实践来检验一切，而且要像老石所说的那样，把“裁决权交给农民”，交给中国的老百姓（《真假合作社再讨论：规范的合作社标准与不规范的合作社运动》）：他们才是中国改革的真正主人。

（二）关于农村改革和发展道路的思考。

2004年10月老石在《农村的精神文化重建与新乡村建设的开始》一文里，总结他参与新农村建设工作的经验，将其概括为“一条从农村的精神激励开始，进而形成农民的组织化，最终实现农村全面发展的思路”。这里有三个关键词，构成了老石农村改革与建设思想的三个基本点：“精神”，“组织”与“文化”。

这是老石对中国农村现实的一个基本判断：“我们在下乡中发现，农村中并不是我们想象的那样最缺少资金、技术、资源，而恰恰相反，这些在一定程度上都被闲置，尤其是农村中现有的资源”；中国农村的根本问题，一是“不能还政于民”，二是农民缺乏“精神的支持”。也就是说，农民的经济贫困是现象，根本的还是权利的贫困与精神的贫困。因此，“需要新的扶贫观念：原来的物质扶贫不仅应该改‘补血’为‘造血’，而且应将‘造血’同营养良好的精神支持相结合”（《我们究竟能为农民们做些什么》）。老石认为，对农民精神贫困与权利贫困的忽略，把农村改革变成单纯的物质扶贫，根本的原因在于，把农村改革和建设看成对农民的救济，因而“把政府当作了扶贫的主体，忘记了脱贫的主体应该是农民本人”（《农村的精神贫困与大学生对于解决“三农”问题的贡献》）。应该说这是抓住了要害的。这其实也是历史的教训。我在对志愿者的讲话里，提到在五四以来的现代历史中，曾有过五次知识分子下乡运动，每一次下乡的结果都是雨过地皮湿：在外来力量的推动下，农村可能发生一些变化，外来力量一旦撤离，就一切如旧。这里的一个重要原因，就是没有解决农民的精神贫困与权利贫困的问题，农民自己没有成为农村变革的主人，就不可能有真正的，彻底的，持续的农村变革。

老石认为，造成农民精神贫困的原因，一是“农村自身缺少外来信息的有效流入”，老石因此十分重视网络在改变农民精神面貌和农村政治、经济、文化状态中的特殊作用，这是抓住了信息时代的农村改革与建设的一个关键环节的，表现了老石的敏感和远见，是应该另作专门的研究和讨论的。这里要着重讨论的，是老石的另一个判断：农民精神贫困的最根本的原因，是“农村的非组织化”，“失去组织的农民个体在市场经济和强大的政府面前，是无法做到自信的。没有了自信之后，也就只有他信、依靠别人了”（《农村的精神贫困与大学生对解决“三农”问题的贡献》）。这又是一个关键：农民没有建立自己的组织的权利，这是最根本的权利的缺失。正是在这里集中显示了农民精神贫困与权利贫困之间的内在联系。于是，就抓住了农村改革与建设的根本：把农民组织起来。我们可以看出，老石对农村改革与建设的介入，是有一个发展过程的，逐渐把主要精力集中在农民组织化的工作上来。在这方面，他有很多的论述。我最感兴趣的，首先是他对“农业专业合作社”的论述。他指出，今天提出新合作组织和五十年代的合作化运动，有着不同的背景：如果当年是“为了更多地提取劳动剩余形成工业资本积累”，今天则是“希望在快速的城市工业化进程中能够为农村寻找一条出路”，是“要解决工业资本扩展过程中的农村衰败凋敝的问题”。因此，在他看来，在发展新合作组织时，一要“走出单纯生产的误区，要将利润链条伸向流通和加工领域，甚至金融和保险领域”，农民也要掌握资本；二“必须综合发展”，实现“经济、文化、社会的一体（化），尤其是人的综合协调发展”；三“必须走向联合”，走出一个村的范围，“建立乡镇县乃至全国性的联合组织”，并逐渐走入城市，“推动城市消费合作”，“实现城乡互动”（《中国大陆的新合作组织建设运动》）。尽管这些全新的合作组织目前还处于初级的缓慢的发展阶段，但它所显示的中国农村发展的前景，还是能给人以希望的。

老石的另一个重要思想，是他和邱建生一起提出的关于“新农会”的论述。他们指出：“今天的农民提出建立农民协会，是在寻找一种社会协商和整合组织”，“农民协会的成立，可以填补目前我国农村不少地区的行政管理体制存在的明显真空。这个真空就是，没有一个组织能够实事求是地整合农民的利益，也没有一个组织能够为农民提供必要的服务”。他们强调，农会不是政权机构，也不试图对抗和取代基层政权，只是希望发出自己的声音，“与县乡政府在如何忠实贯彻党和国家政策问题上展开公平的谈判”，起到压力团体的作用。农民自己组织起来，表达自己的利益诉求，维护自己的利益的要求，不仅是农村改革与建设发展到现阶段必然提出的历史课题，也是中国改革，特别是政治体制改革所面临的必须完成的历史任务：人们越来越认识到，改革实际上就是各个利益群体之间的博弈，这就需要社会各利益群体都有代表自己利益的组织，特别是包括农民在内的弱势群体，他们的政治、经济、社会、文化资源有限，就更应该有代表和维护自己利益的组织，不断发出强有力的声音，这才能保证改革中的利益博弈的公开、公平，从根本上保证改革的公平、正义。当下中国不断出现前文说到的借改革之名，侵害工农群众基本利益的弊端，工人、农民自己的组织的缺失，是一个重要的，根本的原因。老石和邱建生的文章特意提到80年代中期邓小平就表示过，对成立农会，要“再看三年，真的需要即可筹办”。他们因此提出，“对待农民成立农会的要求，应该采取战略模糊的态度。应该允许农会以合法的名义存在。既不能打击取缔，也不必自上而下兴师动众地推动。这样就可以充分利用农民自我动员所产生的政治机遇，同时也有助于化解农民自我动员蕴藏的政治危机”（邱建生、刘老石：《组织起来》）。2004年提出的这一呼吁，在今天似乎具有更加迫切的意义：一切符合历史发展要求的任务，不管遇到多少阻力，总会不断地被提出，并最终一定要实现，是阻挡不住的。

老石在讨论新合作组织时，提出一个运作思路：“以精神自立为起点”，“恢复社区的组织化”，达到“文化回归状态”（《中国大陆的新合作组织建设运动》）。这里引人注目地提出了“文化回归”的概念和目标，以后他又提出了“乡村文化重建”的命题，积极推动“新文化运动”，这都显示了他的农村改革和建设思想的新发展。他在《乡村文化重建的路径选择》一文里，把乡村文化重建的现实意义总结为五个方面，即“它具有独特的动员作用”；“它能化解矛盾，促进社区和谐”；“精神文化生活和经济组织相辅相成，互为补充“；它可以”创造公共空间”，“形成公众舆论”，这是“农村社区形成的真正开始”；“文化重建是社区再造的一部分，是农村生活不可或缺的一部分”。但如果仔细读老石有关文化建设的论述，就可以发现，他其实还有更深层次的思考与追求。他曾经写过一篇《谁的文化》的文章；许多志愿者在回忆老石时，都提到他的《文化三十年》的演讲。在他看来，文化是“有阶层乃至阶级分别”的；改革开放三十年的文化依次是由“小资产阶级文化”（八十年代）、“中产阶级文化”（九十年代）和“大资本（权贵资本）文化”（二十一世纪以来）所主导的；正是作为权贵资本利益外化的消费主义文化，造成了社会道德与民族精神的严重危机。因此，就必须有一场“文化保卫战”。其中的关键，就是要“重建劳动文化，重塑劳动地位”，以进入“资本和劳动真正可以平等对话，和谐相处的时代”（《重建劳动文化，重塑劳动地位》，与温铁军合作）。同时，他又呼吁创造和发展一种“新乡村文化”，“既要承担对本土文化和本土知识的保护，也要承担对旧文化的改造任务，同时也要承担对外来和新生文化的过滤作用”，这样创造出来的“新乡村文化”就能够成为“传统的乡村文化甚至是民族文化与世界先进文化接轨的桥梁”。他期待着用这样的既保持文化本土性，又与世界先进文化接轨的新乡村文化来拯救已经陷入重重危机的民族文化，达到民族文化的复兴（《新乡村建设中的文化重建》）。不难看出，老石的这一用新乡村文化来改造中国文化的思想，是和梁漱溟乡村建设思想一脉相承的。2006年他写过一篇《新乡村建设实验如何深度推进——年初读〈梁漱溟乡村建设运动〉的一些启发》的文章，首先为梁漱溟辩护：他“并没有停留在文化保守主义的立场上踟蹰不前，他非但没有排斥西方文化，相反，他在坚持文化的民族立场上，下决心用西方的先进文化来改造中国传统文化”。接着又从梁漱溟已经达到的高度来反思“我们今天进行的新乡村建设运动”，就发现了不足：“我们过于单纯了”，“我们的目标还来不及延伸到更远的地方，似乎还停留在经济利益上，停留在具体的形式上的改变”，“没有把文化这种更深层次的改变作为目标”，“也没有把教育理解为一种基本的文化改变方式”，“我们整个运动似乎还停留在初级阶段，没有顺势延伸到目标，也没有来得及围绕目标进行手段的综合运用”。从此，老石就更自觉地像梁漱溟那样，“把乡村作为文化振兴的根据地”，把乡村文化重建置于新乡村建设的战略地位，强调“一个经济体同时也是一个文化体，二者相辅相成，互相促进”（《新乡村建设中的文化重建》）。

应该说，老石以乡村文化重建作为民族文化振兴的基础的思想，是最集中地体现了他的思想的理想主义特点的，因此，也是最容易引起争议的。但也有人把他的思考看作是“寻找和建设另一种可能”的“漫长征程”（刘海英：《悼念相波》）。还有学生这样谈到对老石的教育的看法：问题不在于老石的观点是否全都正确，而是那种态度，“把自己相信的认为是善的东西拿出来，很急切的想给你，这是一种认知、感情、价值和行动统一的态度”，“是对那些有着某种敏感潜质的青年，能让他们在思考社会和自身的过程中得到些支持”，“让他们知道其实还有不同的价值选择和生活的道路选择，还会有不同层次的幸福”，这样，青年的选择之路，就更宽阔，“向更好走的可能性就会更大些”（吕程平：《对异化的反抗——纪念刘师》）。这些分析都是很有启发性的。

（三）关于中国教育改革和青年成长道路的思考。

老石对中国教育改革的思考，是建立在他的一个基本判断上的：中国的大学成了一个“精神贫困的地方——智慧的蛇还没有来的伊甸园，人类精神还没有诞生”；“中国大学的精神贫困主要表现在大学生们已经不能肩负起一个时代的使命，甚至无法让自己负起对自己的责任来”。这一判断是相当严峻的，所有的教育者都会感到尴尬与难堪；但只要了解中国教育的现状，并敢于正视的，都必须承认，这一判断是真实而准确地反映了中国教育的现实的。

于是就有了对造成教育精神贫困症的教育体制的追问。在老石看来，这是一种在“发展主义和科学主义的教育理念”支配下的教育，其致命问题有三：一是“封闭式的教育”，学生从幼儿园开始就被装入铁罐子里，完全和社会隔绝；二是“机器教育”，没有任何人文关怀的单纯的技术教育和所谓能力教育，把本来有血有肉的人培养成“没有理念的动物”，有技术无思想的“螺丝螺母”；三是“文凭教育”，学生花费四年时间，背诵外语和陈旧的知识，无用的文字垃圾，只是为了一个文凭。本来是信息资源最为富集、文化更新最快，应成为先进文化诞生地的大学，却完全扼杀了学生的创造力、想象力，形成了信息资源的巨大浪费，制造了精神和文化的贫困。这是老石沉重的一问：“如果一个民族连学校，甚至大学都不能增进民族或者个人的精神成长，那么这个民族怎么能看到希望呢？”

而老石的独到之处在于，他把这里讨论的大学生的精神贫困和前文所讨论的农民的精神贫困联系起来，形成“农民和大学生是中国两大精神贫困的弱势群体”的概念，这就从一个特定角度揭示了中国民族危机的根本与严重性：无论是民族的社会基础——农民，还是民族的未来——大学生都出了问题，而且是深层次的精神问题。找到了问题的症结点，也就找到了解决危机的出路。这就是：“抓住大学生自己的精神贫困和自己现有的奉献优势，以及农村的精神贫困及潜在的教育优势，进行互补式的精神扶持，达到大学和农村精神的双向成长”（《农村的精神贫困与大学生对解决“三农”问题的贡献》）。——我们可以把这称之为“老石式的改革之路”，而且是具有很大的理论和实践意义与价值的。

这里内含着两个理论基点。首先是对大学生和农民两个群体的科学分析和认识：在看到并突出他们的精神贫困的同时，也看到他们的潜在力量之所在：大学生作为有知识的年青一代，他们是最能够吸取新思想，并且具有为理想而奉献的精神内质的，如果开发和引导得当，就可以成为社会变革的推动力量；而中国的农村固有的乡土文化，也有自身的精神优势，并有着顽强的生命力和吸引力，开发得当，也同样能够成为年青一代的精神资源。由此而产生的，是另一个更为重要的思想：农民和大学生精神贫困问题的解决，必须依靠他们自己，把内在的被压抑的精神力量解放出来，并相互支持，就能解决自身的精神问题："从来没有救世主，全靠自己解放自己！"而其中的关键，又是自身组织起来，当中国大学生组成志愿者队伍，中国农民有了自己的合作组织，两者结合起来，就能够改变中国农村的面貌，并在这一过程中实现彼此的精神自救。

这条道路的实践意义，也是明显的。老石指出，"农民的精神成长需要一个象征符号和最必要的一点酵母"，也就是说，"仅仅依靠农民自身也很难自发地组织起来并进行自我启蒙和动员"，它需要有外力的触发和推动；前文我们一再谈到，农村精英是农村改革和建设的动力，但精英的形成、发现、成长，是需要有人提供资讯，支持的，也就是说要有"第一推动力"，才会形成"外部力量协助下，内外共同努力"。"没有利益相关"而又"真正具有奉献精神并且数量巨大的"大学生志愿者队伍就能够成为比较理想的"第一推动力"（《农村的精神贫困与大学生对解决'三农'问题的贡献》，《中国大陆的新合作组织建设运动》）。

另一方面，当大学生组织成志愿者群体，走向农村，脚踏在中国的大地上时，他们就开辟了一条中国教育改革和自身成长的全新之路。老石把它叫做"教育的回归"：走出封闭教育，回归社会和生活；走出个人的原子化教育，回归群体；走出纯粹的知识教育，回归理论与实践的结合；走出文凭教育，回归理想与正义的追求，责任的承担；走出机器教育，回归于人，回归人的精神成长（《走理想之路，过有意思的生活》）。老石热情洋溢地写道："有一种生存，叫高尚"，中国的大学生志愿者正在创造自我生命的"新时代"："是顶着烈日、冒着暴雨、引吭高歌的时代"，"是骑着单车，苦行僧式宣传和行动的时代"，"是和农民兄弟姐妹同吃同住同舞同劳动的时代"，"是唤醒自己的良知，重塑民族尊严，挺起民族脊梁，叫做‘理想’的时代”（《向着一个新时代宣言》）。老石也在这一过程中获得了自己生命的特殊价值，这就是人们在悼念他的时候所说的，“他在青年与农村，城市与农村之间架设了一座桥，这座桥的畅行无阻将使中国‘这棵老树上长出希望的春天来’”（邱建生《爱是永不止息——与相波的爱在一起》）。

最后，还要说的，是贯穿老石所有的思考与实践背后的精神与哲学。我以为，最重要的有两点。首先自然是所有和老石接触过的人都会强烈感受到的，他的理想主义气息和精神。老石的理想主义又有两个鲜明特点。一是他的理想主义是和充分认识与估计实现理想的艰难的清醒的现实主义精神，和不怕做小事情的苦干实干精神结合在一起的，其背后正是“知其不可为而为之”的儒家传统精神和人生哲学。其二，老石说：“当一种信仰，当一种偶尔为之的行动已经变成为一种日常的生活习惯以后，当我们每时每刻都生活在理想信念中，一个真正纯粹的理想主义者就造就了出来”。而他自己，也就像他描述的那样，“当你问及他们的理想，甚至他们都会很愕然，不知道如何应答：他们做的事情未必惊天动地，但是他们会把非常平凡的事情做的很好很认真，因为他们知道这是实现理想所必需的；他们已经不在意自己的得失，他们认为自己的价值和生命都已经蕴藏在奋斗和奉献的群体中。理想、信念和生命三者已经融为一体”（《走理想之路，过有意思的生活》）。老石还对年轻人说过这样一句话：“什么才是一种做事情的状态？就是你成功了不觉得高兴，失败了也不觉得痛苦，就像一块石头一样。理想已经内化，成为你的一种生活习惯”（吴丰恒《老师天堂不孤单——缅怀刘老师》）——这大概就是“老石式的理想主义”吧，它标示着一种生命的境界。

人们不断提及的，还有老石的执着。一位乡村建设运动和志愿者运动的参与者说得很好：“世纪初的这场‘运动’，是各色人物的风云际会，大部分人呼啸而来，很快又呼啸而散，刘老师却像石头一样，岿然不动，十年如一日守望着自己的理想”（贾庆森《老石陨落到的世界里》）。在我看来，这除了显示老石信仰和理想的坚定，也源于老石对中国农村问题的深知，以及在此基础上对中国改革的长期性的深知。于是就有了一种“只顾耕耘，不问收获”的态度，以及认准一个目标，就拼命干去，慢而不息，永不懈怠，永不放弃的精神，这其实就是鲁迅所倡导的“韧性战斗精神”。

真正的改革是离不开这样的能够化为日常生活实践的理想主义精神和韧性战斗精神的。也正因为如此，我读《文集》里笑蜀的文章，单是题目就让我感到惊心动魄：“理想主义不该穷途末路”，它道出了现实的真相：今天的中国，并不是没有理想主义者和韧性战斗者，但他们总处于不被理解的寂寞中，在各种力量，不仅是体制的力量，也包括社会习惯势力的围堵和冷漠下，时刻面临着“穷途末路”。于是就有了这同样惊心动魄的一问：“社会能不能为他们做点什么”，让健在的老石们，“至少不至于穷途末路，也让理想主义不至于穷途末路？”在我看来，眼前这本集体写作、编辑、出版的《纪念文集》，就是对这样的呼唤的回应，作者与编者也借此相濡以沫，同时向我们这个多灾多难、变化莫测的时代表明，还有人认同老石们的思想、实践与精神，它活在一些人的心上。这就够了：人在，心不死，就有希望。

2012年4月6日—11日

寄语“第三届春晖青年公益发展论坛”的青年朋友

我因为年纪和身体的原因，不能参加论坛，和你们一起讨论，深感遗憾，只能用书面的形式，谈谈我的一些想法。

我非常赞成本次论坛的宗旨：“把重心放回自身，因为‘人’才是时代的创造者和承载者”。青年公益运动不仅是一个为社会服务的运动，同时也是一个促进青年自我成长的运动。

我也非常认同论坛的主题：“让理想走进生活”。我想就“青年的理想”问题，发表两点意见。

第一，我要送给大家一句鲁迅的话：“幸福的度日，合理的做人”，我以为这句话把我们应追求的理想作了一个高度的概括。这背后是幸福观和做人观的问题，这正是理想的两个核心。我理解，所谓“幸福”，关键是要解决好物质与精神的关系问题，所谓“做人”，则是要解决好自我和他人，个人和集体的关系问题，而归根结底就是要解决信仰问题，即鲁迅所说：“无信则无以立”。——关于鲁迅这方面的思想，我曾编过一个《鲁迅论中国人和中国社会的改造与发展》的语录，并给宝钢的工人和干部作过一个长篇辅导报告，现也发给会议，权作我的发言吧。

第二，我以为，青年公益运动是建立在“有爱心，做好事”

这两个基本点上的，这是一个基础。但又不能停留在这样的朴素的感情上，发展到一定阶段，它需要提升。你们今天提出要“回到自身”，要“让理想走进生活”，就是反映了这样一个精神提升的客观要求。关键确实是要做怎样的人。我理想中的“新人”，应该有以下几个特点：

要有开阔的视野，高远的目标与眼光。按我的习惯说法，就是要“想大问题，做小事情”，而青年公益运动发展到现阶段，就需要多想想“大问题”，要关心中国、世界的大问题，思考“中国向何处去，世界向何处去”的问题，在这全球化的时代，中国的问题和世界的问题是紧密联系在一起的，新时代的年轻人不仅要做中国的公民，更要有世界公民的意识，要把我们的爱心提高到对国家、民族、人民和世界的现在与未来的更加自觉的承担上。

记得在2008年汶川地震以后，我曾经对青年朋友说过：“我们从现在起，应该有一个新的觉醒，要在思想上作好准备，中国，以至世界，将进入一个自然灾难不断、骚乱不断、冲突不断、突发事件不断的‘多灾多难’的时代”。我并且说，你们的一生，都要“直接面对”这样的中国和世界的多灾多难，而且还要“直接去参与，直接去承担”，这将是你们这一代的历史使命。现在是2011年，刚刚发生的日本海啸地震，又使我再次想到这个问题。不知道参加论坛的年轻朋友想过这个问题没有？如果没有想过，建议要好好想想，因为这是关乎你们一生的问题，是你们首先要面对与思考的“大问题”。

中国的国内问题，我也有一个大的判断：中国经过近百年的奋斗，已经基本解决了独立、统一和十三亿人口的温饱问题，经济开始高速发展，同时也就面临着下一步“向何处去”的问题，在我看来，主要应该解决“制度重建，文化重建，价值重建和生活重建”这四大问题。这也是诸位年轻朋友需要思考的大问题，因为这四大重建的任务将主要由你们这一代来承担。

我还有一句话：“仰望星空，脚踏大地”，“想大问题”大概就是“仰望星空”，但还需要“脚踏大地”。这里的关键，是要认识脚下的土地，要体察中国的国情。在我看来，参加公益活动，就是一个了解中国国情的过程。在这方面，应该有更大的自觉，建议大家要有意识、有目的、有计划地进行一些社会调查，并结合自己的专业，作一些专题研究，进行一些理论的思考。——我理想中的“新人”，不仅有热烈的实践精神，而且要有强烈的理论兴趣，做到理论与实践的结合，根据我自己和许多前辈的经验，“读书，实践，思考，写作”四结合，是一条青年健康成长的路径。

相信大家在自己的公益活动实践中，已经体会到中国问题的复杂，要在中国做事，特别是好事，确实很难很难。因此，要把公益活动坚持下来，就需要有特别的智慧，还要有特别的精神，这就是鲁迅提倡的“韧性精神”。所谓韧性，就是要有“改革奋斗三十年，不够，就一代，一代——”的长期奋斗的战略思想，“慢而不息”的战术和“边打边玩”的策略。总之，智慧加韧性，这将是我们克服前进中的困难的法宝。

以上三点，我在发给大家的长篇报告里，都有详尽的论述，这里就不展开说了。

最后要说的是，我的意见虽然也总结了包括我自己在内的几代人的经验，但对你们来说，只具有参考价值，重要的是你们自己的思考与实践。

2011年4月10日

我的祝愿

——为厦门国仁工人之家三周年而作

人们讲教育，通常关注的是国民教育体系中的教育，而往往忽略了社区教育中的民众教育。近年也有许多人关心打工子弟教育，而较少注意城市打工青年自身的教育，这显然又和人们只关心弱势群体的物质贫困，而不去关注也是更为根本的精神贫困，以至背后的权利贫困这样一个认识的误区有关。

将厦门国仁工友之家的工作置于这样的背景下，就不难看出其意义和价值；同时也不难理解他们的拓荒性工作的艰难和不易。因此，他们的成立三周年的历史，也就有了纪念的特殊意义。

纪念，是为了建立信念，信心，和坚持。当然，也会有期待。但中国的事太难办，且不确定因素太多，因此，我不敢有什么奢望，只是祝愿国仁工友之家能先再坚持五年，十年，或者更久；祝愿在厦门，福建，全国，再有两个，三个，五个，十个，或者更多的“工友之家”。只求一点一点的进步，但又永不放弃我们的努力：这大概就是曾经在厦门任教的鲁迅先生提倡的“韧性精神”吧。在我看来，在当下中国，要做好任何一件事，最需要的就是这锲而不舍的韧性精神。

如何建立“文化身份自信”

—— 给“新农民工”的一封信

2004年12月，我收到江苏的一位年轻人寄来的《“新农民工”对话录》。所谓“新农民工”是指“从乡村走出来的大学生，尤其是那些相对贫困的农村走出来的大学生”，并有这样的自我心理分析：“我们身上时时显现着一种强烈的‘身份强化意识’，总是有意无意地对贫困、落后、老土的农村孩子的文化身份进行强化（想摆脱却摆脱不了），既包含着强烈的自尊，也夹杂着强烈的自卑，用这夹杂着自卑的自尊把自己包裹起来，拒绝任何同情、怜悯，甚至真诚的帮助，从这种自戕行为中寻找快感和心理平衡。它促使我们不断奋进，同时又造成我们目光的狭隘，成为怯懦的退缩的借口和受伤后寻找慰藉的栖息地”。《对话录》还谈到自己的“双重失语”：“在城市人眼里，我们是‘乡巴佬’‘土包子’，在乡亲眼里我们又成为‘城市人’，无论在哪里都无法得到一种归宿与认同”。他们这样描述自己在回家过程中的感受：开始“总带些衣锦还乡的荣耀感”，“面对乡村，我们这些‘新农民工’所流居的城市反而成为在同龄人面前值得炫耀的资本”；但是，每次回来却又“有一种心理创伤感、失落感，在传统伦理的回归欲望和心理张力之间摇摆。似乎有一个循环的圈子：走出乡村——试图融入城市寻求心理认同——逐渐遗忘乡村——由于身份强化意识作用——加上城市的受挫——开始觉醒回归的欲望——在乡村失落受挫——回城疗伤——试图重新寻求认同”。《对话录》最后说：“一旦走出来，我们就无法回头了，无论如何我们都不会再回去了，我们不愿意我们的后辈，我们的孩子，再像我们一样艰难地走出来，甚至是更艰难的走出来”。

这封来信和《“新农民工”对话录》，让我思考了许多问题，当即写了回信，并将它收入了我的《致青年朋友》一书中（中国长安出版社，2008年出版）。最近，我又有机会读到了打工者写的关于回忆家乡，表现乡愁的诗歌散文作品。作者应该是比八年前给我写信的农村出身的学生更加年轻的，名副其实的“新农民工”；但我从他们的创作里，依然读出了当年引发我思考的问题：关于乡村文明的命运，关于流动于城乡之间的一代人的文化身份。于是，又想起了当年的通信，并作了一些新的补充，并以此奉献给今天的新农民工朋友。

那位江苏的朋友当年给我的信中，一开始就说了一番话，谈到对我的印象：“您比较可爱，感觉您生活很开心，充满激情，还有一点，就是据说你的字比较难看”。于是，我的回信也这样开头——

XX：

我的字依然难看，但我仍然用笔给你写信了，因为我觉得亲笔写信，更要亲切些。

读了你们的对话，心里很不好受，我一直在关注你们这样的“新农民工”，“城市里的乡下人”。从你们的来信里，我看到了残酷的真实。你所说的在城乡之间流浪的失根状态，以及由此产生的身份强化意识和失语，以及走不出“离去——归来——离去”的生命循环，是一个现代社会的普遍现象。其实鲁迅的《故乡》写的就是这样的生命形式。最近我也在和一些年轻朋友讨论漂泊者与坚守者两种生命形态及其所存在的生命危机。

所谓漂泊者，就是离开家乡，到远方去发展；坚守者就是不离故土，在本地寻求发展。应该说，这两种选择，都是自有意义与价值的，每个人都有自由选择的权利。但不同的选择也各有自己的困惑：漂泊者会因为灵魂的无可着落而陷入归来与继续流浪的两难；坚守者也会因为不堪承受生活的艰难而面临逃离或继续坚守的困顿。但如果他们自有家园，就会大大缓解各自的困惑：漂泊中会有乡思，困守里也自有依傍：他们都是有根的。你们现在所面临的危机，并不在于漂泊在城市，而是在你们的内心里，逐渐将生养自己的乡土遗忘。坦白地说，由于你们从小受到的教育的失误（这里暂不作讨论），你们对自己的家乡，土地上的文化与乡亲，本来就相当陌生；如果现在又产生了认识、情感、心理上的疏离感和逃离感，这就有了釜底抽薪的危险。而另一面，你们又事实上无法融入城市社会，这就陷入了两头不着地的尴尬，成了无根的一代人。

在这个意义上可以说，你们现在正面临一个寻根的生命命题。而要寻根，又必须解决认识上的几个问题。这也是我想在这封信里，和你及你的朋友探讨的。我的意见不一定正确，只是想引发思考与讨论。

首先，是不可回避的乡村文化的败落。我曾经说过，乡村文化具有现代城市所不可企及的三大优势：一是生活在大自然中，既脚踏大地，又仰望星空，这是人的最佳生活方式，也是最好的教育环境；二是深厚的民间文化，包括民间戏曲，民间节日等等，中国最伟大的现代作家鲁迅就是他的故乡里的社戏培育出来的；三是浓郁的乡情，家庭、家族、邻里亲密接触、和睦相处的农村日常生活里，充满了人情，乡村伦理与智慧，是最有利于人的健全成长、发展的。但是，这一切都在消失，农村生态环境的恶化，民间文化的商业化，以及家庭邻里关系的淡漠、紧张与陌生化，以及传统乡间伦理秩序的解体，新的合理的价值秩序又远没有建立，剩下的就只能是金钱与利益，能不能赚钱成了衡量自我价值的唯一标准，消费文化成为农村主宰性的意识形态。应该看到，你们这一代的农村人，就是在这样的乡村文化败落的背景与环境下成长起来的。这样，你们也就很自然地无法对乡村文化产生亲和感和皈依感，但同时城市文化对你们又始终是遥远而陌生的。这就是我们前面谈到的你们的失根状态的更深层次的原因。但你们中有些人还保留着一些童年的乡村记忆，于是就有了你们自己的诗歌、散文创作中的乡思与乡情，其中充盈着你们对遗存的乡村文化的感悟和记忆，将其置于前述乡村文化败落的背景下，就显得弥足珍贵。

接着的问题是，如何看待这样的乡村文化的败落？有人认为，这样的败落是必然的，而且是一种历史的进步，或者说是历史进步必须付出的代价，因为随着城镇化的发展，乡村文化最终是应该消亡的。这样的观点的背后，是隐含着一个更大的问题的，即如何看待和对待农业文明（乡村文化）和工业文明（城市文化），以及它们二者之间的关系？这也是我要和你们讨论的第二个问题。这种以农村文明的败落作为农村城镇化、现代化的代价的主张，是有着三个理论观念支撑的：其一，是农村和城市，农业文明和工业文明，乡村文化和城市文化的二元对立，二者具有不包容性，必须作出非此即彼的选择；其二，是所谓“文明进化论”：采集文明、渔猎文明——农业文明——工业文明是一个直线的进化运动，后者比前者具有绝对的优越性、进步性；其三，这是一个取代，以至消灭一个的时代，后一种所谓体现了历史发展方向的文明，只有通过前一种已经落后于时代的文明的毁灭，才能取代自己的历史性的胜利。但这三大理论在我看来，都是可疑的。其主要问题是对工业文明和城市文化的理想化与绝对化，在全球工业文明已经日益陷入危机的情况下，就更显得有些一厢情愿。当然，我们也不能因此而走到另一个极端，将农业文明、乡村文化理想化与绝对化。我们总是在农业文明和工业文明两个极端来回摇摆，其思想根源，就是工业文明与农业文明，城市文化与乡村文化的二元对立。如果不从这样的非此即彼的思维模式中跳出来，我们就永远走不出在钟摆中不断损害农民利益的怪圈。我们应该以更加复杂的眼光，态度和立场，来看待历史和现实的各种文明形态。首先要确认：它们都是在自己独特的历史过程中生长起来的，而且都是在长期实践中创造出来，并寄托了一代又一代人的理想的生存方式和生活形式，因而都有自己的独立存在的价值，而且积淀着某种人类文明的普世价值（如农业文明、乡村文化对人和自然关系的和谐，人与人关系的和谐的注重，工业文明、城市文化对科学、民主、法制的强调，等等）。但同时，又各自存在着自己的缺憾和问题，形成某种限度，也就为另一种文明的存在提供了依据。也就是说，各种文明形态，既是各不相同，存在矛盾、冲突，相互制约，又是相互依存和补充的。由此形成文明的多样性和文明的生态平衡。

以上讨论，在有些年轻朋友看来，或许有些抽象和理论化；其实，是和你们的人生选择和文化选择直接相关的。前面说到，你们是游走于农村和城市之间的一代人，从一个角度看，你们因此容易陷入两头不着地的失根状态，这一点，我们前面已经讨论过，你们自己也会有深切的体会。但我们能不能换一个角度思考：这样的身份，有没有自身的价值？你们出身于农村，自然地就有对乡村生活与乡村文化的感受、经验、体验和记忆，而且你们的父母现在依然生活在农村，这都决定了你们和中国的乡土，乡土上的自然、历史文化，以及世代生养土地上父老乡亲，有着天然的血缘关系和精神联系，这是你们天生的一个优势，是许多城市人所不能企及的，我多次和出身于城市里的大学生说，你们必须到农村去，进行补课，因为不了解农村，就不可能真正理解中国。而另一方面，你们出身农村，又走出了农村，来到城市发展，以后有条件和机会，还可以出国，走向世界：这都是你们的权利。任何人都不能限制农村出身的人接触更广大的城市文化，世界文化，你们应该抓住这个机遇，以更开阔的视野，接触和接受人类文明的一切成果，以突破农业文明、乡村文化的局限，从而形成固守在农村里的人所没有的另一种优势。这就是说，出身于农村，又来到城市发展的诸位，如果善于利用自己的特殊身份，既珍惜、保留、深化与发展自己的农村经验，又渴求、主动、积极、广泛吸取城市文化和世界文明的积极成果，就会形成双重优势，这是单有一个方面（无论农村与城市）

的经历和经验的同龄人所不具有的。我曾经说过，一个人，如果能够自由出入于城市与乡村，高层与底层，中心与边缘，精英与草根之间，那就能得到更为健全的发展。当然，你们现在距离这样的境界，还相当远，但你们出入于城、乡之间的身份，就有了一个很好的基础。目前这只是一个潜在的优势，需要你们自己去将其转化为实实在在的现实优势。如果你们采取相反的态度，以自卑心理看待自己的农村出身，甚至恨不得将其作为包袱彻底抛弃；另一方面又因为融入不进城市文化而怨天尤人，那么，这些潜在的优势就都转化为劣势，就真正陷入了身份困境。在某种程度上，主观选择是决定一切的。你们现在正处于人生选择的关键时刻，而首先要解决的是文化选择的问题。具体的人生道路，比如继续在城市发展，还是重返农村发展，都不是最重要的，有了乡村文化和城市文化的双重优势，无论在哪里发展，都会有不同于他人的自己的特点与优势。认真考虑农村文化与城市文化的关系这些问题，并作出正确选择，是非常重要而迫切的。这也是我最想向诸位提出的建议，希望能够引发你们的思考与讨论。

2004年12月9日初稿，2012年12月22日

正史掩不住的光耀

——卢永康《马怀麟传奇》序

一口气读完这本25万字的《马怀麟传奇》，一时竟理不出思绪：是被传主的传奇人生所吸引，还是为其曲折的命运而感到生命的沉重？更为重要的是，这本书给我们每一位读者都出了一个难题：如何面对“这一个人”以及背后的“这一个时代”的历史？作者把写序的任务交给了我，却不知从何写起。

情急之中，突然想起书中讲到的一个细节：马幺公晚年在面对许多非议时，曾反复读鲁迅的东西，而且“老在深夜读，读了就忘，忘了还要读”。尽管马幺公当年读的是什么，他有什么感悟，我们都已无从得知；但至少还是给了我们一个提示：或许可以从鲁迅著作里，去寻找对马幺公的人生的某种解读。鲁迅正是我所熟知的，是有话可说的。于是，就想起了鲁迅的一段话——

“我们从古以来，就有埋头苦干的人，有拼命硬干的人，有为民请命的人，有舍身求法的人，——虽是等于为帝王将相作家谱的所谓‘正史’，也往往掩不住他们的光耀，这就是中国的脊梁。

“这一类的人们，就算现在也何尝少呢？他们有确信，不自欺；他们在前仆后继的战斗，不过一面总是在被摧残，被抹杀，消灭于黑暗中，不能为大家所知道罢了。

“要论中国人，必须不被搽在表面的自欺欺人的脂粉所诓骗，却看看他的筋骨和脊梁。自信力的有无，状元宰相的文章是不足为据的，要自己去看地底下”。

鲁迅的这段话录自他晚年所写的《中国人失掉自信力了吗》一文里，他实际上提出了两个重大问题：如何看待历史，以及如何叙述历史？我们的讨论正可以从这里切入：如何看待马幺公一生的历史，以及如何叙述马幺公的历史？

马幺公的历史看起来似乎相当复杂，其实说起来也很简单，他的老乡用一副对联就概括了：上联：“倡导革命，怀麟领前辈黑洞吃鸡血酒”；下联：“改革开放，马老带晚生荒山建果园”。事虽两桩，却都轰轰烈烈，惊天动地。我要补充的是，这在完全不同的时代所做的完全不同的两件事，却是有内在精神前后贯通的，而且也有两种。在1946年办《力报》，1949年发动反抗国民党统治的“2·16”暴动时，马怀麟就抱定宗旨：“要成为一种力量”，“要有自己的声音”；1989年7月8号马幺公在联户协作农场成立大会的讲话里，又大声疾呼：“要靠自己的手改变命运”。这样的要掌握自己的命运的独立意志，正是马幺公一生奋斗不已的内在动力；这也是他的内心深处的痛苦所在：“我们的生命从来属于自己，只是没有一块满意的土地容纳而已”，但马幺公从来都没有屈服于命运的安排：没有一块土地容纳自己，就自己来干：或拿起武器，或高举铁锄，在自己的家乡开辟出一方新天地！

我们还注意到，马怀麟早在1952年就有过这样的自述：“我是大自然的一个人”；1988年他决心要到“瘦土地里刨金子”时又说：“我要走向我的家乡，走向生我、养我，并支持我领导一次暴动的家乡。这不是落叶归根，而是报答”。他在解释自己老年办农场的动因时也这么动情地说：“谁叫自己一辈子离不开这块土地呢？哪怕它贫瘠，瘦薄”。这都显示了马幺公和修文、贵州这方土地，土地上的文化和父老乡亲的血肉联系，这也是他的不竭的生命源泉和原动力。四十年代末他发动“2·16”暴动时的口号是“保住儿子不当兵，保住谷子不交粮，保住银子不交款”；八十、九十年代他组织农场的动机就是“让那些为2·16做出过贡献的农民不再受穷”：一切都是为了维护父老乡亲的利益，这是几十年一以贯之的。

一定要维护父老乡亲的生存、发展权利，一定要让父老乡亲掌握自己的命运：这构成了本书的传主马怀麟（马幺公）生命的永远的目标，即使壮志未酬，他也要拼命向前，人们感叹于马幺公生命力的旺盛，其秘密即在于此。在我看来，他的这两大生命目标，是源于生他养他永远支持他的修文这块土地的。马幺公曾说“修文的老百姓单纯，有血性”，作者还特别提到当年在修文龙场悟道的王阳明“知行合一”的哲学的潜移默化的影响：这正是盛年的马怀麟、晚年的马幺公两次登高一呼，修文的乡亲和地方有识之士都毫不迟疑地响应、追随于他，真可叫前仆后继的原因所在：他是修文、贵州大山的儿子，更是大山的脊梁。放大了说，他就是鲁迅要我们“自己去看地底下”的“中国的脊梁”。

问题是，这样的筋骨和脊梁，在现实生活和历史叙述里，是不被承认，被摧残，被抹杀的。这里有我们阅读本书无法回避的两个问题。

首先是马怀麟领导的2·16暴动，直到他逝世时，还没有得到公正的评价，这大概是他难以瞑目之处。说出来的理由好像很多，关键却只有一条，即2·16暴动不是党直接领导、发动的；这大概也是事实，但如果因此而不能给这次反抗国民党专制统治的民间运动以历史的承认和充分评价，那就暴露了评价者所坚持的，正是鲁迅所说的“为帝王将相”也即权力的掌握者“作家谱”的“正史”立场：这才是问题的症结所在。但也还是鲁迅说得好：“老百姓虽然不读诗书，不明史法”，但他们却是能“明黑白，辨是非”的（《“题未定”草（九）》）。其实在我们前文所引的那副对联里，就已经作出了老百姓自己的历史评价。而让我最为感动、眼睛湿润的是，在为马幺公祭祀时乡亲们的倾诉，述说的全是马幺公对他们每一个人、每一个家庭的关爱和帮助，表达的全是最朴实的真情：“你说解放几十年了，看到乡亲们光屁股就难过，你这样的好人都去了，我们莫非不难过？”还有最能见民心的埋怨：“老天爷，你天都当成了，咋个不睁开眼睛看清楚，哪个人去得，哪个人去不得，不要乱整嘛”。在我看来，这才是真正的历史判决：评价的标准是看是否真正关心老百姓，为他们谋利益；历史的功绩是表现在为一个个具体的老百姓个人和家庭带来实实在在的好处，而不是抽象地高喊“为人民服务”；最高的历史评价是成为老百姓心中“去不得”的人。因此，我要说，尽管马怀麟和他当年的战友在所谓正史里没有获得他们应有的位置，但如鲁迅所说，正史“掩不住他们的光耀”，民心自有结论：他们“就是中国的脊梁”。这是修文的大山：西望山、老将山、大锅寨群山、小白岩可以作证的。

还有马幺公生命的最后结晶“联户协作的下洞农场”的命运：在他走了不久，就在县里的指令下，“无声无息地消失，走下历史舞台，淡出人们的视线”。坦白地说，这是我阅读本书最感郁闷的一点。如作者所说，这样的处置或许出于某种实际的困难。而我的困惑却在其说出的理由：据说马幺公“太超前，急了一点”，“时代不一样”，“以后”还是要“各家各户自产自销”，“农场想通过积累来做的社会主义的事，国家会逐步考虑”。这里所说的马幺公“太超前”又是什么呢？于是，我注意到马幺公晚年的思考：他在重病中读《论马克思恩格斯关于股份制的思想》，读《对公有制重新定义》，并且写下了《论下洞农场股份制》的文章的要点：“农村建设中的股份制问题，两权分离与联合问题，重建个人所有制问题……”；他还和本书的作者谈《资本论》，谈个人在历史上的作用，谈股份制农场……：他显然在思考与探索一条在市场经济的条件下，继续带领农民走共同富裕的社会主义道路的新农村、新农业的发展模式，既能避免过去吃大锅饭、剥夺农民的弊端，又能防止两极分化的出现。我正是从这里看到，越到晚年马幺公思想越见活跃与成熟，他进入了一个生命的最高境界。但或许正因为如此，尽管他备受赞誉，但他的想法却无法被理解，在社会主义国家探讨新的社会主义农村组织模式的试验，竟被看作不合时宜的超前。这样的表面的肯定、实质的否定，这样的热闹中的寂寞，在我看来，正是马幺公命运中最令人感慨、唏嘘之处。

于是，我也就理解了作者在《代跋》里所说的他的难处：他选择了一个“并非达人、大人、伟人，又颇有争议的普通人作为传主”。但我却要说，这恰恰是本书的价值所在。按我们一再引述的鲁迅的说法，我们的正史是为权力掌握者做家谱的，因此，自然只有达人、大人、伟人，而无普通人、小人物和有争议的异人。但这样的正史恰恰是应该质疑的，至少应该有另一种非正史的野史来作补充和制约。这也是鲁迅所倡导的，他说：“野史和杂说自然也免不了有讹传，挟恩怨，但看往事却可以较分明，因为它究竟不像正史那样地装腔作势”，因此，他号召人们，特别是年轻人，要多读历史，“而且尤须是野史；或者看杂说”（《这个与那个，读经与读史》）。我注意到本书作者把他写的传记称为“传奇”，这固然是因为要强调传主经历的传奇性，但也未尝不含有“小说家言”，民间讲故事、杂说的意思，我们是可以把这本《传奇》当作“野史”来读的。本书的传主马怀麟（马幺公）既然进入不了正史，现在借这部野史在民间社会口口相传，倒真是得其所哉。而且本书作者还有发现：“马老这种人在今天更加有意思”。古人早已有言：“礼失求诸野”。在假冒伪劣充斥社会的时候，马幺公这样的未被承认的山野里的真人才显出他掩不住的光耀。

1912年1月14—16日

辑四　国际视野下的中国变革

大陆批判知识分子的困惑

——在金门东亚批判刊物会议上的发言

这次会议提出的东亚批判知识分子联合建立“认识共同体”，以批判性刊物为依托，以人民为主导，也即“以一种较不同于国家响导的方式，建立区域性团结与融合”的设想，我是赞同的。但作为中国大陆的批判知识分子（这也是我的“自我命名”，当然有我的解释，去年在台湾作的《鲁迅左翼传统》报告里已有说明，这里就不多说），我感到我们面临四个问题。

1、我注意到白乐晴先生有这样的设想与期待：“相对于人民的力量，国家的权力逐渐变弱”。而中国大陆，我们所面对的恰恰是一个强势的国家政权。这个政权，依仗着中国经济发展所带来的相对优势，对内实行“集中力量办大事”的举国体制，极大地加强思想和社会的调控；对外，无论是对台湾地区，还是对包括日本、韩国在内的东方国家和西方国家，也大打经济牌，相信经济决定一切，也越来越表现出一种优势。在这样的政府统治下，我们的活动空间是相当有限的。

2、更为重要的是，大陆批判知识分子的民众基础在哪里？韩国有强大的人民运动，是我早已知道的；这次会议又具体了解了日本冲绳的民众运动已有几十年的历史。而我却必须提出中国的批判知识分子的民众根基的问题。我在正在写的一本书里，分析说，当下中国有三大民间运动：一是底层的维权运动，二是网络民主运动，三是民间社会组织（志愿者，NGO组织）的社会运动。但在中国的体制下，目前这三大运动都是非政治化的，尽管这是目前阶段必须采取的方式，否则连基本生存都不可能，但其局限性也是十分明显的。更重要的是本应是这一运动的积极参加者与组织者的中国自称左翼的“新左派”却基本上缺席，甚至站到了运动的对立面；因此，目前这三大运动主要是处于积极参与其中的自由主义知识分子的影响之下。这样，我们这些既支持民间运动，又有不同于自由主义的理念的批判知识分子，就只能以个人的身份参与。因此，出席这次会议的中国大陆的几位朋友，包括我自己在内，都不代表任何群体，我们也基本上没有自己的刊物，而只是关心会议议题的个人，在这里发表个人的意见而已。

3、中国大陆批判知识分子的传统在哪里？不错，在1949年前，我们有革命传统，更有鲁迅传统。这是我们引以为豪，并应该自觉地继承与发扬的。问题是，1949年以后，当年的革命者掌握了国家权力，逐渐异化以后，中国的批判知识分子的传统在哪里？这也是这些年我的研究所要追问的问题。据我初步研究的结果，事实上，1949年以后，特别是1956年以后，中国大陆始终存在着一个民间思想运动，他们在大陆现有的政治生活、历史叙述里，通常被称为“右派”，而实际上却是真正的“左派”，并且为他们的信念付出了血的代价。这些带血的思想遗产，理应是左翼批判知识分子的宝贵精神财富。问题是，不但政府竭力遗忘，而且“新左派”也对之避之而不及，甚至妄加批判。这样，发掘、研究1949年后的左翼资源，就成为大陆批判知识分子在确立自己的批判立场时，必须首先认真对待与处理的问题。我觉得台湾的左翼似乎也存在着这样的如何建立台湾本土左翼资源的问题。因为我对台湾历史少有了解，这里也只能提出问题，而不能展开了。

4、大陆批判知识分子如何进入“东亚”，与“东亚”发生关联？前面说过，目前中国大陆的民间运动是处于自由主义的强大影响下的，他们的学习、向往的对象主要是西方，当然不会关注东亚，更没有和东亚发生关联的愿望。而中国大陆的新左派却越来越倾向于国家主义，就其总体而言，对东亚问题不会有多大的兴趣，即使有兴趣，也很容易纳入他们的“中华中心主义”的叙述中。——当然，这并不排斥个别人有兴趣，有研究。

以上所说的，都是外在的因素。我更重视的，还是自身的困惑与挣扎。就我个人而言，长期以来，我关注的，始终是国内的问题；国际视野、东亚视野的匮缺，成了我的思考与研究的重大缺陷。最近这些年，在周围朋友，也包括台湾、日本、韩国朋友的推动下，开始把中国大陆的问题和世界问题、东亚问题联系起来思考——其实，这也是全球化时代的必然要求和发展趋向。但我还在学习的阶段，因此，也不免有些困惑。比如谈到东亚“认识共同体”，那么，我们的“共同认识”是什么？是一种“文化认同”吗？会不会因此落入某种文化中心主义？无论是中国文化中心，日本文化中心，还是韩国文化中心，恐怕都有问题；相反，我们都要对本民族的极端民族主义保持必要的警惕。那么，超越于国家、民族文化之上的“共同认识”是什么？这是需要进一步研究与讨论的。

当然，我也有我自己的“微茫的希望”。参加这次会议，特别是听取了金门与冲绳的经验，更坚定了我的“在地生活的民众立场”。在参加这次会议之前，我在中国大陆的一次学术讨论会上也谈到了我对人民生活，人民生活伦理和逻辑的信念。普通民众总要过自己的日子，要耕耘劳动，要生孩子，这就是希望所在。我前天看董导演的片子，最深的感触，就是“意识形态的虚妄与人民生活的永恒”。我个人的力量有限，即使不能更多地参与社会运动，只能以个体的学者的方式介入，但我总要和生活在中国这块土地上的我的人民在一起，我相信这也就是、必然是和东亚、世界上的普通民众在一起，做我能够做的事情，而且要以鲁迅所倡导的韧性精神（我以为这是最重要的中国与东亚左翼传统精神），只管耕耘，不顾收获地，一点一滴地，持续地，长期做下去：这就够了。

2010年12月31日整理，略有补充。

面对“中国崛起”，我的警惕与焦虑

——在金门东亚批判刊物会议上的报告

今天的中国，不仅是政治大国，人口大国，而且成功发展为经济大国，出现了所谓“大国崛起”，并且在冷战后的国际政治、经济、文化上产生了越来越大的影响。在我看来，由此而提出了两个问题，特别值得我们深思与警觉。

一是如何看待和分析中国的经济崛起？我们应从中吸取什么样的历史经验和教训？我这些年一直呼吁要建立具有解释力的批判理论，就是要回应这一历史提出的新课题。对此我正在研究，这里也无法展开论述。我只想提醒人们，要警惕中国近年有些知识分子提出，并得到国家支持的“中国模式”论，他们实际上是提倡所谓“集权为民”的“开明专制”，并为中国政府近年来所推行的“集中力量办大事”的所谓“举国体制”提供理论根据。这样的举国体制，也有两个特点：一方面，强调“以经济建设为中心”，宣称要“改善民生”；另一方面，又竭力维护体制，并不断强化对思想、文化的控制，以及对社会的控制。这就必然导致政治体制改革的滞后，在既得利益集团权力掌控和主导下的任何改革，都会形成对劳动者利益的新的损害。这样也必然反过来制约经济的发展，影响改善民生的实际效用，继续强化两极分化，社会变得越来越不稳定。

我最近在北京的一个座谈会上，对2010年的中国现实，作了这样一个描述和判断："2010年的中国，进入了一个内外矛盾空前激化的年代。从年初的富士康的'大跳楼'开始，到连续发生的'血洗幼儿园'的突发事件，以及接连不断的因种种原因引发的暴力事件，都表明底层社会民与官，民与商之间，弱势群体和既得利益的强势群体的矛盾已经到了临界点，随时都在爆发，还随时会有新的爆发。而这一年，社会中层的知识分子，一方面，因为一再受压制而和体制的矛盾日趋激化；另一方面，知识分子内部的分化也日趋严重，以至到了本来是既平常、也正常的不同看法，都会引起轩然大波，彼此水火不能相容。这就意味着，整个中国，从底层，到中层，到高层社会，都感觉到：'不能再这样生活下去了！'这是一个全社会的不安全感，全社会的情绪郁闷，不满，以至怨恨。一个社会危机的大爆发，正在向我们逼近，不知道哪一天，因为什么原因触发，就会突然降临"。——这绝不是危言耸听，这是"中国崛起"无法掩盖的国内严重问题和严峻现实。而形形色色的中国模式、中国道路论，正是以经济决定论的思维，以中国经济的发展来掩盖严重的政治、经济、社会、文化危机。

中国崛起，引发的第二个问题，是经济崛起的中国和中国人，如何对待在社会制度、观念、思维、文化和自己不同的国家与民族？以及世界各国政府和人民，又如何对待这个社会制度、信仰、观念、思维、文化完全不同于己，但却又是政治、经济、人口大国的中国？这是冷战后的世界发展到今天的全球化时代，所面临的一个新的大问题。我在前年奥运会期间就写过文章，表示一种担忧：看来，中国自身，以及世界，对这个问题，思想和心理上都没有准备好。在此后的2009年、2010年围绕"中国与世界"所发生的许多事件，都进一步证明了这一点。

我更关注、更为警觉的，是中国和中国人自身的问题。这就是当下中国影响越来越大的国家主义、中华中心主义的思潮。这样的国家主义、中华中心主义思潮，固然和中国文化的传统有关，更在实际上和当下同时弥漫中国的虚无主义思潮是密切相关的。当对什么都不相信的时候，唯一可以支撑的，就是爱国；而政府在自身丧失信仰，无以凝聚人心、民心时，也必然要以具有浓厚的国家主义、中华中心主义色彩的所谓爱国主义，作为国家意识形态。民众，包括年轻人的心理需要和政府的统治需要的结合，就构成了国家主义、中华中心主义在中国的深厚基础。而中国的大国崛起就更为之提供了物质基础和情感与心理的刺激。还应该说到一点，在中国崛起以后，中国周边国家，以及西方世界都有一股右翼势力试图遏制中国，这样对中国的围堵，又反过来促进中国国内的民族主义的极端化。在我看来，东亚各国批判知识分子都应该对本国的极端民族主义保持警惕，如果放任其发展，就会形成相互刺激的恶性循环，这是很危险的。在这方面，我认为东亚批判知识分子应该相互配合，是有许多工作可以做的。

就中国国内问题而言，我尤其感到震惊与忧虑的，是中国大陆一部分知识分子和青年在这股国家主义、中华中心主义的狂潮中所起的作用。坦白地说，这是我完全没有思想准备的：好些熟悉的朋友，甚至是八十年代的启蒙主义思潮中并肩战斗的朋友，都卷入其中，这样的思想分歧所造成的事实上的分裂，让我难以接受，却又必须面对，由此引起的痛苦和困惑，是难言的。而我一直寄以厚望的青年的卷入，我的感受是既在情理之中——想想这些年我们对青年的教育——，又实出意外。我经常因此而惊诧莫名。眼前就有两个例子。一位中国的年轻记者，在奥巴马在韩国的新闻发布会上，居然宣称自己可以“代表亚洲”，甚至“代表韩国”发言；而一位北京大学的学生，居然当面问英国首相：“英国应该从中国模式、中国经验中学习什么？”鲁迅、周作人在五四时期尖锐批判的“爱国的自大”，八、九十年后在当代中国青年身上重又复活，同时复活的还有毛泽东时代的“输出中国经验，用中国模式改造世界”的中华中心主义，而且如此气壮如牛，这实在让人感到悲哀。而这样的自我感觉过分良好，又恰恰发生在我们前面谈到的国内危机重重的背景下，这就更令人担忧：一个不敢正视现实，沉迷于精神的幻觉，毫无自我反省意识，没有危机感的国家、民族与个人，是危险的。我从中看到的，是真正的民族危机。我为之忧心如焚：在这个意义上，我又是一个真正的爱国主义者。

在今天的中国，要坚持独立的批判知识分子的立场，是十分困难的。在我的理解与追求里，作为一个批判知识分子，首先要把批判锋芒指向自己国家，指向民族的弱点，主要致力于民族自身人与社会的改造，鲁迅就是这么做的；但这样的立场，却极容易被指责为“汉奸”，成为众矢之的。而且，作为独立的批判知识分子，有两条底线是必须坚守的：一是要坚持对一切形态的专制主义的批判——不仅批判国家政治的专制主义，而且批判资本市场专制主义；二是要坚持对一切形态的国家主义、中华中心主义的批判——不仅批判愤青的粗疏的情绪化的国家主义、中华中心主义，而且要批判知识分子的用精细的理论包装的国家主义、中华中心主义。而在当下中国，要做到这一点，就必须如鲁迅当年所说的那样，学会横战，与所谓民意、公论战，更要和知识分子的高论战，甚至和昔日的战友战。

对于我来说，最困难的，却是和自己战。也就是说，一切外在的困惑，最终都会转化为自身的困惑。我至今也难以排解的，就有两个矛盾与困惑。一是所谓“人道主义与民族主义的矛盾”。比如我在研究与面对毛泽东时代时，就有一个无法作出明确判断的问题：如何评价在大饥荒的年代，中国所进行的核武器试验。这背后就是一个坚持生命至上的信念与维护国家安全的需要的两难选择。我的另一个最大困惑是，一方面，我的反对国家主义、中华中心主义的立场，自是坚定不移的；但另一方面，作为中华民族的知识分子，作为一个中国人，我又不能没有民族的、国家的立场。当年，在中国面临日本侵略的情势下，鲁迅就让周建人提醒周作人：在事关民族大义问题上，不能没有自己的态度。当时，周作人就是因为反感于抗日宣传中的国家主义倾向，而态度暧昧；鲁迅对周作人的反国家主义是理解的，但他从周作人的暧昧中却敏锐地发现了危险，而且最后不幸而言中。我作为一个周氏兄弟的研究者，一直牢记住这样的历史教训，并因而陷入深刻的困惑中：民族主义与国家主义在理论上的界限似乎并不难区分，但在实际生活中，特别是面对涉及国家利益问题时，应采取什么立场、态度，就相当困难。此外，我们反对国家主义，并非简单地忽略、否认国家的作用，尤其在中国大陆，国家是一个强势，即使是发动民间运动，也离不开国家的支持，这样，如何处理和国家、政府的关系，依然是一个难题。也就是说，我们既要坚持反对国家主义，警惕中华中心主义的民间的，批判的立场，同时又要使我们的立场复杂化。

因此，我们只能在困惑中独立思考、探索，在困惑中坚守。从另一个意义上，这也是一种反抗绝望。在这样的情况下，同是东亚的批判知识分子，我们之间的相互支持，就是非常重要的。我们首先各自坚持在地生活的民众立场，立足于本国本土的人民运动，同时又相互关照，相互支持，形成一个“自下而上的民间全球化运动”，这或许是可以期待的。

2010年11月14日—16日

辑五　开掘不尽的鲁迅资源

鲁迅在当下中国的历史命运

（在印度鲁迅国际会议上的发言）

“鲁迅在当下中国的历史命运”，这是一个大题目，对这一问题的讨论，是可以触及当下中国社会、思想、文化的一些重大问题的。我对此并没有专门的研究，只能就自己的亲身经历、感受和观察，谈一些意见。

我首先想到的，是鲁迅的一篇文章：《中国人失掉自信力了吗》。文章一针见血地指出：“要论中国人，必须不被搽在表面的自欺欺人的脂粉所诓骗，却要看看他的筋骨和脊梁。自信力的有无，状元宰相的文章是不足为据的，要自己去看地底下”。这里，实际是提醒我们注意“两个中国”的存在：一个是由统治者所主导的“地上的中国”，是“状元宰相文章”即官方和主流知识分子宣传的，因此充满了“自欺欺人”的“诓骗”的中国；另一个则是“地底下”的中国，那里有着中国的“筋骨和脊梁”，“他们有确信，不自欺；他们在前仆后继的战斗，不过一面总在被摧残，被抹杀，消灭于黑暗中，不能为大家所知道罢了”。鲁迅说，如果眼睛只盯着地上中国状元宰相的文章，会觉得很绝望；如果看地底下的筋骨和脊梁，就自然有自信力了。

在我看来，鲁迅的这一论述，是具有方法论意义的。它所提供的是一个如何观察中国，思考中国问题的基本方法，也同样适合于我们要讨论的鲁迅的历史命运问题：简言之，鲁迅在当代中国的“地上”和“地底下”，是有着不同的命运的。

先看地上的主流中国。首先注意到的，是政府对鲁迅态度的微妙变化。鲁迅研究界的许多朋友，都记得1981年鲁迅诞辰一百周年时，曾有过中国共产党和政府最高领导主持的大规模的纪念活动，在人民大会堂由胡耀邦作主旨演讲。这不仅是沿袭了毛泽东时代的传统：在上一世纪的五、六十年代，鲁迅每年祭日《人民日报》都是要发社论的，这本身就是一个很好的研究题目；而八十年代初的国家级纪念则显然是因为其时中国上下都急需思想解放，鲁迅的启蒙传统自然受到从最高领导到学术界到青年一代的共同关注。这在鲁迅接受史上也是空前的。但到了2006年鲁迅逝世七十周年时，就发生了意味深长的变化。我至今还清楚地记得，这一年年初，我预计大概会有大规模的纪念，就决定不去凑热闹，因此拒绝了许多约稿；但后来却发现官方竟毫无动静，倒是民间组织了不少活动，我又有了兴趣，连续应约发表了多次演讲，最后集成《鲁迅九讲》一书。我由此而醒悟到，鲁迅的启蒙传统与精神，在经济迅速发展，社会生活急剧物质化的中国，已经不合时宜了；对面对两极分化，社会矛盾空前激化，以维稳为第一要务的当下来说，鲁迅的批判传统已经成为一种威胁，只是碍于毛泽东对鲁迅的评价，特别是鲁迅在中国知识分子中的巨大影响，不便公开否认，便尽量淡化其影响，不再大肆宣传和纪念鲁迅了。在我看来，这其实是一件好事，这正是鲁迅的价值所在。他早就表示过，自己写文章，就是要让那些“一心一意在造专给自己舒服的世界”的权势者，感到“不舒服，知道原来自己的世界也不容易十分美满”（《坟·题记》。而当鲁迅不再为统治者所利用，他就获得了解放，其真实价值就真正显露，而走向民间：那才是他应该存在的地方。

更值得注意的，主流和时尚思想文化学术界，主流、时尚知识分子对鲁迅的态度。我曾在《（鲁迅）远行以后》的一篇长文里，作了这样的描述——

“这一切，都发生在八十年代末那场震惊世界的历史风波以后——

风行一时的新保守主义要反省激进主义，把‘五四’视为导致文化大革命的罪恶源头，鲁迅的启蒙主义变成专制主义的同义语。

悄然兴起的国学风里，民族主义者，还有新儒学、新国学的大师们，鼓吹新的中国中心论，自然以鲁迅为断裂传统的罪魁祸首。在某些人的眼里，鲁迅甚至免不了汉奸之嫌。

号称后起之秀的具有中国特色的后现代主义者，视理想为罪恶，以知识为权力的同谋，用世俗消解理想，告别鲁迅就是必然的结论。

用后殖民主义的眼光看鲁迅那一代人，他们的改造国民性的思想，鲁迅对阿Q的批判，不过是西方霸权主义的文化扩张的附和。

自由主义鼓吹‘宽容’，炫耀‘绅士风度’，对‘不宽容’的‘心胸狭窄’的鲁迅，自然不能宽容，他被宣判为极权统治的合谋。

还有自称‘新生代’的作家，也迫不及待地要‘搬开’鲁迅这块‘老石头’，以‘开创文学的新纪元’。

这是一个饶有兴味的思想文化现象：在九十年代的中国文坛学界，轮番走过各式各样的‘主义’鼓吹者，而且几乎是毫无例外地要以‘批判鲁迅’为自己开路”。

问题是，这样的情况，在二十一世纪第一个十年，以至今天，仍在继续。最新的例子，就是许多朋友都关注到的，在中学语文教材里，鲁迅作品选文的减少。实事求是的说，对语文课本里的鲁迅选文作适当调整，是必要的：由于受意识形态的影响，鲁迅选文的不当问题是确实存在的；将选入的鲁迅作品作“必读”与“选读”的区分，也是必要的；至于鲁迅具体某个篇目应选或不应选，更是可以讨论的。问题在于，在讨论中，有的人竭力贬低鲁迅作品的意义和价值，甚至扬言要将鲁迅“赶出课堂”，同时又抬高对胡适、梁实秋、林语堂等人作品的评价。这反映了一种“扬胡（适）贬鲁（迅）”的社会、文学思潮，是和同时发生的“扬孔（子）贬鲁（迅）”思潮相呼应的。这背后又隐含着对自由主义作家与文学和左翼作家与文学的评价问题，对传统文化与五四新文化的评价，以及他们之间的相互关系的认识问题的分歧。我对此曾有过这样的回应：“鲁迅与孔子、胡适之间，确实存在原则的分歧，这是不必回避的。用今天流行的话说，孔子和胡适属于体制内的独立知识分子，鲁迅则是体制外的批判知识分子，具体的选择不同，因此存有分歧。但思想与人格的独立性，又决定他们之间又有着更为根本的一致，孔子和儒家的‘知其不可为而为之’、‘威武不能屈，富贵不能淫，贫贱不能移’的精神在鲁迅这里得到继承和发展。胡适至死也视鲁迅为‘自己人’，因为他们共同坚守了‘五四’科学、民主精神和白话文的阵地。作为后人，我们不能无视这些基本事实，既不能否认，更不能夸大他们之间的分歧，尤其不能用二元对立的，以致阶级斗争的思维，将他们置于‘一个吃掉一个’的‘你死我活’的境地”。最后我不无沉重地写道：“我们这个民族，好不容易有了一个孔子，又有了一个鲁迅，还有了个胡适，这都是民族血战前行的历史留下的一点精华，我们却硬要将他们活生生地撕裂开来，抛弃一个，利用一个，恕我直言，这实在是愚蠢之至。郁达夫早就说过，一个民族，没有伟大的作家是可悲的，有了伟大作家，却不能认识，是更可悲的”（《在“鲁迅的艺术世界暨中国文化的创新与未来”学术讨论会上的发言》）。

其实，对鲁迅的评价问题上存在争议，是正常的；鲁迅几乎从他在文坛上出现开始，就一直处在中国思想、文化、文学界的旋涡中心，“有人欢喜，有人骂，更有人怕”，就是他的宿命。问题在于，这里所说的二元对立，你死我活思维，一批评，就要将其制于死地，灭之而后快。但从另一面看，上一世纪九十年代以来，中国的一切新思潮都要以批判鲁迅为自己开路，这个事实本身，就说明了鲁迅不仅在现代思想、文化、文学史，而且在当代思想、文化、文学史上，都是一个不可忽视的巨大的存在，不管是否赞同，人们都必须首先和他对话，这样一个无法回避的客观地位，是很能显示鲁迅的分量和独特价值的。不断有人批评他，一再地宣称要打倒他，这也有个好处，就是逼迫人们反复思考他的存在意义。我自己就是在最近二十年的一拨又一拨的批鲁浪潮中，逐渐加深了对鲁迅的认识，并作了以下新的概括。

鲁迅的思想与文学是“二十世纪中国经验”的最重要的结晶之一。我在《科学总结二十世纪中国经验》一文里，谈到二十世纪中国经验的一个重要方面是：“处于半封建半殖民地的后发达国家，如何对内反抗封建专制统治，对外反抗殖民主义、帝国主义的侵略和压迫，建立独立的民族国家与民族文化的经验”。它显然是“以西方为参照：不仅包含了对西方殖民主义、帝国主义的反抗，也包括对西方经验的引入与借鉴”；“更为重要的，是同一时期其他东方国家（包括日本，印度，韩国，等等）的参照，由于有着极为相似的处境与任务，相互间的影响与借鉴，是更为显著的，但其差异也是鲜明的”。结论是：“二十世纪中国经验，既与同一时期西方以及其它东方国家的经验，有着密切的联系，但又确实是具有自己特色的‘另一种经验’，是中国人民一个世纪‘走自己的路’努力的结果”。正是在这样的全民族的奋斗中，产生了一大批政治家、思想家与文学家，其中最重要的代表，集中体现了二十世纪中国经验（包括教训）的历史人物，即是孙中山、毛泽东和鲁迅。而作为思想家与文学家的鲁迅，他的特点与贡献，又在于他“始终紧张地观察、思考处于从传统中国向现代中国转变中的中国人的生存困境，以及由此产生的种种复杂的精神现象”，“鲁迅作品，特别是他的杂文，不仅可以视为现代中国社会、政治、文化——的百科全书，而且以其对中国现代国民的文化心理、行为准则、价值取向，以及民性、民情、民俗、民魂的真实、生动、深刻的描绘，成为一部活生生的现代中国人的‘人史’”。也就是说，鲁迅对中国经验的总结，是着眼于历史转型期的现代中国人的生命形态，对人的存在，人性、国民性，及其背后的历史、文化，都有深度的挖掘与思考，因此，它是可以超越时空，通向今天的中国人的心灵世界的。

这就说到了鲁迅思想与文学的一个基本特点：它是有两个层面的，一方面具有很强的现实针对性和批判性，同时又有超越性的思考和批判。他笔下的典型人物，典型思想文化现象，无一不是“这一个”和“这一类”的统一，“具体性”与“普遍性”的统一。曾有人作过这样的实验，将鲁迅三十年代批判都市文化的杂文重新发表，题目就叫“鲁迅论九十年代的中国思想文化”，读者都强烈的感到，鲁迅就在面对当下中国发言。我因此提出，鲁迅绝不是“过去式”的，而是一位“现在进行式”的作家与思想家。最近我在中国大陆出版了一本鲁迅选读本，题目就叫《鲁迅活在当下中国》，我自己也以这个题目，在大学演讲。我们在观察与思考当下中国问题时，鲁迅无疑是一个重要的批判性的思想资源。

鲁迅对中华民族来说，是一位具有原创性、源泉性的思想家、文学家。所谓“原创性，源泉性”，就是说，他的思想与文学，构成了民族文化的核心，民族文化素养最重要的内容，全民族的人都能从这些凝结了民族精神的大思想家、大文学家那里，不断吸取精神的滋养。特别是在处于民族危机的时候，总能回到他们那里，获得智慧和力量，然后重新出发。这样的原创性、源泉性的大家，每个民族都不多，却是家喻户晓，渗透到每一个人的心灵深处。比如说，英国的莎士比亚，俄国的托尔斯泰，德国的歌德，印度的泰戈尔——等等。在中国，鲁迅就是这样的和孔子、庄子、屈原、曹雪芹并肩而立的民族原创性、源泉性的思想家和文学家。他们的作品是应该成为民族基础教育的基本教材的。我因此设想与建议，在高中开设《论语与庄子选读》、《唐诗选读》、《红楼梦选读》与《鲁迅作品选读》四门课，作为选修课的核心。在我看来，将鲁迅思想与文学在青少年心上扎根，是一项民族精神建设的基本工程。

在一次中韩两国鲁迅研究者的对话里，我在《“鲁迅”的“现在意义”》一文中，还提出了“东亚鲁迅”的概念。这里所说的“鲁迅”，是符号化的“鲁迅”，所说的“鲁迅遗产”，主要是指鲁迅和同时代的东方，特别是东亚思想家和文学家共同创造的二十世纪东方思想、文化、文学遗产，它是“二十世纪中国与东方经验”的一个重要组成部分。其中又包含了两层意思，一是指在二十世纪的东方各国，都出现了一批思想家、文学家，他们面对共同或相似的问题，就会有共同或相似的思考，不约而同地提出某种具有内通性的思想，产生具有可比性的文学，他们和鲁迅的思想、文学是“相互照射的镜子”，是可以作文本互读的。还有另一些东方国家的思想家、文学家，他们不同程度地受到鲁迅影响，又以自己的独立创造丰富与发展了鲁迅的思想、文学，也就理所当然地成为“鲁迅”遗产的有机组成部分。在我看来，日本的竹内好、韩国的李咏禧都是这样的对鲁迅思想有自己独立创造的思想家。这正是有力地表明，鲁迅不仅属于中国，更属于东方和世界。这大概也是我们今天聚集在这里，讨论鲁迅遗产的命运的意义所在。

正是基于以上三个新鲁迅观，我建立了两个信念。一是当下的中国——不是统治者的中国，而是民间的中国，需要鲁迅；二是在当下中国，持续地传播鲁迅思想与文学，是有根底深厚的基础的。一有需要，二有基础，我就自觉地将传播鲁迅思想与文学，作为自己的基本责任与使命，不管贬抑鲁迅之风刮得多么猛烈，也从不动摇，从不松懈。这里不妨向诸位作一个汇报。我大概作了五个方面的工作。一是编选系列“鲁迅读本”，计有：《小学生鲁迅读本》（与小学老师合作）、《中学生鲁迅读本》（后与中学老师合作，改编为《中学生鲁迅作品选修课》教材）、《钱理群中学讲鲁迅》的讲稿、大学通识课教材《鲁迅作品十五讲》、为研究生讲课的讲稿《与鲁迅相遇》，以及供文学爱好者编选的《活在当下中国的鲁迅入门读本》。其二是自己到南京、北京三所中学开设“鲁迅作品选读”选修课，并在全国各地大学和社会做关于鲁迅的演讲。其三，是深入到作为当下中国三大民间运动之一的“志愿者（非政府、非营利组织）运动”（另两个民间运动是维权运动和网络民主运动）中，为青年志愿者提供鲁迅思想资源。其四，到工厂去讲鲁迅，和中国最大的钢铁公司宝钢党委书记合作，编写《鲁迅论中国人和中国社会改造》的语录和《鲁迅作品选读》，并应邀给企业领导和骨干作学习辅导报告，探讨在建设中国现代企业文化中，如何借鉴鲁迅思想资源。其五，2009年我还到海峡另一边的台湾去讲鲁迅，在台湾清华大学中文系开设了《鲁迅作品选读》课，这是鲁迅教学第一次成为台湾大学的正式课程，在听课的台湾青年学生和香港、马来西亚等地的学生中，引起了强烈反响。

我要强调的是，在当下中国，不只是我一个人，还有许多鲁迅研究界的朋友，新闻界、出版界的朋友，特别是许多中小学教师，社会上的有识之士，民间思想者，都在不约而同地默默地做着普及鲁迅的工作。我所作的以上事情也都得到他们的有力支持。我经常用“相濡以沫”四个字来描述我们之间的关系。而且我发现这支队伍正在逐渐扩大。这都展现了一个正在不断开拓中的“民间鲁迅阅读”的空间。特别要提出的，是方兴未艾的“网上鲁迅阅读”，出席这次会议的葛涛先生对此有专门的研究，相信他会对诸位作详尽的报告，我就不多说了。那将是一个更有广阔前景的可能性，值得关注。

为了使诸位对这样的民间鲁迅阅读对中国青年一代的影响，有一个具体感性的认识，我想抄录两段中学生和大学生的阅读体会。一位是北京师范大学第二附属中学的90后女生李明倩，她在何杰老师开设的“鲁迅杂文散文阅读”课上，读到了鲁迅的《灯下漫笔》以后，这样写道：“我们需要清醒，需要诚实地面对社会，面对自己，面对现实”。她提出这样的自我生命发展的命题，是基于在阅读了鲁迅作品以后产生的自我反省，发现了自己真实的生存状态：“对生活满足，对社会满足，对自己的生命状态满足”，于是就“失去本来应有的对美好幸福的追求，失去了独立的人格和个性，失去了自由的精神追求，成为不折不扣的，统治者的忠实的奴隶”。她说：“即使在今天，在我们普遍认为的思想自由的当代社会，也还是有许多方面我们在不自觉地被人‘奴役’着，并且不自觉地以此为很好的生命状态。这是我们绝对应该正视的”。她也由此认识了鲁迅的意义：他能“让自己更好地，更有意义地活着，他是一个永远能引发我们思考的思想家”（参看《让自己更有意义地活着——90后中学生“读鲁迅”的个案讨论》，文收钱理群：《经典阅读与语文教学》）。

另一位台湾清华大学的学生张祖荣，在我的鲁迅课作业里，这样写到他对鲁迅意义的认识：“有这样一个作家、思想家，时时地为其谋事，时时地在旁批判，务求让整个国家走向进步的道路：中国何其幸运！有这样一个思想导师（即使他自己并不认为），为青年点起一盏明灯，时时提醒青年要如何走出自己的路，同时也要不断批判自己所走的道路是否合宜，是否能给社会带来最大的贡献：中国青年何其幸运！”他接着写道：“今天的台湾，缺少的正是这样的批判传统。自解严以来，对于民主制度和资本主义的盲从，让台湾人欠缺反思这些制度的能力”，“这正是鲁迅在台湾社会所能扮演的角色：鼓励知识分子勇于进行批判，勇于表达自己的意见”，“最重要的，就是成为提醒的力量，提醒这个社会，我们目前所行的制度，无论在涉及经济上的，抑或政治上的，虽然都颇有可观之处，却也都有无法突破的障碍和瓶颈”，“要找到更适合我们的制度，需要将各种可能性纳入思考，而非单从欧美现有的发展去寻找可能性，否则便只会不断重演欧美的悲剧。而鲁迅正是能够提供台湾人一种以往所缺乏的思考方式和批判传统”（参看：《部分台湾学生对鲁迅的接受》，收《钱理群中学讲鲁迅》）。

年轻人的反应，给了我极大的鼓舞，并由此作出两个判断：一是在当下中国，只要具备一定的文化程度，而又喜欢思考问题的人，特别是年轻人，迟早是要和鲁迅相遇的；二是当一个人春风得意，对现状和对自己都非常满意的时候，和鲁迅是无缘的，读不进去，读了也没有感觉。但一旦人遇到了挫折，特别是到了绝境，对既定秩序，对自己感到不满，要寻求新的出路，新的突破时，就是接近鲁迅的最佳时刻：鲁迅是中国社会、思想、文化结构中的异端，另一种存在，他所提供的是另一种思维，另一种可能性。

这两个判断，既说明了鲁迅的特殊价值，也说到了鲁迅影响和作用的有限性：他不会，不可能，也不必要求与期待，被所有的中国人（包括青年）接受。在任何时候，阅读鲁迅作品，并且真正读进去了的，只是少数；在当下中国的现实情境里，更是如此。在这个意义上，不仅鲁迅本人，而且我们这些鲁迅的追随者、研究者、阅读者，都命中注定是孤独、寂寞的。

人人读鲁迅、谈鲁迅的所谓“鲁迅热”，是人为的炒作，反而是不正常的。但由于中国人口众多，接受鲁迅的人，比例很小，绝对量并不小，他们以不同形式聚合起来，就是一股可观的力量，我一再强调，大家要“相濡以沫”就是这个道理。最后，我想向诸位描述一个我始终难忘的情景：今年（2012年）9月2 日下午二时半，我应邀到某民营书店，和凤凰网读书会的五、六十位青年朋友，讲“活在当下中国的鲁迅”。讲完了，一群年轻人（大概有二十多位）仍然不肯走，和我继续聊，据他们自我介绍，其中有大学生，研究生，教师，公司职员，还有些自由职业者，聊的中心，自然是鲁迅，但涉及面很广，包括国际国内，政治、经济、思想、文化各个方面，人生选择的困惑等等。大家越聊越起劲，也不顾得吃晚饭，一直聊到晚上八点半，还欲罢不能。这样的长达六个小时不间息的演讲与聊天，让我大受感动。我由此看清了鲁迅在当下中国的真实处境：他虽不再被热炒，甚至受到了冷落，文人围剿，不被主流中国看好；但在民间中国，总有人（不多也不少），特别是有思想，有痛苦，有追求的年轻人，在不断地读他的作品，和他，以及周围的朋友，包括我这样的老年人，一起进行精神的对话。这就够了：这可能是最正常的，也是最好的。

活在当下中国的鲁迅

（在某大学的一次演讲）

我们现在正处在一个社会大危机、大动荡、大变革的时代，也是一个思想空前活跃，也空前混乱的时代。每一个关心时事，喜欢思考的人，都充满了焦虑、困惑和迷茫。如何认识当下中国社会，怎样把握中国的未来发展，即“中国何处去”，更重要的是，“我们怎么办？”这都成了回避不了的问题。我们当然不能限于空谈，也不能一味发牢骚，在这个时候，就特别需要对历史与现实具有解释力和批判力的思想理论资源。鲁迅的思想正是在这样的时代要求下，显示出它的特殊意义和价值。这些年我一直带着这些现实问题，去重读鲁迅著作，突然发现鲁迅的许多精彩论述，让我眼睛一亮，茅塞顿开，引发了许多思考。下面就具体地谈谈我的学习心得，和诸位分享。大概有七个问题。

一、什么是中国的基本国情？

鲁迅在《随感录·五十四》（收《鲁迅全集》1卷《热风》）里，有这样一个概括：“中国社会的状况，简直是将几十世纪缩在一时：自松油片以至电灯，自独轮车以至飞机，自镖枪以至机关炮”，“都摩肩挨背的存在”。

我由此想到了当下的中国社会，可以说是将“前现代”、“现代”、“后现代”人类社会发展的“几十世纪缩在一时”了。具体地说，中国的西部地区很多地方还处于“前现代社会”；西部地区的许多地方，中部地区、东部地区的大部分都进入了“现代社会”；而北京、上海这些大都市就已经是“后现代社会”了。这是就整体而言，在每一个地区内部，又都存在着前现代、现代和后现代的差异。中国正是这样一个地区差异巨大、发展不平衡，各种社会形态“摩肩挨背的存在”的大国，这构成了我们的基本国情。

我由此而联想到三个问题。

如何认识中国社会？我经常对关心中国的外国朋友说：仅仅从北京、上海这些大城市的发展，来认识中国，是片面的，它会遮蔽许多中国的真实问题；你们必须深入到中国的社会底层，穷乡僻壤。那里才有更真实的中国。我也对中国的大学生们说，你们必须要到农村去，到还在点松油片，推独轮车的地方去，当你亲身体会到，中国的农民，老百姓，他们是“多么的苦，又多么的好”时，你就真正懂得中国了，而且也会知道自己该做什么了。

怎样确定中国的发展道路？必须以社会发展不平衡这样一个基本国情，作为前提，针对社会发展的不同阶段的不同问题，寻求不同的发展道路、方法和速度，切忌一刀切和一窝蜂，而这恰恰是当下中国发展的最大问题。这不仅是中国各级政府的问题，也关系到民间志愿者支农运动的发展方向，我经常对他们说，不要以为你们去支农就一定给农民带来好处，如果脱离当地农村发展的实际，乱来一气，说不定会帮倒忙。

也许更重要的，我们在思考中国问题时，也必须以其发展不平衡性为前提，采取更为复杂的态度。我多次讲到自己的一次尴尬遭遇：我在北京书房里，站在后现代的立场，对贵州发展中少数民族语言的丧失问题，忧心如焚，于是特地跑到贵州各专州，对少数民族大学生发出“拯救民族语言”的呼吁。结果收到一张纸条，上面写着：我现在最关心的，是毕业以后的就业问题。懂得民族语言，并不能帮助我找到工作；首先我要懂汉语，而且最好能精通英语。因此，我想请教钱教授：要如何才能学好英语？我的尴尬并不在我的呼吁不正确，而是我把问题简单化了，没有充分考虑少数民族在寻求发展中所遇到的问题的复杂性；更成问题的是，我的那种想当然的居高临下的拯救姿态，而不是和少数民族兄弟一起共同面对真实存在的问题。我由此得到的更大启示是，我们在处理中国的思想问题，倡导各种思潮时，也必须考虑到这种不平衡性，社会发展的不同阶段，是会遇到不同问题的。我自己就发现，我的具有强烈的启蒙主义色彩的演讲，在不同地区的听众中，是会有不同的反响的。前些年，我到西北地区讲"五四"科学、民主传统，受到了空前的欢迎，现场气氛之热烈，让我想起了八十年代的类似场景。但我在北京讲科学、民主，听众的反应就要冷静得多，他们常常会从后现代的问题出发，对科学主义、民主万能，以至启蒙主义本身提出质疑。在我看来，西北和北京地区的学生的不同反应，都真实地反映了他们所面对的不同问题和思想欲求，这就要求我们这些知识分子，在思考、言说、处理启蒙主义，及与之相关的科学、民主之类的命题时，必须采取更为复杂的态度，我后来选择了"既坚持又质疑启蒙主义"的立场，就和这样的中国国情有关。

二、中国问题的症结在哪里？

鲁迅于上一世纪初的1907年，也即一百零五年前，在《文化偏至论》里，对现代中国所面临的问题，作出了这样的判断："往者为本体发展之偏枯，今则获以交通传来之新疫，二患交伐，而中国之沉沦遂以益速矣。呜呼，眷念方来，亦已焉哉！"（文收《鲁迅全集》1卷《坟》）。

鲁迅作出这样的判断，是自有针对性的。他所说的"本体发展之偏枯"，是针对自尊而抱守残阙的保守派、顽固派，提醒人们必须正视中国本体的专制主义、中华中心主义传统的弊端，强调中国必须变革；“以交通传来之新役”，是针对“言非同西方之理弗道，事非合西方之术弗行”的维新派，提醒人们必须注意“欧洲十九世纪之文明”即西方工业文明，包括其科学、民主、平等的观念可能及已经导致的弊端。在他看来，本体的东方专制主义和交通传来的西方文明病，“二患交伐”，是中国发展的最大危险，甚至可能导致“中国之沉沦”。

我对此曾有过一个分析：这反映了鲁迅和他们那一代人在寻找、开创中国的发展道路时，所遇到的两难选择：作为一个变革者，当然要反对、批判国内的东方专制主义，为此就必须引入和学习西方工业文明；但此时在西方社会，工业文明已经出现了问题，形成了西方文明病。既要反对东方专制主义，又对西方文明病心存疑虑，这就成了两难，于是出现了四种选择。一是所谓“全盘西化”派，即不否认西方文明病的存在，但认为西方文明病和东方专制主义有小坏和大坏之别，当务之急是用西方文明来取代东方专制，以后再来解决西方文明病的问题。二是所谓“文化保守主义”派，反过来认为还是中国文明最好，甚至希望用中国文明来解决西方文明病的问题。其三是“马克思主义”派。他们试图用马克思主义来同时解决东方专制主义和西方文明病的问题。这在理论上自然是一个最理想的合理的一劳永逸的解决办法。这是后来许多知识分子都转向马克思主义的重要原因。其四，是鲁迅的立场，即坚持对“二患”的警惕，既用西方工业文明的基本理念（科学，民主，平等等）来批判东方专制主义，同时又对这些基本理念及其实践保持警惕，并提出“立人”思想，即以人的“个体精神自由”的价值理想和现代化目标，对东方专制主义、西方文明病同时采取批判态度。鲁迅的这一思想和态度，显然具有超前性，对今天也还有启发意义；但只限于思想、文化领域，并没有涉及具体的社会实践及制度的建设，他的理想也多少带有乌托邦的性质。

问题是，中国后来的历史发展，是选择了一条所谓中国特色的革命和社会主义道路。在改革开放后，在坚持社会主义基本制度的前提下，引入西方市场经济，其结果是导致了西方文明病（消费主义，实利主义，实用主义，等等）的泛滥。如果说，一百年前鲁迅说的“二患交伐”尚是一个值得警惕的危险，那么，到上一世纪的九十年代，以至本世纪第一个十年，就成了活生生的现实。这就是我经常提到的，今天中国问题的症结可能就在于“最坏的社会主义和最坏的资本主义的恶性嫁接”。

在我看来，如何对待这样的“二患交伐”的中国问题，是每一个关心中国发展的人，都无法回避的。记得在九十年代所谓自由主义和新左派论争中，他们各执一端：自由主义坚持批判极权社会主义，但对中国社会的资本主义的发展趋向和西方文明病则尽量回避，或将其作为未来的祸害而搁置起来；新左派则以中国社会的资本主义化作为主要危险，对社会主义的问题却态度暧昧。在观察今天的中国思想文化界的动向时，我们再一次遇到了历史上曾经有过的全盘西化派和文化保守主义派，而当年的新左派对社会主义的态度，也由暧昧转向极力理想化，提出了所谓中国模式，中国经验论，在鼓吹极端民族主义、国家主义上和文化保守主义合流了。

客观的说，所有这些不同思想派别的分歧和论争，都是鲁迅那一代先驱者面临的两难选择的延续，我们甚至可以说，这是一切发展中的国家的知识分子在寻找国家现代发展道路时，所面临的困惑。坦白地说，我自己至今也还没有摆脱这样的焦虑：尽管在理论上我完全认同鲁迅式的双重质疑的态度，但在找到具体的实践之路前，这依然只是一个乌托邦的理想。在我看来，这是一个需要长期探索与实验的问题，但其前提却是要敢于像鲁迅那样，正视这“二患交伐”的现实：我们需要面对与解决的是两个问题，既有带有东方专制主义色彩的社会主义的问题，也有资本主义发展带来的西方文明病的问题。片面强调任何一方面，而忽视另一方面，都会形成对中国现实问题的遮蔽。

在今天，明确提出这样的问题，还有一个全球的背景。观察2011年以来的世界局势，我们不难发现一个全球性的危机：用2011年英国首相“英国病了”的说法，我们可以说，全球都病了：美国病了，日本病了，中国病了，印度病了，欧洲病了，北非病了……。这就意味着，现行的所有的社会制度，无论是资本主义制度，还是社会主义制度；所有的社会发展模式，无论是美国模式，北欧模式，中国模式……，都暴露了自身的矛盾，弊端，都陷入了困境。这就给我们的选择，带来了新的困惑：过去我们不满意中国的极权社会主义，可以选择美式资本主义，或者北欧式资本主义，事实上中国的一些思想派别就是这么选择的，在目睹了美国的“占领华尔街运动”与北欧经济社会危机以后，我们的选择至少不会那么简单、明快，而是要更复杂化了。当然，也有人因此全盘美化所谓中国道路，中国模式，那是一种自欺欺人，不足为训。或许现在到了这样的时候：在经历了国内和国际的种种危机以后，我们可以站在更高的层面，超越社会主义、资本主义的既定社会制度模式，来思考和探索中国和世界的未来发展道路。这样，危机就会变成转机。作为鲁迅的后代，我们有责任继续思考与探索他们所提出却未能解决的问题。

三、如何看待中国的改革？

如今在中国，处处谈改革，人人谈改革。如何看待这形形色色的改革，反而成了问题。

鲁迅对改革（革新）有一个精辟的论断：“曾经阔气的要复古，正在阔气的要保持现状，未曾阔气的要革新。大抵如是。大抵！”（《小杂感》，收《鲁迅全集》3卷《而已集》）。

这是一个关键性的提醒：要不要改革，要怎样的改革，是和人在社会经济结构里处于什么地位，是否“阔气”直接相关。也就是说，改革的背后，是一个政治经济利益问题。我们考察当下中国形形色色的改革时，必须追问：鼓吹这样的改革的动力是谁？其利益诉求是什么？其利益关系是什么？——谁从中获利，谁是利益受损者？

于是，就像鲁迅所揭示的，有三种改革。

一是曾经的既得利益者（个人和群体）鼓吹、推行的改革。

他们也不满意现状，甚至有很尖锐的批判，批判本身也有很大的合理性；但问题是，他们的改革目的、目标是什么？鲁迅一语道破，就是三个字："要复古"，不过是要恢复和维护失去的既得利益而已。这样的走回头路的选择，注定是没有出路的，而且会从根本上损害民众的利益，但因为其打着反对腐败，追求社会公平的旗号，其欺骗、蛊惑作用却不可低估。

更应该注意的，是"正在阔气"的权势者的选择。如鲁迅所分析，他们的利益在保持现状，因此，从根本上说，他们是缺乏改革动力的。这正是这些年各级政府对改革不作为，而把维稳作为第一要务的原因所在。但当改革已是大势所趋，甚至成为时髦的时候，他们也会大谈改革，甚至也要大肆进行改革。他们所要推行的改革，其目的是要进一步扩大自己的既得利益。这就是所谓"上有政策，下有对策"：即便上层从维护执政地位这一长远的根本利益出发，需要改革，但也会遭到中下层掌握实际权力的既得利益者的变相抵抗，其主要对策就是打着改革的旗号，从中获取更大利益。中国的改革，已经到了不斩断既得利益链条，就必然变质的地步。对此，我们必须有一个清醒的认识。

那么，中国改革的真正动力在哪里？鲁迅说："未曾阔气的人要革新"，这是确实如此的。事实上，中国的"未曾阔气"的人，即利益受损的弱势群体已经通过不同方式提出了自己的利益诉求。这就是我经常提到的三大民间运动：以工人、农民、市民为主体的维权运动，要求维护他们的基本经济、政治权利；以青年知识分子为主体的网络民主运动，要求对国家政治、社会生活的知情权，参与权和监督权；以新一代理想主义者组成的非政府、非营利的民间组织（又称志愿者、义工等）要求言论、出版、结社自由。应该说，参与这些民间运动的社会阶层，构成了中国改革的基本动力；他们所提出的利益诉求应该是中国改革的重要内容；而他们中的积极分子，理应成为中国改革的依靠对象。但事实却恰恰相反，有些人都把这些民间运动视为不稳定因素，不遗余力地控制、防范和打击。在我看来，这正是中国改革的危机所在：有理想和社会责任感的真正的改革动力被打压，就只有依靠那些我所说的会表演的精致的利己主义者和甘当打手的粗俗的利己主义者即勇敢分子了。这样的改革，只能带来新的灾难。

四、如何看待民族主义、爱国主义?

这些年，中国民间社会和知识界一直涌动着一股民族主义和爱国主义的思潮，而且我预计这样的思潮还会继续发展，成为主导性的社会思潮。特别是钓鱼岛事件发生后的民间游行，更尖锐地提出了“如何看待民族主义和爱国主义”的问题，引发了公开的或私下的种种议论和争辩。

这样的争论其实是贯穿于近现代中国历史过程中的。鲁迅因此发表过许多精辟的意见。根据我的考察和研究，大概有五个方面。

鲁迅首先对民族主义和爱国主义给予了正面的评价。这里有一个故事：鲁迅在去世前特地请三弟周建人向周作人转告他的一个意见。当时北京一些大学教授发起了《救国宣言》签名运动，而周作人没有连署。对此鲁迅是理解的：他当然知道群体的签名，总是有某种表演的成分；而且鲁迅也多次说过，保卫国家，主要是政府的责任，不能一味依靠所谓“民气”来抵御外国侵略。但鲁迅依然提醒周作人：在这样的有关民族大义的问题上，知识分子还是应该有自己的鲜明态度。这正是鲁迅和周作人的区别所在：周作人更重视个体的人和人类的人，而相对忽略社会的人和民族的人的责任。他最后就是以“救出你自己”为理由，和日本军方合作，堕落为民族千古罪人的。这是一个深刻的教训：在存在着民族国家的现代社会，每一个国民，包括知识分子，不管有着怎样的理想、信念，都应该有自己的基本民族立场，都应该是一个爱国主义者。尤其是当民族国家遭遇外国威胁和侵犯，更应该旗帜鲜明地维护国家利益，是丝毫含糊不得的。

从这样的基本观念出发，在钓鱼岛事件上，我认为各个派别的知识分子都应该支持中国政府维护国家主权的立场，支持民众的爱国行动，在这一点上不应该有什么犹豫。同时，我们也要强调人民（民众，知识分子）在维护国家主权上的权利。这就是说，人民必须在所有的有关国家领土主权问题上（不只是在钓鱼岛问题上），都拥有充分的知情权、参与权和监督权，而不能只充当外交谈判上的一张民意牌。这样的建立在人民权利、公民主体性基础上的爱国主义，才是现代爱国主义，而有别于传统的爱国主义。这里的爱国与权利是相依相存，缺一不可的。

鲁迅同时还提醒人们要警惕“爱国的自大家”和“兽性爱国主义”。

关于“爱国的自大家”，鲁迅在1918年所写的《随感录·三十八》（收《热风》，《鲁迅全集》1卷）里将他们的高论，概括为五种：

“甲云：‘中国地大物博，开化最早；道德天下第一’。这是完全自负。

乙云：‘外国物质文明虽高，中国精神文明更好’。

丙云：‘外国的东西，中国都已有过；某种科学，即某子所说的云云’，这两种都是‘古今中外派’的支流；依据张之洞的格言，以‘中学为体，西学为用’的人物。

丁云：‘外国也有叫花子，——（或云）也有草舍，——娼妓，——臭虫’。这是消极的反抗。

戊云：‘中国便是野蛮的好’。又云：‘你说中国思想昏乱，那正是我民族造成的事业的结晶。从祖先混乱起，直要昏乱到子孙；从过去昏乱起，直要昏乱到未来。——（我们是四万万人。）你能把我们灭绝么？’这比‘丁’更进一层，不去拖人下水，反以自己的丑恶骄人；至于口气的强硬，却很有《水浒》中牛二的态度。”

我每回读到鲁迅这里的描述，总要联想起当下某些中国知识分子的高论，不禁哑然失笑。这真是九十年不变：在中国，总是要有人打着爱国的旗号，夜郎自大，自欺欺人，拒绝正视自己的真实困境，拒绝向外国学习，拒绝变革，以维护落后为荣，“从过去昏乱起，直要昏乱到未来”！鲁迅将这些以自己的丑恶骄人的爱国者称之为“爱亡国者”（《随感录》，收《集外集拾遗补编》，《鲁迅全集》8卷）。这是自有一种深刻性的：不管以什么理由（那怕是爱国）拒绝变革，都是一条亡国之路。

鲁迅还提到，“有些外国人，很希望中国永是一个大古董以供他们赏鉴”，竭力“赞赏中国的固有文明”，而“我们的有些乐观的爱国者”因此“欣然色喜，以为他们将要开始被中国同化”，这样的一厢情愿的“同化”梦，同样也是自欺欺人。鲁迅说，那些一味赞扬中国的外国人，其实是不可靠的；倒是“替我们诅咒中国的现状者，这才是真有良心的真可佩服的人！”（《忽然想到·六》，收《华盖集》，《鲁迅全集》3卷）。——这真是发人深省之言！

还有“兽性的爱国主义”。这是鲁迅的一个预警：当中国处于被侵略的状态，力求反抗，自卫，是有合理性的；但一旦自己强盛起来，转而“忘本来而崇侵略者”，“思廓其国威于天下者，兽性之爱国也”，这样的“兽性爱国主义”是万万不可取的（《破恶声论》，收《集外集拾遗补编》，《鲁迅全集》8卷）。——在中国成为世界第二经济大国，有人扬言要确立中国“重新站到领导这个世界的大位置上”的“大目标”时（见《中国不高兴——大时代，大目标及我们的内忧外患》），鲁迅这样的告诫，是不能听而不闻的。

1934年，正当中国面临日本侵略威胁之际，鲁迅提出了一个“向仇敌学习”的命题：“即使那老师是我们的仇敌罢，我们也应该向他学习。我在这里要提出现在大家所不高兴的日本来，他的会摹仿，少创造，是为中国的许多论者所鄙薄的，但是，只要看看他们的出版物和工业品，早非中国所及，就知道‘会摹仿’决不是劣点，我们正应该学习这摹仿的”。鲁迅在全国反日高潮中提出向日本学习，正显示了他非凡的胆识，他也因此被冠以“汉奸”的恶名。鲁迅坦然回应：“我相信自己的主张，决不是‘受了帝国主义者的指使’，要诱中国人做奴才；而满口爱国，满身国粹，也于实际上的做奴才并无妨碍”（《从孩子的照相说起》，收《且介亭杂文》，《鲁迅全集》6卷）。——这同样是一个重要的提醒：对动不动斥人为汉奸的满口爱国的人，必须保持警惕，他们中有些人实际是暗中为权势者出力的奴才，说不定是奉命爱国。

这里还有一个根本性的问题：中国人到底应该怎样和外国人相处，比如和日本相处？

鲁迅曾这样表达他的忧虑：“中国人对于异族，历来只有两样称呼：一样是禽兽，一样是圣上。从没有称他朋友，说他也同我们一样”（《随感录·四十七》，收《热风》，《鲁迅全集》1卷）。——这确实点到了要害：在中外关系上，在国势强盛时，就陷入民族自大，视外国人为“禽兽”；在处于劣势地位时，就沉沦于民族自卑，奉外国人为“圣上”，我们总在这两个极端间摇摆。而自大与自卑又是相互渗透的：表面的自大或自卑，骨子里都暗含着自卑或自大。根本的问题，一是不清醒，不能正确地估计自己和对方；二是鲁迅所说，在国际关系上，没有“朋友”间平等相处的观念，这背后自有一个不是我吃掉你，就是你吃掉我的弱肉强食的逻辑。在今天的全球化的时代，国与国的关系越来越密切的时候，这是特别应该警惕和防止的。

可以看出，爱国主义固然有它的合理性，但它常常会引导人们处于非理性的情绪化的状态，这其实是蕴含着一种危险性的。这正是鲁迅的一个深远的隐忧。他在1925年“五卅运动”的爱国主义热潮中，就发出这样的警告：“我觉得中国人所蕴蓄的怨愤已经够多了，自然是受强者的蹂躏所致的。但他们却不很向强者反抗，而反在弱者身上发泄”，“再露骨地说，怕还可以证明这些人的卑怯。卑怯的人，即使有万丈的愤火，除弱草以外，又能烧掉甚么呢？”鲁迅又说，对于国人，“要借以泄愤的时候，只要给与一种特异的名称，即可放心施刃，先前则有异端，妖人，奸党，叛徒等类名目，现在就可用国贼，汉奸，二毛子，洋狗或洋奴”。我每次读到这里，都会有一种惊心动魄之感：今天中国老百姓，以至各阶层的人的怨愤可以说已经蕴蓄到了临界点上，随时都有爆发的可能，所谓爱国主义的激情其实就是这样的怨愤的表现。问题正在鲁迅这里所说的，愤火引向哪里？最大的可能，就是鲁迅说的，不是“向强者反抗，而反在弱者身上发泄”，而且嫁祸于人的罪名，大概就是鲁迅这里所说的汉奸、洋奴之类。因此，鲁迅由此发出的呼吁，在今天是更为切实与迫切的：“希望于点火的青年的，是对于群众，在引起他们的公愤之余，还须设法注入深沉的勇气，当鼓舞他们的感情的时候，还须竭力启发明白的理性；而且还得侧重于勇气和理性，从此继续地训练许多年。这声音，自然断乎不及大叫宣战杀贼的大而闳，但我以为却是更紧要而更艰难伟大的工作”（《杂忆》，收《坟》，《鲁迅全集》1卷）。

鲁迅正是这样的富有勇气和理性的爱国主义者，因此，他在每一次爱国主义的热潮里，都能保持清醒，冷静观察，思考，特别对很容易被表面的热情与热闹遮蔽的危险，有着高度的敏感，并及时向国人发出警告。这里又有一例。在1925年的五卅运动中，他在《忽然想到》一文里，以“一致对外”为题写了一段小对话：“甲：‘喂，乙先生！你怎么趁我忙乱的时候，又将我的东西拿走了？现在拿出来，还我罢！’乙：‘我们要一致对外！这样危急时候，你还只记得自己的东西么？亡国奴！’”（收《华盖集》，《鲁迅全集》1卷）。时隔十一年的1936年，当中国面临日本侵略，掀起反日爱国运动新高潮时，他又写了一段小对话：“A：你们大家来品评一下罢，B竟蛮不讲理的把我的大衫剥去了！”“C：现在东北四省失掉了，你漫不管，只嚷你自己的大衫，你这利己主义者，你这猪猡！”——这里一再重复发生的在一致对外的口号下，剥夺他人和本国民众利益的事情，说明了一个规律：每当民族矛盾激化的时候，总有人要乘火打劫，而统治者尤其要用对外的民族矛盾来掩盖国内的社会矛盾和阶级矛盾，并由此取得自己统治的合法性。因此，鲁迅提醒说：“用笔和舌，将沦为异族的奴隶之苦告诉大家，自然是不错的，但要十分小心，不可使大家得着这样的结论：‘那么，到底还不如我们似的做自己人的奴隶好’”（《半夏小集》，收《且介亭杂文末编》，《鲁迅全集》6

卷）。这是真正的独立的中国人的立场：绝不做外国人的奴隶，因此，要维护国家的独立与主权；但也绝不做本国人的奴隶，因此，要坚决反对任何剥削，奴役与压迫，而且唯有维护了社会的公正与平等，才能有真正强大、团结的国家。这两者的结合，才是真正的爱国主义。

鲁迅说，他的这些话“虽然不是我的血所写，却是见了我的同辈和比我年幼的青年们的血而写的”（《写在《坟》后面》，收《坟》，《鲁迅全集》1卷）。历史总会不断重演；这样的积淀着前辈的血的经验的思想，就具有了足以警戒、启示后人的力量和作用。

五、中国的希望在哪里？

当今中国是一个颇为奇异的社会：有的人陷入盲目的乐观；更多的人，则充满焦虑、不安，一些人中间，还弥漫着绝望、虚无的情绪。于是，就提出了这个问题：中国的希望在哪里？鲁迅那个时代，也有过“中国人自信力的有无”的争论。鲁迅因此写过一篇文章，题目就叫《中国人失掉自信力了吗》。他的回答是：“要论中国人，必须不被搽在表面的自欺欺人的脂粉所诓骗，却看看他的筋骨和脊梁。自信力的有无，状元宰相的文章是不足为据的，要自己去看地底下”。这里提出了一个如何看中国的问题：如果眼睛盯着“状元宰相的文章”，即权势者和他们的充满自欺力和他信力的宣传，你会非常绝望；一旦把目光转向地底下，中国的社会底层和普通百姓，知识分子，你就会发现中国的筋骨和脊梁：“他们有确信，不自欺；他们在前仆后继的战斗，不过一面总在被摧残，被抹杀，消灭于黑暗中，不能为大家所知道罢了”（文收《且介亭杂文》，《鲁迅全集》6卷）。

这里，不妨谈谈我自己的经验：多年来，我一直充满焦虑地紧张观察与思考中国的社会，看到许多官员的作为和许多主流知识分子的表现，以及主流媒体的炒作，不仅绝望，而且不堪忍受。后来就遵循鲁迅的提示，“自己去看地底下”，根据我的条件，主要深入到两个群体，一个是第一线的中小学老师，一个是大学生的志愿者组织。于是，我发现了“真正的教师”，他们凭着自己的教育良知和理想，在极其艰难的条件下，进行着一场“静悄悄的教育变革”；我还发现了“新一代的青年理想主义者”，他们也冲破种种压力，集合起来，深入到中国社会的底层，改变自己的存在，也努力为弱势群体服务。我感到自己找到了鲁迅说的中国的“筋骨和脊梁“，尽管他们也如鲁迅所说，“总在被摧残，被抹杀，消灭于黑暗中”。我也因此找到了自己的位置，即和他们站在一起，尽我的力量给他们以支持，更从他们那里吸取思想、智慧与力量，在相濡以沫中寻求生命的意义和快乐。我清醒地知道，在当今这样的年代，这些“筋骨与脊梁”的努力，也包括我自己的努力，是不可能对中国的教育和社会发展发挥应有的作用的，更不用说根本改变教育和社会的面貌，我们只能“帮一个算一个”。因此，我在总体上依然充满焦虑，而且可以说是与日俱增。但我又确实从这些日常生活的努力里，看到了鲁迅在《记念刘和珍君》里所说的“微茫的希望”。更重要的是，我没有因为总体的绝望而消极，颓废，正像我在一篇文章里所说，“我存在着，我努力着，我们彼此搀扶着：这就够了”。我自觉地把这些努力，都看作是对鲁迅上述思想的一个实践，也可以说，我是从鲁迅这里找到了自己在当下中国的生命存在方式的。这也是我对“中国的希望在哪里”这一问题的理解和回答：“希望在我们自己手里，在真实地生活、努力在中国大地上的普通百姓和知识分子手里”。

这已经涉及下一个问题——

六、我们怎么办?

鲁迅在一次和北京的大学生的谈话里，讲到“我们常将眼光收得极近，只在自身，或者放得极远，到北极，或到天外，而这两者之间的一圈可是绝不注意的”，因此，他劝告青年学生：“我们的眼光不可不放大，但不可放得太大”，“社会上的实际问题也要注意些才好”（《今春的两种感想》，收《集外集拾遗》，《鲁迅全集》7卷）。

鲁迅的这一告诫看似平易，并非高论，却是大有针对性。他曾批评当时的一些作家“所感觉的范围却颇为狭窄，不免咀嚼着身边的小小的悲欢，而且就看这小悲欢为全世界”，于是就陷入了“顾影自怜”（《〈中国新文学大系〉小说二集序》，收《鲁迅全集》6卷）。这大概是当时的时代病吧。——在我的感觉和观察里，当下的一些中国人，包括年轻人，恐怕也患有这样的顾影自怜病，或者还有点顾影自恋。这都是鲁迅说的“眼光收得极近”。

鲁迅在二十年代还向年轻人发出这样的呼吁：“仰慕往古的，回往古去罢！想出世的，快出世去罢！想上天的，快上天罢！灵魂要离开肉体的，赶快离开罢！现在的地上，应该是执着现在，执着地上的人居住的”（《杂感》，收《华盖集》，《鲁迅全集》3卷）。在给许广平的信里，他又作了更明确的申说：“我看以前理想家，不是怀念‘过去’，就是希望‘将来’，而对于‘现在’这个题目，都缴了白卷”（1925年3月18日致许广平，收《两地书》，《鲁迅全集》11卷）。

鲁迅对青年的这些告诫，有两个基本点，一是要目光放大，走出个人小圈子，关心“社会上的实际问题”；二是不要把希望放在过去或将来，而要“执着现在，执着地上”。在我看来，鲁迅强调的这两点，对今天许多中国人和青年所关注的“我们怎么办”的问题，是有很大的启示意义的。下面，我想就此作一些个人的发挥，不一定恰当，仅供参考而已。

我曾经和青年志愿者讨论过我们这一代老理想主义者和他们这一代的新理想主义者的共同点与区别。我说，理想主义者，就必须像鲁迅说的这样，不能只关心个人一己的悲欢，要放大眼光，关心社会的实际问题，对社会、国家，以至世界、人类都有所承担。在这一点上，今天的理想主义的青年，和我这一代人，以至鲁迅那一代人，都是有着继承关系的。但我们这些从革命年代成长起来的理想主义者，都把希望寄托在将来，而我们所期待的将来，又是一个彻底地、一劳永逸地消灭一切不合理制度的理想，实际上是一个乌托邦的理想，是具有彼岸性的，我们却试图用专政的强制手段在此岸实现，就走到了理想的反面。我们这一代人也重视“现在”的奋斗，但却强调现在必须无条件地为将来牺牲。这样的理想主义，精神固然可嘉，但在社会实践中却很容易被利用，带来很大弊端，甚至造成了灾难。今天的年轻人在坚持和发扬前辈人的理想主义精神，例如强烈的人文关怀、底层关怀、承担意识、献身精神等等的同时，也还需要吸取历史的经验教训，作出一些必要的调整。在我看来，主要有三点，一是不再追求用暴力的革命，一劳永逸地彻底解决社会弊端，而是提倡一种和平的，渐进的，逐步推进的变革；二是不把实现理想的希望放在遥远的将来，而是要把理想的实现变成现在的实践；三是不把献身精神理解为无条件地牺牲个人，而是强调个体的精神发展与为社会贡献的统一，是为了实现个体生命价值而为社会服务，并在服务过程中寻求、实现人生意义和享受快乐。

为此，我将鲁迅所说的“执着现在，执着地上”的思想，作了新的解释，并借鉴捷克思想家哈维尔的“存在革命”的理论，提出了“静悄悄的存在变革”的思想。在有关文章里，有详尽的解说，这里仅说其要点。简单地说，就是一句话：从改变自己和身边的存在开始，以“建设你自己”作为“建设社会”的开始。或个人，或集合志同道合者，按照自己的理想、价值观，做有限的可以做到的事。当许多人奉行个人中心主义，我们这群人却尝试“利我利他，自助助人”的新的伦理；当人们沉湎于无止境的物质享受，我们尝试一种“物质简单，精神丰裕”的新生活；当整体的教育失去了意义，我们在自己的课堂里努力创造有意义的教育；当学术越来越体制化、知识化，我们则进行一项项独立的有人文关怀的研究，等等。

当然，这样的立足于底层和自己的变革，又是有极大的限度的，它其实是一种充分认识自己无法改变全局的前提下的努力，是

“知其不可为而为之”的挣扎，是鲁迅式的“反抗绝望”。中国的改革，必然是自上而下的变革与自下而上的变革合力的结果，单靠下面的改革，仅限于个人和小群体的改革，也是不行的。也就是说，我们既提倡静悄悄的变革，也要看到它的局限性，在任何时候都要保持自我清醒。

七、最后一个问题：我们应该以怎样的精神去做事情?

这是近年来我一直在倡导的，就是以鲁迅的韧性精神和智慧进行静悄悄的存在变革。对此，我已经讲得很多，这里，就摘选鲁迅的几段语录吧。

关于“韧性精神”，鲁迅主要讲了三点意思。一是立足于中国改革的长期性与复杂性，准备一代又一代的长期奋斗：“假定现今觉悟的青年的平均年龄为二十，又假定按中国人易于衰老的计算，至少也还可以共同抗拒，改革，奋斗三十年。不够，就再一代，二代……。这样的数目，从个体看来，仿佛是可怕的，但倘若这一点就怕，便无药可救，只好甘心灭亡。因为在民族的历史上，这不过是一个极短时期，此外实没有更快的捷径”（《忽然想到（十），收《华盖集》，《鲁迅全集》3卷）。其二，要把为实现理想的努力，变成日常生活实践，慢而不息：“譬如自己要择定一个口号——来履行，与其不饮不食的履行七日或痛哭流涕的履行一月，倒不如也看书也履行至五年，或者也看戏也履行至十年，或者也寻异己朋友也、履行至五十年，或者也讲情话也履行至一百年。记得韩非子曾经教人以竞马的要妙，其一是‘不耻最后’。即使慢，驰而不息，纵令落后，纵令失败，但一定可以达到他所向的目标”（《补白》，《华盖集》，《鲁迅全集》3卷）。我曾经把鲁迅这样的韧性战斗，概括为“边打边玩”。其三，要有一种“纠缠不止，不达目的绝不罢休”的精神：“无论爱什么，——饭，异性，国，民族，人类，等等，——只有纠缠如毒蛇，执着如怨鬼，二六时中（注：即十二个时辰，整天整夜的意思），没有已时者有望”

（《杂感》，《华盖集》，《鲁迅全集》3卷）。

关于“智慧”，鲁迅也谈了两点。一要学会“钻文网”：“政府似乎已在张起压制言论的网来，那么，又须准备‘钻网’的法子”（《两地书·一O》，收《鲁迅全集》11卷）。一个战斗者，必须学会寻找现行体制的空隙，必须有在限制与控制中谋发展，在不自由中开拓言论和行动空间的智慧。其二要学会保护自己，打“壕堑战”：“战斗当先守住营垒，若专一冲锋，而反遭覆灭，乃无谋之勇，非真勇也”（《致榴花社》，收《鲁迅全集》13卷）。要保护自己，就必须要有必要的妥协，但又不能丧失自己的基本立场，如何掌握妥协的度，也需要智慧。

我们的讨论到这里应该结束了。在整个讨论过程中，我们都分明感觉到，鲁迅就在我们身边，他活在当下的中国，和我们一起忧虑，观察，思考和探索。我们甚至感觉到了他那锐利的、温润的、充满期待的目光的凝视。于是，我们心里有了一丝温馨，一点力量。或许我们应该开始新的更加深入的思考，或许我们应该开始新的更加实在的行动。那么，就从现在，此刻，开始吧。

2012年11月7—10日，12月2日定稿

“我们现在需要鲁迅”

——刘国胜《现代中国人的发展之道——鲁迅“立人”思想启示录》序

“当今中国是否需要鲁迅”一直是政治、思想、文化、教育界争论不休的问题。在一些人看来，鲁迅所代表的，是一个错误的传统，在今天是有害的，应该坚决抛弃。持这样的全盘否定论的，并不多，其影响却不可忽视。另一些人则并不否认鲁迅的价值，却认为他在今天已经过时或不合时宜，应该进入博物馆，成为可尊敬、但与现实无关的历史人物。更多的人，对鲁迅知之不多，更无兴趣，自然认为鲁迅与己无关，不过是一些文人、学者的研究对象罢了。当然，也还有人觉得鲁迅的思想存在会有碍于自己的既得利益，因此希望逐渐淡化、以至消解鲁迅的影响。我曾用“有人欢喜，有人骂，有人怕”，来概括鲁迅在当下中国的命运。在某种意义上，这正是鲁迅这样的知识分子应有的命运，鲁迅出现在中国文坛以后，一直是有人欢喜，有人骂，有人怕的，如果没有人骂和怕，恐怕就不是鲁迅了。因此，在如何评价鲁迅的问题上，存在争议，也是正常的。但从另一方面看，这样的争议，关系着对鲁迅所创造、积淀、代表的思想资源、精神传统，及其现实意义、价值的认识，不仅是一个学术问题，更是一个现实政治、思想、文化、教育问题，因此，又必须据理力争，认真对待，是不可掉以轻心的。

我自己就是基于这样的认识，多年来，一直坚持“我们现在需要鲁迅”的观点，写了大量的文章，作了无数演讲，可以说是倾注了几乎是全部的心血。这不仅是出于我的信念，自我生命的需要，也是当作当代政治、思想、文化、教育建设的一件大事来做的。在这一过程中，有人不理解以至误解，是预料中的；而始终得到朋友们的理解和支持，既是期待之中，又常常出乎意料，让我感动不已。我和刘国胜先生的相遇与合作，就是近年来，最让我惊喜的。关于我们之间的交往，刘先生在其“引言”里，已有说明，不再赘述。我要说的是，我和刘国胜先生之间，无论是各自的工作、领域，还是彼此的经历，身份，地位，都存在巨大的差异，用上海话来说，是“勿搭界”的；但现在却因为鲁迅发生了关系。一个实际工作者（刘先生语）和研究者在对鲁迅认识上达到一种共识，这本身就是意味深长的。在我看来，这是预示着在当代中国，鲁迅走出了书斋，学院，而真实地走进了现实生活，这样一个活在当下中国的鲁迅的前景，是能够给人以微茫的希望的。——当然，这里说的预示是可以质疑的；但至少我们可以说，这是一个期待，或者说有了一种可能性，由可能变成现实，自然还要经过努力并不免要走曲折的路。

读刘先生的大作，我最大的感触是，一个真实地生活在中国的土地上，敢于正视现实中国的问题，对中国的改革富有历史责任感，而且勤于思考，勇于实践的人，他是迟早要和鲁迅相遇的，他对鲁迅的体认，是那些把鲁迅当作老古董、敲门砖的所谓研究者，所难以企及的。因此，刘国胜先生提出“中国现在需要鲁迅”的命题，完全是自己的独立见解，有自己的独立发现，并且有自己的三大理由。

其中最重要的是两句话：鲁迅的“立人”思想是“现代中国人的发展之道”；“人的发展问题，当代中国人的发展问题——这是当代中国面对的最大问题”。这里无论是对鲁迅思想内涵与价值的体认，还是对中国现实问题的认识与把握，都点到了要害，是十分精辟的，刘国胜先生以“鲁迅‘立人’思想启示录”作为本书的副题，表明他的鲁迅理解与论述，是以鲁迅的“立人”思想为中心的；而他对“立人”思想的理解却相当独到：鲁迅关注的始终是“在现代化进程中，人的发展”的问题，“现代中国人的人生之路怎么走”的问题。这样把人的发展和现代化道路的问题联系起来的理解，是符合鲁迅的思想实际的。鲁迅的立人思想从一开始就是和立国即现代民族国家的建立连结在一起的。在鲁迅这里，人的发展是立国的前提与基础，又是现代化的目标。这是鲁迅对中外历史经验的总结。他在《文化偏至论》里，明确指出，传统的东方专制主义固然是对人的权利与尊严的剥夺，西方工业文明发展到极端，也会形成对个体精神自由的压抑。在他看来，中国的现代化，当然需要物质生活的富裕，科学技术的发达和民主的发展；但如果简单的“以富有为文明”，“以路矿为文明”，“以众治为文明”，“惟物质为文化之基”，而忽视“尊个性而张精神”，那就必然导致“本体自发之偏枯”（东方专制主义）与“交通传来之新役”（西方文明病）“二患交伐”的“沉沦”。以后，鲁迅又将他的“立人”思想概括为一句话：“一要生存，二要温饱，三要发展”（《忽然想到（六）》），并且有这样的说明：“我之所谓生存，并不是苟活；所谓温饱，并不是奢侈；所谓发展，也不是放纵”（《北京通信》）。如刘国胜先生所说，鲁迅这一以人的发展为中心的现代化思想，是应该照亮整个中国现代化历史进程的，而且鲁迅关于人的发展还有超越性的思考，由此得出的结论是：“鲁迅关于‘立人’的大部分论述，是关于人的发展的一般性论述，具有超越时空的经典性，不仅至今没有过时，没有陈旧，而且随着中国社会现代化进程的深入，愈发显示出强大的生命力。鲁迅离我们渐远，然而他的‘立人’思想却离我们渐近”。——这是深知鲁迅及其价值之言。

这里还包含着对当下中国问题的认识与判断。在刘国胜先生看来，中国现在所面临的是一个“发展起来以后”的问题，也即基本解决了鲁迅所说的生存，温饱问题以后的问题；而“发展起来以后的问题，归结到一点，是人的问题，人的发展问题”。——这也说到了点子上。毫无疑问，中国今后的发展，仍然要注意经济的发展，民生的改善，这不仅是因为还有相当一部分老百姓的生存、温饱问题并没有解决，更因为从“国富”到“民富”，全民共享经济发展的成果，达到共同富裕，还有许多的事要做，很长的路要走。但是，如果以为经济发展与民生改善就能解决中国的问题，陷入经济决定论，唯一论，就会重踏鲁迅当年所警告过的“以富裕为文明，以路矿为文明”的覆辙。刘国胜先生说得很好：是否重视当代中国人的发展，将其置于核心位置，作为经济、社会发展的出发点与归宿，是“一个关系到发展方向的问题”。而所谓当代中国人的发展问题，是包含了多层次、多方面的：人的生存环境（政治、社会、生态环境），人的权利和平等，人的精神自由，人的尊严，人的道德水准，人的全面发展，国民素质——等等，这些方面构成了鲁迅人的发展思想的基本内容，刘国胜先生书中都有或详或略的论述。这些问题都恰恰是当今中国所没有解决、而急待解决的，任何有意无意的遮蔽，都会影响发展的方向。今天的中国，实际上是面临一个全面改革、全面发展的问题，而这些改革又是相互依存，相互纠缠与影响的。如刘国胜先生所说，“人的发展，不仅有赖于经济的发展，而且有赖于政治、文化、社会和生态的发展。反之，政治、文化、社会和生态的发展，又有赖于人的发展”，“离开了人的发展，‘科学发展’是实现不了的”。——这都可以视为警世之言。刘国胜先生作为一个企业人，本是极容易落入将经济绝对化的陷阱的，他能够有如此清醒的认识，不能不令人感佩不已。

这其实是显示了刘国胜先生的企业观与经济发展观的。他在本书里，一再强调：“企业文化是企业之魂”，“企业管理的最高水平是文化管理”；在他看来，企业的发展不单是经济、科学技术的问题，同时是一个文化问题，同样需要有“文化的自觉”。而刘国胜先生的独到之处与贡献又在于，他将企业文化的核心，定位为“人的发展”。这有两个层面的意思：一是企业的发展“无疑是为了人的发展——为了所有人的发展”，也即企业全体员工（管理人员，技术人员与工人）的健全发展，这是企业发展的目标与方向；

另一方面，企业发展又仰赖于人（全体员工）的积极性与素质的提高。作为企业的领导人，刘国胜先生对此是深有体会的，他如此提出问题："为什么中国企业与世界同行的领先企业相比，普遍程度不同地存在着明显差距，为什么中国的绝大部分企业生产不了在国际市场上有竞争力的高端产品？"回答是："这主要不是技术和管理本身的问题，而是人的素质问题"，由此得出一个结论："中国经济的发展，必须突破人的素质瓶颈，过好人的发展这一关"。应该说，这是抓住了企业发展的"牛鼻子"的。刘国胜先生也由此而发现了："鲁迅的作品，与企业员工的心是相通的，鲁迅的'立人'思想，与企业员工发展和企业发展的关系密切"。他一再申说："'立人'是所有工作中，最重要、紧迫的工作"，"'立人'成功，企业才能做强做优"：这构成了刘国胜先生提出"我们需要鲁迅"这一命题的第二个强有力的理由。

这是一个非常独到的理由，可以说是刘国胜先生的独立发现与独特贡献。这又有两个方面的意义。刘国胜先生告诉我，他们在创建宝钢企业文化时，遇到了"从哪里去寻找"文化资源的问题。最初的思路是学习国外企业文化经验和借鉴中国传统文化，也确实有收获，今后也还要继续这么做；但总觉得有些"隔"。经过一段摸索，发现了鲁迅的"立人"思想，才有豁然开朗的感觉。我完全理解刘国胜先生和他的同事的这种惊喜感：在我的理解里，鲁迅的思想里是积淀了"二十世纪中国经验"的，它对于当下的中国确实是更为切近的，当代中国所面临的许多问题，都是从现代中国延续下来的，鲁迅他们当年的思考，就具有了直接的启示意义。刘国胜先生在文章里，就谈到前述企业文化建设中所遇到的文化资源问题，其实就是一个"对中国古典人文精华进行'现代化'改造，和对外国人文精华进行'中国化'改造的有机统一"的问题，而鲁迅的"立人"思想本身就提供了一个成熟的经验。因此，刘国胜先生对鲁迅"立人"思想的自觉引入，无疑是为企业文化建设开拓了一个全新的，也是最重要的思想资源，即"二十世纪中国经验"，其意义与影响，是不可低估的。

把鲁迅思想作为“二十世纪中国经验”的重要组成部分，这也是对鲁迅思想及其价值的认识的一个深化。其中一个重要方面，就是加深我们对鲁迅思想的实践性的认识。鲁迅早年就竭力推崇“立意在反抗，指归在动作”的“精神界之战士”，我们甚至可以说，这就是鲁迅的自我定位。鲁迅绝不是在书斋里空谈的文人、学者，他的思想既是对政治、思想、文化实践经验的总结与提升，同时也是对实际社会、思想、文化变革的直接参与。刘国胜先生说得好：“鲁迅的‘立人’思想是直面现实的——它固然有形而上的品格，有思想的高度，但它不是远离现实的，仅供人欣赏和玩味的”。我们现在面临的问题是，如何将鲁迅的思想转化为现实的社会实践，例如成为具有可操作性的企业文化资源？正是在这一点上，刘国胜先生这样的实际工作者，就发挥了不可替代的作用。我读本书，印象最为深刻的，就是刘国胜先生依托宝钢企业文化建设的经验，对鲁迅“立人”思想所做的创造性的发掘，解读，发挥与运用，从中提出了许多极具启发性，又具有可操作性的思想与行动原则，诸如首在“立人”的企业发展目标；“人非信无以立”，树立企业人的理想与信仰；“改革国民性是根本”、员工行为习惯的养成；实行“拿来主义”，企业的开放和创新；以诚为本的企业道德；以“爱”为纲，互助相师的人际关系的建立；韧性精神、实做苦干、泥土精神和认真精神的培育；倡导“深沉的勇气和明白的理性”等等，最后归结为“让群众自己做了支配自己命运的人”。尽管这些讨论未必完全精当，但将鲁迅的思想命题与企业文化发展实际结合的尝试，却显然具有开创性与启示性。

刘国胜先生所提出的第三条理由是：“这是我自身的内在需要”。他在书中深情地写道：

“我热爱鲁迅，要从鲁迅作品中汲取智慧和力量。事实上，在读鲁迅、讲鲁迅的过程中，鲁迅的‘立人’思想，使我的灵魂得到安抚、净化、升华，增添我直面复杂问题的勇气”。在谈到本书的写作时，也谈到“在我难以支撑的时候，总是有鲁迅在《过客》中描写的那种感觉：‘有声音常在前面催促我，叫唤我，使我息不下’”。这些讲述虽然简单，却很感人，也具有启发性：阅读与学习鲁迅，是必须把自己的心放进去的，这是心灵的对话，生命个体之间的交流，没有这样的对话与交流，是永远读不懂鲁迅的。我还发现刘国胜先生对鲁迅“人要有余裕心”的思想，独有会心。这样的会心又是建立在现实生活中刻骨铭心的生命感受和体验基础上的：“人类从来没有像今天这样，被如此强大的物欲和难以消化的资讯所笼罩。在物质生活大大改善和精神生活的表层‘丰富’中，留给人的主动活动、高尚精神活动的余地越来越小。带来的后果是，人可以自己支配的时间和空间被严重挤压，特别是独立思考的时间减少，精神空间压缩”，“人们的精神大抵要被挤小的”，“乃至人的‘活气’要灭尽的。如果这样，民族的将来恐怕就可虑”。这样的从自我生命体验中去接近鲁迅，就把握住了鲁迅的真正价值：这是人的精神家园，我们可以从中吸取精神的元气，获得生命的独立，丰富，崇高和大气。这是精神越来越荒漠化、低俗化的当今中国，所最需要的。

2012年12月9日—10日

《活着的鲁迅》自序

从1962年第一个早晨，我在贵州安顺卫生学校的一间又小又冷的屋子里，忍着饥饿（那正是全国大饥荒的年代），写第一篇鲁迅研究札记《鲁迅与毛泽东》，到现在——2012年初秋的炎热里，冒着大汗，编选这本研究集，恰恰是五十年。五十度春秋，我的人生之路，都是与鲁迅相伴而行的；个人的生命史与自己的鲁迅研究史，竟如此紧密纠缠在一起，这或许正是我的鲁迅研究的最大特点。鲁迅对于我从来不是客观的研究对象：青年时代他和毛泽东同是我的精神导师；二十世纪七十年代末到八十年代，当我要走上自己的精神与人生的独立之路时，我首先要做的，是扬弃毛泽东的鲁迅模式，寻找一条独立的鲁迅研究之路，对鲁迅进行“心灵的探寻”和“走出毛泽东”的努力，几乎是同一个过程；当面临八十年代末的风波开始的，九十年代，新世纪第一个十年，绵绵不绝的中国政治、社会、思想、文化、教育危机，以及由此引发的个人几次精神危机时，我都是到鲁迅那里去寻找批判性的思想资源，吸取精神的力量和智慧。在这一过程中，我对鲁迅的认识逐渐深化与升华，形成了自己的鲁迅观与相应的方法论。生命与研究的同步成长，这真是人生的一大幸事，乐事，也是鲁迅研究对于我具有永远的魅力的原因所在。

讲起我的鲁迅研究方法论，就要说到我在开始自己的独立研究时，所确定的一个观念与原则，这是《心灵的探寻》的《引言》里首先提出的：“‘鲁迅’（鲁迅其人，他的作品）本身即是一个充满着深刻矛盾的、多层次、多侧面的有机体。不同时代、不同层次的读者、研究工作者，都按照各自所处的时代与个人的历史哲学、思想感情、人生体验、心理素质、审美要求，从不同的角度、侧面去‘接近’鲁迅本体，有着自己的发现，阐释，发挥，再创造，由此而构成了一个不断接近‘鲁迅’本体，又不断丰富‘鲁迅’本体的，永远也没有终结的运动过程。也正是在各代人广泛参与的过程中，‘鲁迅’逐渐成为民族共同的精神财富”。这段话里实际是包含了许多理论问题的，这里不能展开；要说的是其中强调了两点：其一是鲁迅著作的内涵、意义与价值，是需要“时代”所提出的问题去激发与照亮的；这也是后来我不断阐发的：鲁迅的特殊魅力就在于他的作品不仅面对他自己所处的时代，由于他对时代问题开掘之深，又具有超前性与预见性，也就具有了当代性，鲁迅思想与文学对于当代中国所面临的问题，仍然拥有巨大的批判力与解释力。其二，我特别看重研究者的能动作用，对于研究对象不仅有“阐释”，还有“发现，发挥，再创造”：当然，发现、发挥与再创造必须要受到研究本体的制约，切忌任意性与随意性。后来，我又作了这样的展开：事实上，在学术史上，经典和经典作家被研究、阐释的过程，都是不断被丰富与发展的过程，真正有创造力的研究者都会对经典文本的内涵有自己的理解，发挥与添加，以至在经学史上的“儒学”已经不完全是“孔丘”个人的创造，而是一个历代儒者的集体创造物。对于“鲁学”也应该作如是观。正是基于这样的认识，我又提出了研究鲁迅不仅要“讲鲁迅”，还要“接着鲁迅往下讲”，甚至“接着鲁迅往下做”的要求。在这样的理论自觉下，在不同的历史阶段，回应时代和自我精神发展提出的不同问题，我对鲁迅的研究与阐释，也有不同的发现与重点，具体地说，就是80年代的“历史中间物的鲁迅”，90年代“精神界战士的鲁迅”，

“真正的知识阶级的鲁迅”，“提出‘立人’命题的鲁迅”，以及新世纪的“左翼鲁迅”。这五个研究重心，首先是“讲鲁迅”，即对鲁迅本体的某一侧面的照亮；同时也是“接着讲”，不但讲鲁迅的命题的现实意义，更根据新的历史经验对鲁迅命题的内涵有所发挥、深化与丰富。而我自己更在这样的发现中，找到了自我在现实生活中的历史定位，这大概就是“接着往下做”吧。

在第一本鲁迅研究著作《心灵的探寻》里，我有这样的献词：“谨献给正在致力于中国人与社会改造的青年朋友们”，还有如下题词：“向青年学生讲述我的鲁迅观，这是做了几十年的梦。现在使命已经完成，我应当自动隐去，但仍寄希望于后来者——鲁迅的真正知音必将在当代青年中产生”。这里显然有对“鲁迅和青年”关系的体认，更有鲁迅“历史中间物”意识的影响，因此就有了“做沟通鲁迅与当代青年的桥梁”和鲁迅研究的“历史中间物”的自我定位。这对我以后的人生道路和鲁迅研究是起了决定性的作用的。我曾经说过，我的生命的最大亮点，就是和中国六代青年（从“40后”到“90后”）都保持着血肉般的精神联系，联系的主要纽带就是鲁迅。早在七十年代的文革后期，我就在“民间思想村落”里和年轻朋友讲鲁迅；到1985年——2002年更是登上北大讲台，和22届学生讲了17年的鲁迅；在退休之后，又到我的母校南京师范大学附中等三所中学开设鲁迅选修课。这样，我的鲁迅研究与鲁迅教学就形成了一个良性互动：青年不仅是我的研究著作的主要接受对象，而且在不同程度上参与了我的研究，更在我的研究著作的论述方式、语言风格上打上了深刻的烙印，形成了演讲体、谈话风的学术文体。

而且在研究与讲学的过程中，我逐渐加深了对鲁迅的意义和价值的体认。主要有两点。一是“他真正属于‘现代中国’。他的思想是‘现代’的，而不是传统思想的习用；他的思想是‘中国’的，而不是西方思想的搬弄。因而他的思想是真正具有原创性的，是‘20世纪的中国思想’”，是“20世纪中国经验”的结晶（《科学总结20世纪中国经验》，文收《追寻生存之根——我的退思录》)；另一个结论是：“鲁迅思想与文学是民族精神的源泉之一”，“后人可以不断向其反归，回省，不断地得到新的启示，激发出新的思考与创造”(《鲁迅作品十五讲·前言》)。在有了这样的认识以后，我建立了一个确信：向青年学生讲授鲁迅，让鲁迅思想与文学在孩子心灵上扎根，是一个民族精神建设的基础性工作。正是这样的历史责任感、使命感，把我的研究与传播鲁迅思想与文学的工作，提升到了一个新的高度，激发了巨大的、持续的热情，编写了“鲁迅读本系列”：从《小学生鲁迅读本》、《中学生鲁迅读本》，到大学生读的《鲁迅作品十五讲》，和研究生讨论的《与鲁迅相遇》，以及面对文学青年的《鲁迅九讲》，试图为处于生命发展不同阶段的人们都提供一个走近或走进鲁迅的通道。同时，我还走进工厂，来到志愿者群体中，走到海峡另一边的台湾大学校园，借一切机会大讲鲁迅，真正是乐此不疲了。

我对鲁迅的另一个重要体认，就是始终把他看作是中国现代汉语文学语言的大师，一个极具创造性的文体家。他的作品对青年学生、年轻一代，不仅是精神的家园，同时是学习现代汉语的范本，应该成为他们的汉语家园。我因此以极大精力研究鲁迅在小说、散文、杂文各类文体上的创造，语言的创造，并且关注“作为艺术家的鲁迅”，注重鲁迅对文学与艺术的沟通。我不仅在教学中从鲁迅语言的音乐性出发，尝试通过朗读引导学生走进鲁迅世界；而且在研究方法上，试验将文本细读与审美体验有机结合起来，希望达到对鲁迅文学式的感悟与把握。对于我来说，鲁迅的思想与文学所达到的化境，同时也是极高的人生境界，虽不能至，也是心向往之。

2012年8月11日

重新体认鲁迅的源泉性价值

——王晓初《鲁迅：从越文化透视》序

晓初执意要我为他的书写序，这心情我是理解的。十多年前，他初涉学术研究领域，就和我相识：在某种程度上，可以说我是看着他在学术上逐渐长大的，他能够走到今天这一步，确实不易。这些年，我们来往不多，却总能读到他的文章，也为他的勤奋与学术上的不断开拓而感到高兴。现在汇集成书，我也理应说些什么。就说说我的读后感吧。

晓初在《导论》里，一开始就谈到对鲁迅的评价问题，看似突兀，其实是自有针对性的。如晓初所说，这些年思想文化学术教育界一直有一股"解构经典，否定鲁迅"的思潮。先是用你死我活的阶级斗争思维去看待鲁迅和孔子、胡适的关系，大刮"尊孔、尊胡而贬鲁"之风。我为此曾发过这样的感慨：我们这个民族好不容易有了一个孔子，又有了一个鲁迅，还有一个胡适，这都是民族血战前行的历史留下来的一点精华，我们却硬要将他们活生生地撕裂开来，抛弃一个，利用一个，这实在是愚蠢之至。郁达夫早就说过，一个民族，没有伟大作家是可悲的，有了伟大作家，却不能认识，是更可悲的。最近几年，教育界又不断有人鼓吹"淡化鲁迅作品教学"，甚至还出现了"将鲁迅拉下人坛"的鼓噪，这样的消解一切的虚无主义之风，直接影响对年轻一代的教育和引导，实在令人担忧。

因此，晓初在他的书里，开宗明义地指出：鲁迅思想是“（中国）现代思想不竭的源泉”，“构建了现代中国人的精神家园，提供了现代中国人文精神的支撑与标杆”，这样的“重新认识”是有着非同小可的意义的。晓初强调鲁迅思想的“源泉性”，这一点，尤得我心。我曾经说过，在评价鲁迅时，我们应该有个大视野。全世界每一个民族，都有一些原创性的，能够成为这个民族的思想源泉的大思想家，大文学家。他们的思想，构成了民族文化的核心，民族文化教养最重要的内容，全民族的人都能够到这些凝结了民族精神的大家那里，不断吸取精神的养料。这样的原创性、源泉性的大家，每个民族都不多，却是家喻户晓，渗透到每一个人的心灵深处。比如说，英国的莎士比亚，德国的歌德，俄国的托尔斯泰，等等。而鲁迅对于中华民族正是这样的源泉性的作家，思想家，他是和孔子，庄子，屈原，李白，杜甫，陶渊明，曹雪芹等并肩的。鲁迅开创的是现代思想、文化的新传统，他对现代中国，始终是一个正在进行式的作家、思想家，我们在现实生活中遇到什么问题，都能从他那里得到启示。

这里，不妨举一个例子。在当下中国思想文化学术界，就遇到一个如何对待中国传统文化与西方文化的问题，围绕着“新儒学”与“普世价值”等命题，展开了激烈的论争。而这样的问题，其实是一直缠绕着中国现代知识分子的经典命题，也是当年鲁迅曾经面临的问题。在我看来，晓初的这本书，在鲁迅和越文化的关系的视野下，所要探究的就是鲁迅面对西方文化的冲击与传统文化的变革所作出的艰难的文化选择。本书论述的中心，就是鲁迅所提供的思想文化的，文学的模式：既学习西方，“把西方的近代包容到自己的历史中来”；又坚持反抗，坚守自我，“以自我否定的方式”将西方“解构进东方的现代中”，最终的目标是“别立新宗”，创立现代中国的新的主体性，并创造一种“对某种可能性的否定性表达”方式。这鲁迅式的模式，完全跳出了“东方——西方”、“传统——现代”二元对立，相互排斥，非此即彼的模式，而正是这样的看似明快的简单化模式，长期支配着我们的思考，以致今天的讨论，我们的认识，也就不断在全盘西化与回归传统两个极端间来回摇摆。了解了这样的思想文化背景，就不难看出，晓初这本书所讨论和强调的，鲁迅在西方文化与中国传统之间，在中国传统文化中的各种因素（中心与边缘，正统与异端，精英与民间）之间，以及所有这些文化因素和自我生命个体之间的复杂关系中的纠缠，以及鲁迅以自我否定性的方式进行反抗和自立的意义。因此，我读晓初这本书，总有强烈的现实感，并从他的论述中引发出许多思考：或许这也是本书的价值所在吧。

当然，对鲁迅的新体认，也要掌握好分寸。据晓初说：“鲁迅作为‘现代中国的圣人’，‘中华民族新文化的方向’的论断却越来越得到人们的认同”。我不知道这样的说法有多大的根据，我对晓初和他的年轻朋友有这样的想法是理解的；但我仍然不同意这样的论断。“圣人”之说，多少有“神化”、“半神化”之嫌，至少会把鲁迅“神圣化”，这恰恰是鲁迅坚决拒绝的，鲁迅说他“只在泥土上爬来爬去，决非洋楼上的通人”和远离人世的“天人师”（《华盖集·题记》）。“方向”之说，也容易把鲁迅的选择绝对化，唯一化。鲁迅绝不是真理的掌握者，宣示者，只是真理的探索者，他的思想、文化选择，只具有启发性（当然是巨大的，特别的，不可忽视的），而不具有示范性。鲁迅自己也一再拒绝充当导师。我注意到晓初在书中引述了我的意见：“鲁迅从来就不是，也从来没有成为‘方向’，他任何时候（过去，现在和将来）都不可能成为‘方向’，因为他对任何构成方向的主流意识形态，以至‘方向’本身，都持怀疑、批判的态度”。我依然坚持这样的看法。对鲁迅的重新认识，切不可导致另一个极端，在这方面的历史教训是不能忘记的。

无论如何，在晓初这一代新的鲁迅研究者这里，鲁迅的价值得到新的体认，我还是十分欣慰的。我在写完《心灵的探寻》以后，就写过这样的寄语：“向青年学生讲述我的鲁迅观：这是做了几十年的梦。现在使命已经完成，我应当自动隐去，但仍期待于后来者——鲁迅的真正知音必在中国当代青年中产生”。虽然到现在，我还没有隐去；但对后来者的期待，却是始终缠绕于心，念兹在兹的。我之所以乐于为晓初和许多年轻学人写序，为之鼓吹，原因也在于此。我在读本书时，就特别注意晓初在注释与参考书目里，提到的研究者中，有不少是我并不熟悉的青年研究者，从晓初的引述中可以看出他们的有些研究，已经达到了相当的深度。这就引发了我的第二个感想：对鲁迅研究及青年研究者的潜力，鲁迅文学与思想开掘的可能性，也要有新的认识和充分估计。这也是我读晓初这本书最大的感触：最初看到“鲁迅与越文化关系”这一题目，就想到多年前，我就为陈方竞先生的《鲁迅与浙东文化》一书写过序，以后又陆续看到不少有关研究论文，似乎这一课题的研究已经挖掘得差不多了；但仔细读了晓初的著作，看到他竟然由此生发到如此广泛的领域，从鲁迅的精神成长背景，到鲁迅创作历程，到鲁迅的文学世界、文体、风格，都开掘出了深层的越文化底蕴，并由此展开了有关鲁迅思想、文学的创造，以至中国现代文化建构的一系列重大问题的思考，这是出乎我的意料的。仅在这样一个命题上，就能有可供不断开掘的空间，是令人惊叹的。我想起了英国人说的“说不尽的莎士比亚”；我们也完全可以说，鲁迅也是说不尽的。我作了几十年的鲁迅研究，至今依然觉得鲁迅是常读常新的。我甚至觉得，鲁迅研究现在才开始，或者说，我们现在又面临鲁迅研究的一个新的开始。

我曾经说过：“或许已经到了打破学科界限，对鲁迅这样的大思想家，大文学家，大艺术家进行综合研究和把握的时候”。也就是说，鲁迅研究的新开始，要求向博与通的方向发展，即要深入到更广博的领域，进行贯通式的研究与把握。这就要求新的知识结构，新的感悟力和新的想象力。就本书研究的课题而言，实际上就已经涉及到了多个学科，坦白地说，仅这一点，就使我望而生畏，不敢涉及。晓初比我年轻，他对这一课题的处理，显示出他的知识结构就比我要合理。但我也看出了他仍有力不从心之处。这主要是对越文化的把握，我注意到，他在这方面的论述，大都引述越文化研究者的成果。学术研究不可能不利用他人研究成果，但我想，如果在越文化的某些方面，甚至是某一个方面，晓初能够有自己的独立研究，或独到感悟，再来处理鲁迅与越文化的关系，可能就会有更为融会贯通的把握。当然，这可能是一个苛求。但所提出的问题却是不能回避的：无论是鲁迅研究，还是现代文学研究，以至整个中国学术研究，发展到现阶段，都要求学者必须打通古今中外，打通相关学科，即使做不到精通，但也要有相当的修养。因此，我曾经有这样预感：对鲁迅研究的突破，可能不是来自鲁迅研究内部，而是具有其他学科的学养，而又深知鲁迅的学者。这或许会对晓初这样的鲁迅研究者形成某种压力：如果要更上一层楼，有更大的开拓，就必须对知识结构作一定调整，并不断提升自己的精神境界。好在晓初还年轻，还有时间和精力，来日方长。这也算是我对晓初和他这一代研究者的一个期待吧。

当然，从更长远的眼光来看，晓初这一代也是历史的“中间物”。这就说到了我要说的第三个感想。我是注意到晓初任教于鲁迅故乡的大学，而想到如何将他关于鲁迅与越文化关系的学术研究的成果转化为教育资源的问题。这是这些年我最为关心的，也是我经常说的：对传播鲁迅文学与思想的潜力和可能性，也要有一个新的认识和充分估计。我对鲁迅思想、文学自身的力量是从不怀疑的。我多次说过，在当下中国，只要具备一定的文化程度，而又喜欢思考问题的人，特别是年青人，迟早是要和鲁迅相遇的。不管贬抑鲁迅的风刮得多猛，我这一信念，从未动摇过。作为鲁迅研究者，我们是负有传播鲁迅思想与文学的责任的。我想，至少我们可以把鲁迅的家乡作为一个实验地，让鲁迅作品在他故乡的青少年的心灵上扎根。这些年我一直在和绍兴的小学老师刘发建先生合作，编写《鲁迅小学生读本》，希望作为乡土教材进入小学课堂。在这方面，晓初和他的同事，作为当地的大学教师和专业研究者，或许是可以作更多的工作，发挥更大的作用的。我期待着，在鲁迅的故乡，围绕着“鲁迅与越文化”这一中心，地方学术界与文化界、教育界，大学与中小学之间，能够有更好的合作。对晓初来说，这不仅是将自己的学术研究成果转化为地方文化、教育资源，从长远来看，也是为鲁迅研究培养后续人才：鲁迅的家乡是应该不断出现鲁迅研究的专家的。——这都是我的理想主义，我姑妄说之，晓初和本书的读者，就姑妄听之吧。

2011年7月23日

鲁迅谈民国

——2001年1月8日在广西师范大学出版社主办的民国座谈会上的讲话

我本来以为这是一个座谈会，随便讲讲就可以了。后来又通知我，要作一个简短的演讲，这使我很为难，因为我对“民国”可以说是毫无研究，实在不敢乱讲。情急之中，又想到了鲁迅，他既是民国中人，对包括民国在内中国近现代历史与社会，又有许多独特的见解，而且在我看来，这些见解今天也还没有过时。这也是我经常谈到的，鲁迅对于我们，永远是现在进行式的存在，他的文章有强烈的当代性，他用自己的方式，参与我们的种种讨论与争论。那么，在今年辛亥革命100周年的时候，关于民国的众说纷纭之中，我们来听听鲁迅的意见，大概是很有意思的。这又是我能够讲的。于是，就有了今天的讲题：“鲁迅谈民国”，无非是念几段鲁迅关于民国的论述，并谈谈我的理解。

首先要说的，是鲁迅对民国的赞美与辩护。鲁迅在1935年一场重病里，突然怀念起辛亥革命来，在《病后杂谈之余》里，深情地写下了这样一段文字：“我觉得革命给我的好处，最大、最不能忘记的是我从此可以昂头露顶，慢慢地在街上走，再不听到什么嘲骂。几个也是没有辫子的老朋友，从乡下来，一见面就摸着自己的光头，从心底里笑了出来道：哈哈，终于有了这一天了”，“假如有人要我颂民国的功德，以‘舒愤懑’，那么，我首先要说的，就是剪辫子”。——这里所说的“辫子”，其实是政治、民族压迫，精神束缚所造成的人的奴隶地位的一个象征。鲁迅将“剪辫子”视为辛亥革命的主要功绩，就是要强调辛亥革命的最伟大的，影响深远的意义，就在于它是中国人摆脱奴隶地位的一次重大努力，一次解放：政治的解放，更是精神的解放。

鲁迅最为看重的，正是辛亥革命给后人留下的民国遗产，而重心又在精神遗产。于是就有了1933年的《重三怀旧》。文章劈头就说：“我想赞美几句一些过去的人”。他解释说：“所谓过去的人，是指光绪末年的所谓新党，民国初年就叫他们‘老新党’。甲午战败，他们自以为觉悟了，于是要维新。便是三四十岁的中年人，也看《学算笔谈》，看《化学鉴原》，还要学英文，学日文，硬着舌头，怪声怪气的朗诵着，对人毫无愧色，那目的是要看‘洋书’，看洋书的缘故是要中国图‘富强’”。鲁迅因此感慨说：“‘老新党’们的见识虽然浅陋，但是有一个目的：图富强。所以他们坚决，切实；学洋话虽然怪声怪气，但是有一个目的：求富强之术。所以他们认真，热心”。——这是一个重要的提醒：所有的历史的开创者的行为，在享受着历史进步的成果的后人看来，不免是幼稚，甚至是可笑的；但如果因此而忽略、否定其内在的精神，那更是幼稚可笑。鲁迅把辛亥革命的“老新党”的精神传统，概括为“坚决，切实，认真，热心”这八个字，这也颇耐琢磨。这里说的每一个精神特质，都是有针对性的：“坚决”就是不妥协，“切实”就是不空谈，“认真”就是不马虎，“热心”就是不冷漠。而妥协，空谈，马虎，冷漠，这都是鲁迅所一再批评的中国国民性的弱点，恐怕今天也依然如此。在这个意义上，鲁迅心目中的辛亥革命又是一场改造国民性的运动，由此创造出的“坚决，切实，认真，热心”的国民新精神，是最应该发扬光大的。

问题是，中国又是一个没有记性的民族，许多宝贵的精神遗产都被后人遗忘，曲解与抹煞了。鲁迅就遇到这样一件事：1929年，西湖博览会设立“先烈博物馆”，居然征求“落伍者的丑史”，其中“赫然有邹容的名字”。鲁迅只得来为邹容辩诬：“他在满清时，做了一本《革命军》，鼓吹排满，所以自署‘革命军马前卒邹容’，后来从日本回国，在上海被捕，死在西牢里了。其时盖在1902年。自然，他所主张的不过是民族革命，未曾想到共和，自然不知道三民主义，当然也不知道共产主义，但这是大家应该原谅他的，因为他死得太早了。他死了的明年，同盟会才成立”。鲁迅因此发出感慨：“后烈实在前进，二十五年前的事，就已经茫然了”。——这样的茫然，恐怕今天是更加严重了。对最近几十年的历史，都相当茫然，更何况辛亥革命、民国的历史。或许今年纪念辛亥革命一百周年，可以给我们提供一次拒绝遗忘的机会，重新回顾这一百年来的历史，向为中华民族的独立、富强、民主、自由而献身的所有的先驱者，不仅是那些已经载入史册的先驱，也为那些依然被掩埋、抹杀的先驱，表示我们最大的敬意。

鲁迅在由衷赞扬辛亥革命和民国的历史业绩的同时，更怀有不满。——这或许是更为重要的。因为“不满”是“向上的轮子”，有不满，才有新的变革，新的努力和奋斗。而我们对于历史的评价，总是在或者遗忘、抹杀，或者美化、理想化的两个极端间摇摆。在因为纪念就不免要多唱颂歌时，听听鲁迅的“不满”，或许是别有意思的。

鲁迅并不掩饰他对辛亥革命某种程度上的失望。这失望几乎是在革命刚获成功时就有的，他如此回忆革命胜利后的他的家乡：“满眼是白旗。然而貌虽如此，内骨子里是旧的”，不仅旧乡绅摇身一变成了“新进革命党”，而且原先的革命者，进了衙门，“穿布衣来的，不上十天也大概换上皮袍子了，天气还并不冷”，这革命者的异化，官僚化是更为致命的。于是，就产生了鲁迅式的恐惧：“我觉得仿佛久没有所谓中华民国。我觉得革命以前，我是做奴隶；革命以后不多久，就受了奴隶的骗，变成他们的奴隶了”，“我觉得有许多国民而是民国的敌人。我觉得许多烈士的血都被人们踏灭了。然而又不是故意的。我觉得什么都要重新做过”。——

这是一个非常严峻的判断：反抗的奴隶成了新的奴隶主，昔日的被压迫者成了新的压迫者。所谓“民国”革命不过是阿Q革命，阿Q在他著名的土谷祠的梦里，梦寐以求的就是女人，金钱和权势，希望成为新的统治者以取代旧统治者。鲁迅说，中国的历史从来就是“一乱一治”的历史循环：所谓“乱世”，就是“想做奴隶而不可得的时代”，所谓“治世”也即“太平盛世”，不过是“做稳了奴隶的时代”。也就是说，无论乱与治，中国人始终没有脱离奴隶地位。应该说，辛亥革命就是试图摆脱这样的历史循环的一次悲壮的努力与尝试，但其结果，鲁迅感觉到自己又成了“奴隶”：依然没有走出“奴隶时代”。正是在这个意义上，鲁迅认为“仿佛没有所谓‘中华民国’”，“一切都要重新来过”。

鲁迅是在1925年说这番话的；到了1931年，鲁迅所面对的，却是更为严峻的现实：国民党在1928年基本统一中国以后，就逐步建立起了“一个国家，一个领袖，一个主义”的一党专政的政权。于是，鲁迅在著名的《友邦惊诧论》里，对民国政权的性质作出了新的概括，提出了一个重要概念：“党国”。这就意味着，整个中华民国的历史，是一部由“民国”蜕变为“党国”的历史。于是，就开始了新的反抗，新的革命。

值得注意的是，鲁迅在离世前三个月，给一位朋友的信里，特意提醒说，我的《阿Q正传》的“真意”并未被人们所理解。那么，他念念不忘的“真意”是什么呢？他在《〈阿Q正传〉的成因》里，说得很清楚：“民国元年已经过去，无可追踪了，但此后再有改革，我相信还是会有阿Q式的革命党出现”，并且特地申明，我所写的不是“现在以前的或一时期”，“而是其后，或者竟是二三十年之后”。这就是说，鲁迅不仅不满意于民国元年的辛亥革命终不免是一场阿Q革命，而且担心“二三十年之后”的中国改革与革命，依然走不出阿Q革命的老路。

可以看出，鲁迅无论是评价辛亥革命，民国历史，还是预见未来中国的发展，他都有一个基本标准，就是看这些革命、改革能否引导中国走出在“一乱一治”即“想做奴隶而不得的时代”和“做稳了奴隶的时代”二者之间循环的历史怪圈，他期待着一个中国人永远不做奴隶，真正成为国家主人的“历史上未曾有过的第三样的时代”。

于是，鲁迅呼吁孙中山先生的“永远革命”的精神。他说：“中山先生的一生历史具在：站出世界来就是革命，失败了还是革命；中华民国成立之后，也没有满足过，没有安逸过。仍然继续着进向近于完全的革命工作。直到临终之际，他说道：‘革命尚未成功，同志仍须努力！’”。

在我的感觉里，无论是鲁迅的期待，还是孙中山的召唤，今天依然有效而有力。

2011年2月12日整理

（附记）这篇演讲没有公开发表，但有些报纸作了报道，自然经过了选择。我看到其中一份就只谈我说的鲁迅对民国的赞扬和肯定，但鲁迅对民国的不满却被忽略不提了。——这样的筛选颇耐寻味：现在依然是鲁迅说的“欢迎喜鹊，憎厌枭鸣，只捡一点吉祥之兆来陶醉自己”的时代。

2011年2月25日补记

“时时想到中国，想到将来”

——读王景山《鲁迅五书心读》

王景山先生来信嘱我为其《鲁迅五书心读》作序，并说了这样一句话：“能出这五本书，是我为弘扬鲁迅精神、宣传鲁迅思想、普及鲁迅著作，特别是面对青少年，所做的也许是我有生之年最后一次微薄的努力”。

我读了，心里为之一动，滚过一阵热浪，并陷入了深深的思索中。我向自己提出了三个问题。

一问：王景山先生为什么如此不遗余力地“弘扬鲁迅精神，宣传鲁迅思想，普及鲁迅著作”？

这关乎对鲁迅的意义与价值的体认。先生告我：“现在好像存在‘重孔轻鲁’的一股风。‘维稳’当然要借重孔子，但‘改革’则必需鲁迅”。真是一语“道破天机”，有如醍醐灌顶。鲁迅说：“曾经阔气的要复古，正在阔气的要维持现状，未曾阔气的要革新”。鲁迅的意义，就在于他代表着中国社会的“未曾阔气”者，特别是被侮辱和被损害的人的利益，永远地不满足现状，永远地要求改革。因此，“曾经阔气的”，“正在阔气的”，骂他，怕他，千方百计驱逐他，都是自然的，必然的；但“未曾阔气的”，都需要他，被侮辱、被损害者需要他，满怀理想、思考问题的年轻人也需要他。陷入重重困境的中国的唯一出路，就是改革，而“‘改革’则必需鲁迅”。作为一个鲁迅精神所培育的，关心中国的现实与未来的真正的知识阶级的一分子，王景山先生要以弘扬鲁迅精神为已任，也是一个自然、必然的选择。

二问：王景山先生在“弘扬鲁迅精神”方面，作出了怎样的“微薄的努力”？

首先，他把努力的方向，集中在向青少年普及鲁迅著作方面。这是建立在两个基本信念基础上的：青少年决定着中国的未来，而青少年在根本上是能够和鲁迅的心相通的。当然，王景山先生并没有因此而忽略青年学生在接受鲁迅时所遇到的困难，在他看来，这和中学鲁迅作品教学不得法直接相关，导致“老师的好心、热心，未能取得预想的效果”。因此，就把“提倡正确的阅读方法”作为普及鲁迅著作的突破口，这也是抓住了要害的。王景山先生特意写了《“鸡肋”和中学语文教学》一文，有针对性地提出了三种阅读法。一曰“心读”，强调阅读就是一种心灵的对话与交流，应重在“引导欣赏，领会，感悟，联想，比较，思索”，这大概是王景山先生一生阅读的经验。二曰“嗜好的读书”，而不是功利的“职业的阅读”。这是鲁迅所提倡的，关键是“引起学生读书的兴趣，使读书成为他们的爱好和习惯”。三曰“好读书，不求甚解”，这是陶渊明在《五柳先生传》里提出的，王景山先生解释说，就是“随随便便，读个大概齐”，而不是“一字一词一句地求甚解”。道理也很简单：专业人员对他研究领域的重点书籍，必须求甚解；一般读者如果每读一书都要求甚解，恐怕一辈子读不了几本书了。青年学生初读鲁迅，只能“不求甚解”，不刻意深求，反而能进入“每有会意，便欣然忘食”的境界。应该说，王景山先生这“三读法”是最引起我的共鸣的，甚至可以说这也是我的阅读与教学经验。王景山先生还亲自示范，写了《鲁迅五书心读》，其意义与价值自不待言。我要提醒的是，要注意每一篇“心读”的标题，那都是点睛之笔，言简意赅地提炼了鲁迅文章的核心意蕴，是我们阅读时，应该紧紧抓住的“纲”，拎起它，全篇文章就贯通了。这是集中了王景山先生几十年阅读、研究鲁迅的心得的，切不可轻轻放过。

最后一问，是八十高龄的王景山先生为什么要选择弘扬鲁迅精神作为“有生之年最后一次”努力？

先生引述鲁迅的两句话表明心迹——

“时时想到中国，想到将来，愿为大家出一点微力”。

“我们总要战取光明，即使自己遇不到，也可以留给后来的”。

似乎不需要再说什么：鲁迅的心，王景山先生的心，以及我们的心，在这里相遇，相通了。这才是最重要的。

2011年12月3日—4日

辑六　精神流浪汉的历史命运

“文学时代”凄婉、美丽的回响

——我读王翔《夜雪》

王翔这本小说放在我这里，已经有两年了。

初读其中的几个章节，我就有一种莫名的感动，但似乎又说不清楚。我知道王翔期待我能够为他的这本倾尽心血之作，说些什么；这反而成了我的一个负担，不知从何说起，就放下了。它躺在书桌上的书堆里，默默提醒我：无论如何也要说点什么。直到今年春节，才下决心要偿还这笔心债。仔细读了，依然感动，而且朦胧地感觉到，它不仅和王翔的生命，而且和我的生命都有某种说不清、理还乱的关联。这样的感觉让我既温馨又沉重，却又无法说出其中的缘由。直到今天早晨，随便翻到子平兄前几天送给我的《远去的文学时代》——这也是我的习惯：文章写不出就去翻闲书，常常无意间就得到灵感；这一回也是这样，子平的《小序》让我突有所悟：他所提出的“文学的时代”的概念，照亮了我和王翔的交往。

按子平的说法，“文学的时代”也即“启蒙的时代”，“文学所蕴含的反抗实存的力（摩罗诗力），它所追求的语言乌托邦（恶之花）”在某一历史时刻唤醒了人们，让许多人沉迷其中，又在另一个“历史瞬间倏然幻灭”。我知道，子平所说的“文学时代（启蒙时代）”主要是指二十世纪八十年代，就时代发展的主线而言，这是确实如此的。但历史的具体进程可能要复杂许多。在我个人的经验里，尽管九十年代启蒙主义已经遭到普遍否定，但包括我自己在内的许多人仍然在质疑中坚持。在90年代末、20世纪初，曾有过一次中学语文教育的大讨论，这场影响深远的讨论，首先自然是出于教育，特别是语文教育改革的内在要求，但我们这些知识分子的主动参与，也显然有通过语文教育的改革，在青少年中进行思想启蒙、文学启蒙的意图，在某种程度上，这是一次重新唤回已经渐行渐远的文学的时代的自觉努力。我和当时还是中学生的王翔就是在这样的背景下，相识、相遇的。

我现在还保留着1999年9月4日写给东莞中学高一学生王翔的一封信，在此之前，我们还通过一次信。这一次他寄来了写的一些诗，我回信说：“你对北大的向往，对文学的酷爱，让我感动。我能理解你的心情和苦恼。四十年前，我和你一样是一个爱好文学的中学生，也是这般焦虑和不安。我读了你寄来的作品，尤其喜欢《流浪歌手和他的梦》那一首。对‘远方’的追寻正是青少年时代自然有的欲望，如今却被可怜的物欲所取代，你还幻想着‘飞翔’，就很不容易了。我在中学时也写过类似的诗，叫做《迎着太阳歌唱》”。后来，王翔在海天出版社连续出了诗集、散文集共三本：《飞翔的梦》、《期待的男孩：我和你》、《灯还亮着》，要我写序。我也因此读了他更多的作品，并在序言里，摘录了让我感动的几段话：“我不肯把自己的个性磨灭在枯燥的教条与题目中”，我的写作“仅仅想证明自己的存在，想向这个喧闹而冷清的世界发出自己的声音”；“我想走出狭小的天地，也走出陈旧的自己”，“想拥有一种大潇洒、大气魄的大快乐”；我“像一个极其饥渴的人，渴望着食物和水一样地渴望着交流和理解”；“要坚持必须坚持的，拒绝必须拒绝的”，同时不断“反省自己，解剖自己”。我同时注意到王翔的老师马小平，这是一位文革中的知青，八十年代的大学生，也是一位自觉的启蒙者，他坚持和自己的学生平等对话，努力“走进学生的心里”，他和王翔之间有一次彼此都终身难忘的“泛舟夜话”：谈论各自的“少年时代”，倾诉各自的苦闷与困惑，把心放开来，畅谈精神与物质，瞬间与永恒，生命的价值，人生的选择等。现在可以看得很清楚：王翔是在他的启蒙老师的引导下，在九十年代进入了八十年代的文学的时代：他对文学和人生的理解和追求，属于启蒙年代，前引子平兄所概括的八十年代的文学观念：“文学所蕴含的反抗实存的力（摩罗诗力），所追求的语言乌托邦”，都已经渗透于这位外表看起来如此文弱的少年心里，他后来和我相遇，并通过我进一步和鲁迅相遇，都不是偶然的。我遇到他，首先想到的是五十年代的自己，恐怕也非偶然：我和子平都认为，五十年代前半期和八十年代都是共和国历史上蓬勃向上充满理想主义的青春气息的历史瞬间。

王翔心在八十年代，却成长、生活于九十年代以后的中国，这是命运对他最为残酷之处。八十年代自由读书的校园已不复存在，代之以应试教育的禁锢。于是，王翔以我们精心培育的少年意气作出了自己的反抗：有一天，他向家长、老师，也向我慨然宣布：他要退学，追求自己自由读书的生活。不知别人如何反应，我大吃一惊之后，就意识到自己犯了大错：我们这些自命的启蒙者，在努力唤醒王翔们时，却没有教会他们如何保护自己，在现实中求生存。由此而产生的负疚感和责任感，从此笼罩着我和王翔的关系，延续至今。他的生命因此也和我纠缠在一起了。我连忙力劝他：必须面对现实，无论如何也要有一个学历。王翔听了我的，大概还有马老师、家长的话，通过自学，终于取得了大学文凭；我又劝说他还要考研究生，并且具体建议他到北大附近来，边打工，边在北大听课，准备考试。王翔就这样走上了“北飘之路”，这在他人生路上又是关键一步。

我对他提出这样的建议，也非偶然：这又是我的一个理想主义的梦。1994年春节（那就是近二十年前了！）我写过一篇文章专门讨论住在北大附近蹭课的未注册的旁听生，我称之为“精神流浪汉”。这构成了北大风景的一个重要部分，二十世纪的二、三十年代就有，胡适曾在《每周评论》上发表过其中一位来自贵州的偷听生的小说，并在《编后记》里特地介绍，称为“北平拉丁区的居民”。我在文章里则谈到1949年以后在严格的户籍制度下，这一传统中断了，直到改革开放，允许人口流动以后才得以恢复。我强调的是，“这批在北大旁听的精神流浪汉出现在八九十年代的中国‘商品潮’中，这个事实本身就足以证明，精神的超物质的追求是出于人的本性，当大多数人趋向物质的享受（这本身也是正常的，无可非议的），也总会有人作出逆向的选择，更渴望精神的丰富；尽管是极少数，而在我们这样的十二亿人口的大国，也会是一个相当可观的数量”（《保留一块“精神流浪汉”的“圣地”》，文收《世纪末的沉思》）。我在新世纪初建议王翔也来参加这只精神流浪汉的队伍，自然是出于我的这一理想与信念：在我看来，这样的精神流浪汉的磨砺，对王翔的成长可能是有好处的。因此，当他来到北京，在北大附近安顿下来以后，我也很少照顾他：我不准备再扮演启蒙者的角色，一切应该让他自己去闯了。

但这回读了王翔这段精神流浪汉生活的结晶：这部题为《夜雪》的小说以后，我仍然有些自责：我还是把精神流浪汉的生活理想化、浪漫化了。王翔告诉我，还是我鼓励他写小说的，而小说中的人物“不是别人，正是我自己”，他们身上，都有着启蒙时代的精神气质：永远不安分守己，永远“生活在别处”。但时代已经大变，如小说中的人物所感觉到的那样：“那个弹琴唱歌，写诗做梦的年代，已经过去了”，“真心去实践（生活在别处）这句话的人，或者死掉了，或者永远沉默，剩下不愁吃喝的文学青年在高谈阔论”。就是说，从表面看，似乎依然是“文学的时代”，但骨子里已经变味了。王翔们眼里笔下的“燕大”（现实生活中的北大），也仿佛一切依旧：讲座照常举行，讨论一样热闹，“校园里的才子才女依旧高贵地郁闷着，专业地思考着，继续走在成功的大路上”。这样的形式的延续与模仿，就露出了历史荒诞的一面，让人哭笑不得。王翔和他小说里的人物，这些“在青春的尾巴上实践一个做了很久的梦”的真诚的昔日少年，更是陷入了尴尬：就像人们通常所说的那样：心高飞着，身子却沉落于泥淖中。一次次的挣扎，一次次的失败，一个个都成了“考研流行病”患者，一年一年又一年，物质与精神的折磨足够“毁掉一个人”。生活不断逼迫着他们“把读过的书彻底地忘了”，埋葬掉“心里的野兽”，无休止地告诫他们：“要实际一点，那些看不见摸不着的，别太信了”。他们被“封存在地下室里”，“望着无边的夜，心里忽然很坎坷”，仿佛“有个人在自己身体里哭，在里面泪如雨下”，终于忍不住大喊一声：“我快混不动了”。但他们心里很明白：“要打道回府，再规规矩矩过平常日子，已经很难了”。这样，被启蒙主义唤醒的王翔和他小说里的人物，就都走到了困境，不仅是生活的，更是挥之不去的精神绝望。

从另一个角度看，启蒙梦的破灭也就意味着对社会、人生，以及人性方面最为严峻与真实的一面的正视，这未尝不是一种清醒，这是一个人成长过程中必经的一步。于是，王翔们又面临一个人生的十字路口。王翔的小说，最让我感动的，就是他们绝望中的选择：没有因此走向虚无，颓废，没有沉溺于市侩主义、享乐主义，也没有成为怨天尤人、故作激进的愤青，而是像鲁迅那样，“反抗绝望”，积极、健康地生活着。按王翔的说法，就是“感受到绝望，同时也感受到绝望的虚妄，或者成为继续生活的一种力量”。于是，王翔和他小说中的人物，在经历了大悲大喜、大痛苦大绝望大荒诞以后，就进入了一种沉静状态：“心里很静，阳光一下就洒进了心里”，“夜静到极处，反而有一种潮水般的音响，在远远近近的澎湃”：这是一种生命的境界，也是一种文学的境界。老实说，我在当代文学中已经很少读到这样蕴含着精神的丰富的“沉静的文学”了。王翔将他的小说命名为《夜雪》，大概也就是要营造、暗示这样的文学氛围、气象。在久违了以后，我终于读到了让我静静地沉思、遐想的文字，这是王翔的人物，也是他自己的内心的独白：“人活着就应该不断地经历离别，经历创伤，经历许许多多各种乱七八糟的痛苦，等一个人积累了足够的伤痛，他也就积累了足够的坚强，他的鼓才打得够狠，他才能真正地摇滚起来。摇滚是你心里的东西，命里的东西，首先你得摇滚你自己的生活！”“还像从前那样，单纯，执着，不屈服，不妥协，而同时有了流水般的随和”；“把世界看得愈黑暗，对人事却愈有耐心”；“提笔之初他是愤怒的，而越往下写，他的心绪越是复杂。写到后面，他几乎是带着一种赎罪的心情。他感到这世上的罪恶与他息息相关，他不能站在一个干净的地方，去批判和怜悯。他既是那个施暴者，也是纵容者和受害者”；“生活应该快乐。这世上有着许多的痛苦，许多的不公平。正因为如此，才更应勇往直前，仿佛与一个更广大的存在共呼吸”；“他看着这个世界。他知道，远方有人在战火中哭泣，有人在灾难中死去。此时此刻他眼前的世界是和平的，然而许多悲惨的东西被掩盖其中”；“他躺下来。五年，十年后，这里的池子，天空，树，还是老样子。在许多青春、爱情和生命都消失以后，它们还会是老样子”；“当初那个跨着书包走出校门的少年，已经离他越来越远。然而他仍在追求什么，他还在反抗什么”。还有小说的结尾：“雪灾过去了，地震过去了，奥运过去了，薛真（小说主人公）听说中国正在崛起，然而他看不清他所身处的时代。他知道无论身在何处，他都无法置身其外”。——这都是文学时代（启蒙时代）的回响，尽管不免凄婉，却是美丽的。这里有对启蒙的质疑和超越，更有启蒙精神的内化：王翔和他的人物一起走向成熟。我因此感动而欣慰。

这同时是新的彷徨、新的挣扎的开始。我又想起了子平兄《小序》里的话：“启蒙时代（或文学时代）已然远去，欢迎来到‘蒙启时代’即‘再蒙昧时代’”，“再没有大写的文学了，只有写作——办公室写作和广告写作”。于是就有了这样的问题：“身处后文学时代”，

“在印刷资本与教育产业的话语秩序中，在新一轮的太平盛世中”，“你将如何写作？”读了王翔这一本我所谓的“文学时代的回响”的小说，掩卷深思，就向王翔，向我自己，或者也向本书的读者，提出这个“往下如何写作”的问题。特别是我听说王翔的启蒙老师马小平在几个星期以前“走了”以后，就更感到一丝惆怅：从此，王翔必须独自面对一切新的困惑，一切新的选择，而且一切

都依然没有答案。但似乎也还有一点“底”：既然我们已经一步一步地走过来了，如王翔小说里的主人公所说，失去了许多，也得到了许多，那么，我们就还可以继续摸索探寻，一路走下去，就像鲁迅笔下的“过客”那样，“向野地里踉跟地闯进去，夜色跟在后面”。

2012年1月29日—2月2日

努力地去“明白做人的道理”

——读韩立勇《水浒中宋江是怎么当老大的》

我有不少未曾见面，或很少见面，却心有灵犀的青年朋友，韩立勇就是其中的一位。记得他在河北某军事院校读书时，我们就因为通信而相识了，在我的印象里，他是一个好读书，喜思考，积极向上的年轻人。直到他从军校毕业，走上工作岗位，路过北京时，我们才见了一面。以后，又通过几次信。在2001年末的一封信里，他谈到了自己参加工作以后，理想的破灭，对现实的绝望。我在12月31日给他的回信里，就特意谈到俄国批评家、教育家别林斯基的一个观点：人的一生要经历三个阶段。首先是做梦的时代，充满了理想，却不知人事，只沉浸于天性中纯净的世界；以后，人开始接触现实，就会出现理想的破灭，陷入矛盾、冲突和痛苦。我对韩立勇说：“你现在正处于这个阶段。而且才是开始，以后你介入现实越深，这样的冲突和痛苦还会加深，对此，你要有充分的思想准备”。接着，我又说了这样一番话：

“这是一个人的一生中的关键阶段，有的人就真的为现实所吞没了，一味地适应现实，根本放弃了自己的理想。而另一些人则坚持着挣扎，既在操作层面不得不对现实作出某些妥协，同时又在对自己原先的理想的质疑中，有所坚守，有所调整，又有所扩展与深入。正是在这挣扎过程中，建立起真正属于自己的信念和理想——这个理想、信念，不是原先未经实践检验，因而不免幼稚的理想、信念的简单重复，而是在更高层面上的否定中的肯定。它已经化作了自己的血肉，因而是坚定的，能够在与现实的冲突中，始终坚持不变。我希望并且坚信你能够通过人生第二阶段的挣扎达到第三阶段的坚守。”

信的结尾是：“以上这段话就算是我对你新年的祝福吧”。

我已经记不得韩立勇有没有给我回信，但此后就基本没有联系了。我和许多年轻人的交往都是如此：开始时密集通信，以后走上了独立之路，就不免疏远了。从我自己选择的“历史中间物”的立场来看，这正是我所期待的。后来在编选《致青年朋友：钱理群演讲、书信集》时，我还是把和韩立勇的这封通信收入，算是对我们那段友情的一个纪念。

但没有想到，去年年底，突然收到韩立勇的来信，同时寄来了一本厚厚的书稿。我由此而得知，韩立勇“曾为中文思想区关天茶社版主，现为天涯时空特邀版主”，并且“被网友誉为80年代学术评论中坚力量”，那么，他终于走出了精神的苦闷，找到自己的路了。我突然意识到，韩立勇特意寄来的书稿，大概就是要对我们当年讨论的现实与理想关系问题，作出自己的回应吧。

从表面看，这部著作是对《水浒》的“戏说”，似乎涉及不到如此严肃的话题；但作者在《引子》里，说得很清楚：《水浒》对“时下中国人”，最诱人之处，就在于可以通过研读其书，“明白做人的道理”。因此，他对“才子金圣叹”对《水浒》的评点，别有体会，说其所“关心的”，也许“不是人情世相”，而是追求“自己做人的境界”。韩立勇大概也追求这样的境界，因此，这本书，一方面写得妙趣横生，用当下的流行语言重述《水浒》里的故事，我猜想是活用鲁迅《故事新编》里的“油滑笔法”，古今杂糅之中充满了幽默感；另一方面，又处处可见肯綮的人情事态心理分析，不失深刻的掘疑解惑，自由发挥的评点、议论，掩盖不住的是历史的沧桑感，人生的沉重与无奈。读者初读会不时莞尔一笑，读下去，就陷入了沉思，而且终于明白：作者真正要展现的，是他的人生观察、体验和感悟；书的背后，深处，有韩立勇自己。

书的最后一章，讲“好汉们的归宿”，特意点明：“他们每个人都活着，用不同的服饰，不同的语言，不同的故事，演绎同样的规则”，并发出感慨：“想到这里，我内心总会有一丝痛楚，十年砍柴先生有个口号：告别梁山。是时候了！”——那么，在韩立勇的观察、体验和感受中，我们今天还生活在“梁山”里，梁山中人还在我们周边“活着”。

韩立勇说，本书的“立意”，在“秉持基本人权立场，解读水浒中宋江为首的政治流氓原型的游戏规则”。这就是说，在“梁山”世界里，占主导地位的，是“政治流氓”的“游戏规则”。如作者在另一处所说，“什么国家法度，什么道义良知，什么仗义疏财，都仅仅是宋江的一张牌而已。我们应该记住的是，收买了无数人心的枭雄，绝不会干舍生取义的傻事，用鲁迅先生的话来说，他们是一群聪明人”。

有聪明人，就必有奴才。韩立勇说，“梁山不愿意做人的‘好汉’太多了”：“有些人不愿意做人，是因为他已经习惯了做奴隶，他们没有反抗的余地”，“有些人不愿意做人，是因为他是禽兽，喜欢奴隶他人的快感”，而有些人则是“没有做人的勇气”，选择了“隐忍”，也就“永远丧失了做人的尊严”。

在这样的充斥着宋江式的聪明人和被称为好汉的奴才的历史与现实的梁山世界里，人们追求的，是造反和招安，这都是“最大的投资”：造反是为了成功以后“我当皇帝，我定规则，我收保护费”；“造反不成，就选择招安”：“给我分点成，让我和你一起享受你所制定的税务规则”。这样，无论造反，还是招安，都会让奴隶的时代延续下去。

应该说，韩立勇对历史与现实中的“宋江”、“梁山好汉”和“梁山造反与招安”的解读，都是别开生面而深刻的。我从中看到了他的成熟：他终于有了一双鲁迅说的“会看夜的眼睛”。

但韩立勇并没有因此走向虚无主义和犬儒主义。这也是我写给另一位向我倾诉苦闷的大学生的一封信里所强调的：要相信人性、社会、人生总是丑恶并举的，因此，“任何时候都要‘敢于直面惨淡的人生，敢于正视淋漓的鲜血’，同时，任何时候也不要丧失对人的生命的美好、社会的进步的信心。不仅要有勇气揭示丑恶、反抗黑暗，也要善于从周围的生活，周围的人身上，发现、发掘美好的东西。我们当然不满于许多事情，但这种不满，应该成为鲁迅所说的‘向上的轮子’，即成为我们努力地去改变现实的动力，而不能把自己引向消极颓废，对一切失去信心”（信收《致青年朋友：钱理群演讲书信集》）。——这也正是韩立勇这本书里的另一个亮点：他在批判梁山世界的同时，也在努力地发掘其中的光明和美。

于是，就有了对宋江的独特解读。在韩立勇的眼里，宋江“是一个杀人狂魔，也是一个在理想和现实中不断突围的斗士”。他说：“宋江的价值观念优劣暂且不管，但他是一个有追求的人，为了追求自己的梦想，他风风火火的走过了一生。这种专注和执着，也是美的一种”。——韩立勇的这一分析，可能会引发不同的意见；我却想起了鲁迅的一段话。他说，天津的流氓，人称“青皮”，在火车站为人搬运行李，他开口就要两元，对他说行李小，他说要两元。对他说道路近，他说要两元。对他说不要搬了，他还是要两元。反正认准了就要两元，死咬住不放，不达目的绝不放弃，绝不罢休。鲁迅由此作出一个判断：“青皮固然是不足为法的，而那韧性却大可以佩服”。宋江大概就像天津青皮，其流氓精神当然不足效法，但他对自己选定的目标的执着追求却是可以给人以启发的。韩立勇批判前者而有限度地肯定后者，其实就是要表达他自己的一种人生选择，就是人活着，必须有理想，有追求，这才能“激发人生的使命感”，并且为了实现生活的目标，不计代价，坚持到底，自己掌握自己的命运，这就叫“我命由己不由人”。难能可贵的，是韩立勇还把这样的生活理想、目标，化为自己的日常生活里的具体实践，他的网络写作和本书的创作，就是证明，而且如他所介绍，已经在社会上产生一定的影响。

这是我最感欣慰的，也是我十年前的通信里所期待的。于是，在这新的十年的开端，我对韩立勇又有了新的祝愿——

沿着你选定的道路，坚定地走下去，无论外在环境多么恶劣，也绝不动摇，绝不苟且，绝不放弃！

2011年2月24日

精神流浪汉的传统和它的命运

——常俊曙《碎步流年》序

俊曙的书放在我这里，已经好几个月了。直到昨天才抽出时间，仔细读了一遍。今天早上，照例地提前醒来，想起这本书，突然引发了许多的记忆和思考：关于北大，北大里的精神流浪汉，关于我和北大的关系，我和俊曙的交往。

自从2002年8月退休，我就很少来北大了，除一个月来一次看病取信，没有特殊的事或机缘，都尽可能地远离校园。我在《与鲁迅相遇》一书的《后记》里，有过一个解释："现实的北大对于我是越来越陌生了。因此，我需要将心中的北大推到远处，成为一个永恒的记忆，一个永远给我带来温馨的梦"。

记不得是哪一天，大概是几年前（三年？四年？）的某一日，我来北大中文系取信，突然被一位年轻人拦住，说他在北大当保安，却很着迷文学，也读过我的书，想和我聊聊：这大概就是我和俊曙的第一次见面。不知为什么，在我惊愕不已的那一瞬间，突然有了一丝感动。我答应了他的要求，好像是另约了一个时间，我专门赶到北大来，和他见面的：这大概就是一种机缘了。以后还谈了好几次，其中一次是和俊曙的中学启蒙老师田老师一起聊的。在谈话中，俊曙告诉我，他原在河南某大学就读，毕业后，找了一些工作，都不甚如意，原因是忘不了自己的北大梦，于是，就到北大来，寻了份保安的工作，作为实现北大梦的第一步：先感受一下北大的气氛，同时利用北大的条件，听课，读书，准备考研究生：那么，我就在无梦的中国和逐渐远离梦的校园里，遇到了一位还在做梦的青年人了。在进一步的交谈里，我发现，俊曙对于文学，对于思考，有一种痴迷，一份神圣感，同时又有找不到出路的迷茫。于是，我断定：这又是一位精神流浪汉。

这就唤起了我的历史记忆：我在1994年写过一篇《保留一块精神流浪汉的圣地》的文章，谈到从二十世纪二、三十年代开始，五、六、七十年代中断，到八九十年代又重新续接的精神流浪汉现象，特意强调“在中国，人们一旦有了精神的追求，就常常把眼光转向省城京都里的学苑。北京大学就这样成为一切精神流浪汉（在广义上，我们大家都是精神流浪汉）心目中的一块圣地”，中国经济越发展，越“需要精神的圣地”，这不仅是北大，而且应该是大学学院的基本功能与职责。文章结尾，我还发表了这样的感慨：“在当今之中国，理想主义与浪漫主义已经是不合时宜，甚至是滑稽可笑的。但我仍然要坚守这一块精神的最后的立足之地——如果再退一步，我们就什么都没有了”。

这话说得有点悲壮；现在回过头来看，我大概当时就有了不祥的预感。但不管怎样，此后我一直在紧张地关注这些北大精神流浪汉的命运，在一定程度上，也是在观察北大的命运。而且我也没有中断过和形形色色的精神流浪汉的个人接触，也给他们中的几位朋友的书写过序。现在，我又遇到了俊曙。他是最近几年才来到北大的。在他身上似乎也有八十年代启蒙主义的烙印（大概也是他一再提到的中学启蒙老师给他的）；但或许还更有新的时代特点：这正是我想探讨的。于是，俊曙这本书里的几篇文章引起了我的兴趣。

首先是他对当下的北大的观察：因为住在北大校园内，就有了零距离的感受。他仅写了三篇，这有点遗憾：他是可以写得再多些的；写的都是小事情，却留下了很大的遐想与思考空间。第一篇是《从“校友桥”到“状元桥”》，讲这些年北大成了旅游景点，人们争先恐后地要跨过北大西门内的那座桥，美名其曰过“状元桥”——俊曙说，这桥原名“校友桥”；但在我这个五十年代的北大学生记忆里，它却是无名的。这其实并不重要，值得深思的是，“状元桥”命名背后的北大理解与想象。俊曙尖锐地指出，这是在将北大贵族化，官僚化，名利化，金钱化，“这也正是校友桥的悲哀，北大的悲哀”！读到这里，我的心为之一震：这不正是十多年来，我为北大和中国教育忧心忡忡的症结所在吗？径直说，从2000年当时的执政者、教育主管部门提出“教育产业化”的目标后，中国的教育（从大学到中小学）的性质就发生了根本的变化，变成了营利的工具。包括北大在内的大学，都由此走上官僚化、商业化的不归路，实利主义、实用主义、市侩主义、虚无主义——泛滥成灾，理想、信仰、精神、圣洁，宁静致远——这些构成学院的基本元素，都在事实上被逐出了校园，大学的“民族精神圣地”的基本功能与职责，都被彻底消解：这是真正的“釜底抽薪”。正像俊曙所观察与敏感到的，人们，相当多的家长与学生，向往、报考北大的原因，不再因为它是精神的圣地，而在乎它是一座“状元桥”，由此可以通往政治、经济、文化——的高层，达到“做人上人”的人生目的。这样，北大就不可避免地要培养出我所说的“高智商的利己主义者”，并以此作为国家和包括学术和教育在内的各行各业各部门的接班人，那就真正要危及国家与民族的未来了。——听说我的这个判断曾在网上广泛流传；我的心却一直在流血：“精神的最后的立足之地”坚守不住，真的“就什么都没有了”；社会学家孙立平先生谈到整个中国的精神溃败，北大，中国的大学教育首当其冲，早就溃败了。

当然，或许还有另外一面。俊曙讲了两件北大小事。一是他亲身的经历：许多的老师和同学在知道他干着保安准备考研时，都给予了充分的理解和力所能及的帮助和支持，他从中感受到了“尊严上的平等和人道上的关怀”，于是，就写了篇文章，题目就叫《北大的人文》。还有一篇《那些人，那些猫》，讲北大校园里的流浪猫的幸运：学生专门成立了猫协来照顾、管理校内和园区中的流浪猫，更有许多在职和退休老师无微不至地照料，其中一位甚至被叫做“猫爸爸”。诚然，这不仅是北大人，许多普通老百姓都是这么做的，这就用得上前面说到话：这样的对生命的关爱，都是属于人的本性，并且最能显示人的本质。俊曙却愿意把它解读为“当世俗的观念日益浮躁时，有群老师和同学在守望着人文精神，如此说来，北大幸甚！”这或许有俊曙出于他的北大梦的着意夸张；但也并非完全没有根据。我由此想到了自己的另一种经验：这些年，也总是不断有北大的学生（他们都是我退休以后入学的），或上我家，或请我到北大去，和他们聊天，或给他们讲点什么，就在几天前，就有我中学母校南师大附中考上了北大的一群学生（各年级各系的都有），就南京大屠杀和中日关系和我作过一次座谈。这些聊天、讨论涉及的话题相当广泛，而且也很深入，我从中感受到北大人所特有的人文关怀和独立思考与探索热情。对这些学生的自发活动，我都是欣然应邀，和他们在一起，我感到非常自在自如，仿佛依然生活在北大的传统中。我因此也就明白：我所说的“高智商的利己主义者”只代表了一部分北大人，问题是他们正在被着力培养和重用；也许和我接触的这些学生，以及和我没有交往但有着同样追求的学生，也只是一部分人，但他们的存在本身，就说明了北大的传统是不可能被摧毁的。俊曙说他们是守望者，这是准确的：可以说他们是在前述北大精神、大学精神整体溃败的情况下，坚守精神的追求。既精神溃败，又有人坚守：这两个方面构成了当今北大和中国大学的真实状况，忽视任何一方面，都可能形成遮蔽。

把俊曙的追求置于这样的背景下，就不难看出其意义和价值：他也是溃败中的坚守者。我因此常常发出感慨：一部分被视为、也自认为天之骄子的高智商的利己主义者，他们其实是远离北大精神的；倒是俊曙这样的某些人不屑一顾的保安，却继承着北大的传统。当然，作为一个精神流浪汉，俊曙的坚守，是远比北大在读学生更为艰难的。于是，就注意到了俊曙笔下的《车轮下的翅膀》。文章的副题是“试以象征示人”，并且有这样的“补记”：看到车轮下的鸟的尸身，不能不联想起“自己的经历或命运”，“岂不是被撞击、碾压下的麻雀”？那么，这只“已经不再飞翔，也不能飞翔”，却“把自己的血肉、羽毛，连同渴求的飞翔献给了大地”的精灵，不就是今日的俊曙们的象征？这已经不是前述世纪初的王翔们的“凄婉美丽的回响”，而是更为惨烈的呼救：中国的精神流浪汉几乎已经走到绝路了。他们所要承受的，不仅是强力的压制，生存的艰辛与危机，更有与全社会的商业化气氛格格不入所带来的精神的孤独、枯寂，以及不堪忍受的冷遇。

最大的痛苦与折磨，更来自自身。坦白地说，连我自己，在这里肯定与赞扬俊曙们的坚守时，也在不断地反躬自问：这是不是误导，会最终贻害、耽误了这些年轻人？不错，启蒙时代的乌托邦理想，是弥足珍贵的；但却是必然破灭，又必须超越的，这样才能达到对社会、人生，以及人性方面最为严酷的一面的正视和清醒。而在面对现实以后，又面临更为艰难的选择：是因此走向虚无，颓废，或沉湎于市侩主义、享乐主义，或成为怨天尤人、故作激烈的愤青，还是既正视又坚守，在反抗绝望中寻求新的出路？而路又必须自己去寻找，绝不能指望任何人指路。这就需要自身的生存能力与精神力量的强大。还是鲁迅说得好：“一要生存，二要温饱，三要发展”，生存与温饱是发展的基础与前提，而发展则要仰赖更为自觉的精神的不断升华。我读俊曙的书，在为他对文学与思想的执着追求感动的同时，也感到他在这两方面修养的不足，还有很大的提升的空间。我还想起了鲁迅的另一句话：“青年又何须寻那挂着金字招牌的导师呢？不如寻朋友，联合起来，同向着似乎可以生存的方向走。你们所多的是生力，遇见深林，可以辟成平地的，遇见旷野，可以栽种树木的，遇见沙漠，可以开掘井泉的”。就以此语赠俊曙和他的朋友，并请相信，在你们艰难寻路中，会有一位老人始终在关注、支持你们，并给以默默的祝福。

2012年12月12日—13日

辑七　余论：短文集纳

且作一呼

——推荐胡适的《差不多先生传》

我推荐将胡适的《差不多先生传》选入中学语文教材，理由有二。

首先，胡适不仅是中国现代文学的开创者，也是现代语文教育的开拓者之一；他不仅是现代白话文运动最有力的推动者，而且他自己的语言也堪称现代白话文的典范，“五四”时期就有“胡适体”之说，其特点是：明确，明白，不含糊，不含混；通俗，易懂，不晦涩；简洁，干脆，不拖泥带水。这样的语言最适合于青少年阅读和效法，其文风更应该在青少年中大力倡导，特别是在当下学生的语言在错误的导向下，日趋华而不实，反而不会把话说清楚的现状下，学学胡适这样的返璞归真的平实、明白、准确而又真诚的文章，是大有好处和必要的。

其二，《差不多先生传》是胡适写的小说，在“五四”时期产生了很大影响，曾多次入选中学语文课本。小说塑造的“差不多先生”形象，在当时几乎和鲁迅的阿Q齐名，成为中国国民性弱点的一个象征与代名词。

我曾将此文选入我主编的《新语文读本》（修订版）初中第五册（编了一个单元：“胡适与中国少年精神”，《差不多先生传》

外，还选了《少年之中国精神》与《中学生的修养》二文）。我还写了这样的《阅读建议》——

“如鲁迅的《阿Q正传》一样，小说一开始，也是讨论主人公的姓名，籍贯。作者为什么不具体指明出生地点，而笼统说他是‘各省各县各村人氏’？

一般小说都要描绘主人公的外貌，但作者不作具体刻画，却强调‘差不多先生的相貌和你和我都差不多’，故意将其模糊化与普泛化：这是为什么？

但作者又要点明，他的眼睛，耳朵，以至脑子的诸多毛病：这又是为什么？

然后，写差不多先生的一生（这是写‘传’的任务）：从‘小的时候’写到‘死’。只突出一点：万事都是‘差不多’，而且引人发笑。因坚持‘差不多’哲学而致死的描写，显然是故意使用夸张的笔法，将差不多先生的喜剧人生推到了极致。

最后是死后的评价。在一片赞赏之声中，你有没有觉察作者微讽之中的感慨，也就是小说语调的微妙变化？

小说以‘然而中国从此就成为一个懒人国了’一句话结束，给你什么感觉？这是全篇唯一的沉重之笔，略略透露了作者内心的忧虑，却不作发挥，留给读者去回味那喜剧中的悲剧感，即所谓‘含泪的微笑’。

小说写于1924年，距今已有八十多年。差不多先生还活着吗？活在哪里？”

写完推荐语之余，还有点感言。

在我看来，语文教材的选文的主体，应该是古今中外的经典名篇。这是学校教育和社会教育、家庭教育相区别之处。所有的经典，都具有思想、文化的经典与语言文字的经典相统一的特点，它所代表的是人类和民族文化的精粹与高峰。学生读经典名篇，不仅从小就占据思想的高地，而且在经典语言的熏陶下，就会逐渐养成纯正的语言感觉、趣味、习惯和能力，这是一条学习语言的堂堂正路。因此，学校的教育必须以经典教育为中心。特别是当下中国的社会思想越来越低俗化，耳濡目染之下，青少年日常生活中的语言也越来越低俗化，和他们在应试教育中学得的充斥大话，空话，华丽之词的“应试文体”，形成一个恶性嫁接，完全失去了语言应有的纯正与健康，这是一个至今还没有引起注意的青少年的语言危机，其背后则是中小学语文教育的危机。在这样的情势下，从语文教材的编写入手，加强经典名篇的分量与教学，是具有极大的意义和迫切性的。

中国现代文学里的经典名篇，无疑应是语文教材中的重点。这些现代经典名篇所提供的精粹的现代白话文，无疑应成为中小学生学习语言的最重要的范本。而所有的现代文学研究者都公认，现代作家中白话文写得最好，堪称典范的，有三大家，即鲁迅、胡适和周作人。

所以过去的中小学语文课本里，他们三位的文章从来都是入选最多的，可以说，一代一代的中国年轻学子都是在他们的作品熏陶下堂堂入室，进入中国现代思想与文学、语言的殿堂的。遗憾的是，由于意识形态的原因，1949年以后，胡适和周作人的文章都从中小学教材中消失了，更奇怪的是，改革开放这么多年了，禁令居然没有取消，连松动的迹象都没有，这实在让我百思而不得其解。更让我惊诧莫名的是，这些年不断有人鼓噪，要在中小学语文教材中削减鲁迅的作品的分量。现代白话文的三大经典作家，或被拒之于语文教学课堂之外，或面临被淡化的危险，这真不知如何说是好！这里且作一呼，但愿这一次不要再落入无人理会的寂寞境地！

关于鲁迅的选文问题，我还要多说几句。在一些人眼里，似乎鲁迅作品不适合青少年阅读。鲁迅有些作品确实要有更多的阅历以后才能懂；但适合孩子阅读，或者加以适当引导，就能够为中学生所接受的作品，其实并不少，只是被一些成见所遮蔽了。这里还有一个视野的问题。如果不只局限于少数作品，放开眼量，鲁迅还有许多未被注意，却很适合于青少年阅读的佳作。比如，《我的第一个师傅》，我在给中学生讲鲁迅时，没有作任何分析，只在课堂上朗读了一遍，学生或哄堂大笑，或会心一笑，就喜欢上了。后来有一个学生还专门写了一篇读后感，说他从文章里看到了鲁迅“自由的，无拘无束的，本真的心”，这说明他真读懂了，比我们许多学者的分析，要到位得多。类似的作品，还有《我的种痘》，这都是和《朝花夕拾》一类的作品。小说里的《示众》、《鸭的喜剧》，《野草》里的《秋夜》、《腊叶》、《立论》、《狗的驳诘》、《聪明人和奴才和傻子》，都是过去语文教材中经常选的篇目。其实，《死火》、《死后》这样的奇文也是会给孩子打开另一番天地的。还有鲁迅的杂文，像《夏三虫》、《战士和苍蝇》、《从孩子的照相说起》、《推》、《观斗》、《电的利弊》、《这个与那个》、《小杂感》，等等，都是意味深长、孩子又能够懂的。我这里特别要提出的，是我发现，现在的中学生对具有调侃意味的文章特别有兴趣，其实韩寒就是从他们中间出来的；我就想起，鲁迅也有一批这样的用夸张、幽默、调侃的笔调写的“滑稽文”，如《论辩的魂灵》（《华盖集》）、《牺牲谟》（《华盖集》），《知识即罪恶》（《热风》），《由中国女人的脚，推定中国人之非中庸，又由此推定孔夫子有胃病》（《南腔北调集》），估计作适当的引导，中学生是会喜欢的。——当然，这只是我的设想，还没有经过教学实践，我想，至少可以先选作学生的阅读教材，或选修教材，作一点实验。

关于周作人的文章，我写有《读周作人》一书，有详尽的文本分析，其中有不少文章都是可以选入中学语文教材的，这里就不多说了。

2011年4月8日

陈为人《插错“搭子”的一张牌——重新解读赵树理》读后

最让我感到惊心动魄的，是本书《尾声》所讲述的赵树理的当下命运：他的形象与时俱进，却面目全非；他被安置在殿堂、广场，以至荧幕，供人瞻仰；“毫不相干，强加给他的塑像”竟有八处之多，他的儿子也只能自嘲地说：“人家说他是我爹”。——在这样的氛围下，被呼唤而出的“后赵树理写作”，会是什么摸样，实在令人担忧。

本书正是对这样的时代风尚的一个反拨。作者以直面一切事实的老实态度，将所能收集到的赵树理的方方面面，纷乱无序，甚至相互抵牾的材料，都一 一展示给读者。我们，至少是我，越读越糊涂，赵树理究竟是什么人：“毛泽东《讲话》精神的忠实实践者”？“党的忠贞的儿子”？“农民的代言人”？“真正的人民大众的文学”的大师？……，都像，都不像，总之一片模糊。而在我看来，提供这样一个模糊的，难以作出简单、明确判断的赵树理，而且引发我们许多想不清楚的思考：关于赵树理，关于毛泽东，中国共产党，关于中国的知识分子，农民，关于赵树理生活的、以及今天我们生活的时代，国家，民族——，最后所有这些思考，都会归于对历史，对人的命运、存在的追问，却又没有结论：这正是本书的真正价值与贡献。

2011年1月22日

戴明贤《物之物语》书后

明贤先生的《一个人的安顺》是“城记”，而这本《物之物语》则是“物记”。这既是文化散文的文体试验，更是历史书写的创新。尽管暗合法国年鉴派微观史学的路子，其灵感却是来自中国老百姓的日常生活：一家人饭后围炉闲话，听老人讲家中某个小物件的来历。就在这不经意的摆古中，家族的历史，连同相关人的历史、社会的历史，就深深镌刻在后代记忆里，而且因为有留存的物件作证，便格外亲切，因物及人，而引发永远的思念。可以说，这是中国民间传统（我想也是人类民间传统）讲述和传递历史的方式，现在在新的现代眼光的烛照下，被重新发现与激活了。其背后的历史观：关注大时代中的普通人的日常生活与命运，从中发掘历史的“变”与“常”，也是既老且新，最传统又最现代的。明贤先生自觉于此，不断开拓，显示了难得的创造活力和想象力，令人感佩不已。

龚姐，一路走好

（大嫂龚维瑶是中科院心理研究所副研究员，大哥钱宁是清华大学水利系教授，中科院院士，我们都习惯称他们为“龚姐”和“好哥”。好哥早在1986年即已远行；2011年9月2日，龚姐走了，我写了这篇短文，表达了“小弟”的哀思）

龚姐走了，我是有精神准备的；但她真的走了，我却发现自己并不能适应没有龚姐的生活，这两天，心里一直空落落的，做什么都不安分。她对于我，还有我们全家，或许还有更多的人，实在太重要了，是须臾不能离开的，哪怕她就躺在那里，也是一种心灵的慰藉啊。

在我的心目中，龚姐和好哥是一个生命共同体。好哥走了以后，我曾写文章，说好哥与龚姐“他们之间已经达到了这样的心灵的契合，无须说话，只要一举手，一扬眉，尽能理解一切”。我把文章给龚姐看，她最满意的，就是这一段话。当好哥走了以后，我们都觉得龚姐很快也要随之远行，因为很难想象，失去了生命的另一半，龚姐将如何生活。但龚姐却顽强地活了下来。我多次想过这其中的奥秘，其实道理也很简单：在龚姐看来，钱宁的事业需要她继续做下去。于是，她为钱宁著作的翻译、出版，钱宁基金的设立——耗尽心血；她一如既往地关心钱宁的学生，以后又自然扩展到关心学生的学生，学生的孩子；不仅如此，她还关心清华水利系的发展，以至中国水利界的种种事情。我多次私下劝她：不要管这么多闲事，她总用惊讶的眼光看着我，意思是说：我怎么能不管？对她来说，这样的管是再自然不过的，钱宁如活着会管的事，她也要管，这是她的责任所在。我终于明白：她在做钱宁要做、该做的事；钱宁的生命在她身上得到延伸，只要她在，钱宁就活着。因此，当她年老力衰，真的什么也管不了的时候，我，以及她身边所有的人，都分明感到，她失去精气神儿了，在生命最后一个阶段，她实际上已经去和钱宁见面，周围的一切都没有意义了。在龚姐终于远行的那天晚上，我坐在她度过后半生的清华大学16公寓304号房间的客厅里，看着挂在墙上的钱宁的画像，突然觉得，我的好哥，中国水利界的钱宁教授，也随着龚姐的离去，这回真的走了，永远不回来了，他们在天上最后相聚，再也不管我们了。意识到这一点，我顿时有一种述说不清的感觉，整个心都沉落了。最初的慌乱过去以后，我又开始思索龚姐生命的意义和价值。我分明感到，和自己所爱的人构成"生命共同体"，这不仅是夫妻恩爱的极境，更是一种令人羡慕、神往的生命存在方式。这样的生命，以后再难有了。

因此，龚姐把她对钱宁的爱，首先扩展到钱家，就是很自然的事。我真不知道该怎样来叙说我们的这位大嫂对每一个兄弟姐妹以及我们的子女，每一个家庭的无所不在的关爱，这里有太多太多的故事，太多太多的细节，还有太多太多的心理的情感的沟通，还是什么都不说，就留在我们钱家每一个人，每一个家庭的记忆深处吧。我要说的是，龚姐实际上也和我们钱家构成一个生命共同体，而且她在这个共同体中，始终处于核心的地位，起着中流砥柱的作用。这样的作用，恐怕是超过一般意义上的"大嫂如母"，而是一种精神的凝聚力和感召力。我们钱家人，最感自豪的，是我们有一个极其和睦，亲密无间的大家庭，它已经超越了血缘关系，而别具“心有灵犀一点通”的精神的交融，并且形成“对内谦让，对外奉献”的钱氏家风和精神传统。这样的家风和传统，有一种说不出的吸引力，不但对钱家的子孙后代有深远的影响，而且给所有接触到钱家人的朋友留下深刻的印象。这家风和传统自然源自我们的父母，祖辈，但好哥和龚姐，作为大哥大嫂，无疑起着极大的，甚至是决定性的作用。他们不仅是表率，而且是自觉的培育者和维护者，龚姐在这方面尤其下足了功夫。龚姐心里实际上是有一把杆秤的，凡是她认为有违、有碍钱氏家风、传统的事，都要干预，有时我也劝她要“少管点”（我在她面前是什么话都可以说的），她总是回答我：“我不怕，我是无私的！”而我每回听到这话，都受到一种震动：“无私”，这正是钱氏家风、传统的内在底蕴：无私才能谦让、奉献；无私的爱，正是龚姐自身思想品格的核心，是她的精神魅力所在。在今天这个信仰缺失，私利当先的时代，实在是太难得了。

我常常因此而深思并追问：这是怎样的一种“无私的爱”？我发现，龚姐的爱，是由此及彼，不断扩散的：她爱钱宁，因此爱及他的学生与同事，所有相关的人，以至他们的后代；她爱钱宁，因此爱及钱家；她爱钱家，因此爱及母亲的娘家项家，爱及我们每一个兄弟姐妹的亲戚，以至朋友，并且由本人而爱及他们的子女；最后，所有和她接触过、有交往的人，都得到她倾其全力的无微不至的爱，就成了一种博大的泛爱。因此，每一个和她有过接触的人，都会讲出一个又一个的爱的故事，这些故事不仅给每一个当事人以力量，同时也是人性光明面的展示，给处于精神危机中的我们以希望。龚姐没有留下什么具体的文字，但她的这些爱的故事会在我们中间，或许还会在我们后代中口耳相传，这是她给我们，以及这个时代，留下的最可宝贵的精神遗产。

还要谈到的，是她对子女的爱。从表面上看，和对其他人的温情、宽容不同，她对子女是更为严格、严厉的。这其实是一种更深沉、更深刻的爱。在和其他人的接触中，她有着更多的责任感，因此，精神总是紧张的；但在家人面前，特别是在子女面前，她才真正放松，有时就要把她内心的焦躁，甚至脾气发泄出来，显得严峻，甚至严苛。她对子女的优长之处，以及不足，都是心中有数的，当面表扬不多，但在私下谈话里却并不缺乏赞扬之词。她也同样把对子女的爱，延伸到对媳妇、女婿的爱。据我观察，越到晚年，她对子女和媳妇、女婿，就有更多的依赖和依恋，她最后是满意而放心地走的。这样的既严厉又依赖的爱，是龚姐的爱的非常重要的一面，只在她最亲近的人面前表露出来。我因为是钱家的“小弟”，也因为长时期在她的身边，就时时感受到这样的特殊的爱，我对龚姐的感情也是既爱又畏的，在她面前，我总感到一种精神的压力，不敢有任何骄燥的表现。

最后要谈的是，龚姐的爱，不仅是人性的爱，更有着深刻的社会、历史的内容。在写她的生平时，我特意提出，一定要写上：抗战开始时，龚姐曾经是抗敌演剧队的小队员，她当时只有十四、五岁。后来在重庆上大学时，才和好哥相识相爱。他们当初的爱情基础之一，就是对彼此的“报国之情志”的认同与理解。龚姐的遗言是，要将她和好哥的骨灰一起撒向重庆的长江流水，这是大有深意的。因此，1955年，他们放弃优厚的工作和生活条件，冲破重重阻力，毅然回国，参加新中国的建设，这都是很自然的选择，尽管以后历经磨难，龚姐和好哥都绝不后悔。这或许很难为后人所理解，但对他们，以及那一代人来说，是必然如此的：只有经历过贫弱的中国备受欺凌的历史的人，才能理解一个强大而独立的祖国对于他们的生命的意义。为了实现这样的救国梦，他们是甘愿在自己的土地上，和自己的人民一起，付出一切代价的。在龚姐的心目中，五十六年前的回国，是她一生中作出的最重要、最正确的决定。我永远不能忘记，她对我说的最后一句话：“小弟，国家已经决定对我们这一批回国报效的科学家增加工资，我的晚年生活不用你担心了”。后来，当我得知这不过是龚姐的一个幻觉时，我真想哭，为龚姐，也为我们国家。但龚姐并不会计较这一切，即使没有回报，她也是问心无愧的：她已经将所有的一切都奉献给自己的祖国和亲人了。

这样，我们在龚姐身上看到的爱，不仅是一种传统的爱——她的从家庭出发，由此及彼的爱，是典型的中国儒家之爱；它更是一个现代民族国家的梦想与爱。记得当年鲁迅对柔石有一个评价："无论从旧道德，从新道德，只要是损己利人的，他就挑选上，自己背起来"（《为了忘却的记念》）。二十五年前，我在写悼念好哥的文章时，就引述过鲁迅这段话；今日龚姐走了，我首先想起的，也还是这段话。这是可以用来评价新、旧交替时代中国最有理想，最有道德的一代知识分子的，好哥和龚姐都是其中普通的一员。

现在，这一代人都先后到天上相聚了。我们这些留在地下的人，该如何自处呢？

2011年9月28日急就

寄语《星火》青年朋友

（兰州大学的学生将他们自编的《星火》在网上发给了我，我想起六十年代的兰大学生也办过一份《星火》杂志。尽管所面对的时代与问题完全不同，但那样一种理想主义，人文关怀，和脚下的土地及土地上的人民的血肉联系，却是代代相传的。因有所感而写此文）

你们的《发刊词》，“于我心有戚戚焉”。特作数语，以作响应。

“《星火》将会是一场绵延的人文之雨”，要“思考自身与世界，为青年投身社会建设提供原动力”。——这话一语道破了大学教育的本质，正确地回答了“进大学是干什么的”这个问题。爱因斯坦说得好：“学校应该以此为目标：学生离开时，是一个和谐的人，而不只是一个专家”，更不能成为“一只受过很好的训练的狗”。上大学当然要学知识，学技术，使自己成为一个合格的专业人才，但又不能局限于此，还要培育自己的人文关怀。所谓人文关怀，就是要关心人之为人的精神问题，注重自我和他人的精神发展。具体地说，就是要思考、探索“人生的目的，人活着是为了什么”，思考“人与人之间，人与社会，人与自然，人与世界应建立起怎样的合理健全的关系”这样一些根本性的问题，同时也要不断地开拓自己的精神空间，陶冶性情，铸炼人格，在发展个人爱好、兴趣中充实与发展个性，提高精神境界，开掘与发展想象力、审美力、思维能力和创造力，使自己最终成为一个“和谐的人”。

当然，大学阶段仍然是一个人生的准备阶段。这就是说，我们今天的任务，是为最终建立自己的信仰，确定自己的生活目标，形成自己的世界观，打下坚实的基础。在我看来，大学里，主要应从两个方面打基础：一是通过自由阅读，特别是古今中外经典的阅读，最广泛地吸取人类和本民族文明的精华，作为精神资源，构建自己终身成长的精神家园；二是通过参与公益性的志愿者活动，深入到社会的底层，了解中国的国情，和中国这块土地上的文化和人民建立起生命的血肉联系，打好做人的基础。这就是我经常说的“脚踏大地，仰望星空”。

而且，一切怀有人文关怀的理想主义者应该联合起来，从改变自己，改变周围的环境做起，营造一个小的公民社会，在自主、自由、多元、开放的群体中，学会参与和独立创造，学会对话、合作和互动，学会信任和尊重，学会平等、公平和互惠，学会宽容和妥协，自我约束和相互监督。

我高兴地看到，你们的《星火》，以及由此形成的群体，已经有了这样的自觉。我特别看重你们的这一理念：要建立起“对人性的信心”，相信“光明是个好东西，一切好东西不会消灭”。这是对在部分青年中弥漫的虚无主义思潮，失败主义的情绪的有力回应，也是保证你们的刊物和群体的健全发展的关键。在我看来，人性是善恶并存的，而一个好的社会，好的群体，就能做到“扬善抑恶”，人们身处其中，自觉、不自觉地，或者说自然而然地就显示自我人性中最好的方面，而压抑恶的方面，以善相处。应该形成这样的习惯：每个成员都最大限度地发挥自己的善意对待他人，同时又最大限度地看到他人的善意，由此建立起最大限度的信任感，形成一个生命的共同体，生活在其间，每个人的生命都得到了某种人性的净化和升华。这或许就是“星火”的意义：每个人都尽量发射出自己的人性之光，同时又彼此映照；尽管只有点滴火光，能给人以温暖与希望，这就够了。

我们永远相信：心是颤动的，血是热的，灵魂是圣洁的。

2011年12月2日

我的读后感

严家炎老师的《敢于面对时代命题交出答卷的先驱者——从鲁迅的〈文艺与政治的歧途〉说起》，提出的问题十分重大，论证也很精当，我深受教益和启发，引起了许多的联想与思考。老师希望我谈谈看法，遂遵嘱略写一点读后感。

严老师在文章中指出，鲁迅如此尖锐地提出文艺家与政治家的关系问题，是同“鲁迅不仅关心中国人的命运，而且关心人类命运这种宽广的社会理想有关系”。我由此而想到，这里或许有三个层面的问题。

首先，当然是鲁迅对中国革命和苏联革命的看法。对此，严老师已有详尽的讨论。我想补充三个材料和思路。其一，鲁迅对“山大王”的造反，也即农民起义，是有明确的看法的；他在《学界的魂》里，曾引述一位学者的观点，指出：农民造反是为了“自己过皇帝瘾去”，并且预言，在中国，“最有大利的买卖”就是“造反”。其二，鲁迅对苏联的“文艺政策”是有过专门的关注与研究的，他注意到苏联革命胜利以后，文艺政策一派“偏于阶级”，一派“偏于文艺”的现象（《文艺政策》后记）。严老师在一篇文章里引述过胡愈之的回忆，说鲁迅对斯大林的大清洗是有警惕的，这当然不是偶然的。其三，周海婴在他的回忆录里，谈到杨霁云先生曾告诉他，鲁迅生前曾详细地和他谈到了“革命胜利以后”自己和知识分子的命运，但因为并无第三者在场，没有旁证，因此不便写出。解放后杨霁云几乎没有写过回忆鲁迅的文章，原因就在于此。这至少证明了，鲁迅对中国革命和知识分子的关系是有过深入的思考的，他对冯雪峰说“我要逃跑”绝非一时之戏言。

其次，这里，还有个“共产主义运动与知识分子的关系”问题。这个问题，是海涅首先提出的，他谈到了自己既认同共产主义者的平等理念，钦佩其革命意志与精神，同时又担心革命的胜利会导致自己为之献身的文化的毁灭的矛盾。我认为鲁迅也是思考过这一“海涅命题”的。他在三十年代支持瞿秋白翻译卢那察尔斯基的《解放了的堂吉诃德》，就讨论过“堂吉诃德式的知识分子”和共产主义革命的关系问题。对于这一问题，我在《丰富的痛苦——堂吉诃德和哈姆雷特的东移》一书里，有过详尽的讨论。

再次，鲁迅或许还有超越具体运动的，关于人性，人与人之间的利益关系问题的思考。我注意到的，是鲁迅在《小杂感》（收《鲁迅全集》3卷）里所说的这个论断：“曾经阔气的要复古，正在阔气的要保持现状，未曾阔气的要革新。大抵如是。大抵！”这就不只是共产革命和斯大林、毛泽东模式的社会主义制度的问题，而是具有更普遍性的问题了。鲁迅在《关于知识阶级》里，强调“真正的知识阶级”要“永远不满足现状”，要永远站在“平民”这一边，在《中山大学开学致语》里呼吁要做“永远的革命者”，就有了更为深远的思虑和意义。

最后，要谈谈我在思考中还没有解决的问题，想求教于严老师。这也是最近我和王得后先生在一次聊天里谈到的。他说，对鲁迅的有些说法，还有不太理解的地方，他谈到了鲁迅的两个提法。一是鲁迅在《关于知识阶级》里说：“知识和强有力是冲突的，不能并立的；强有力的人不许人民有自由思想，因为这能使能力分散”，“各个人思想发达了，各人的思想不一，民族的思想就不能统一，于是命令不行，团体的力量减少，而渐趋灭亡”，“总之，思想一自由，能力要减少，民族就站不住，他的自身也站不住了。现在思想自由和生存还有冲突。这是知识阶级自身的缺点”。其二，鲁迅在《思想·山水·人物》的《题记》里说：“我自己，倒以为瞿提（海涅）所说，自由和平等不能并求，也不能并得的话，更有见地，所以人们只得先取其一”。这也是我在研究鲁迅时，感到困惑之处。事实上，当时的许多知识分子，不仅是左翼知识分子，还包括一些自由主义知识分子，都是在维护民族统一与发展，追求社会平等的理由下，接受了对自由的限制的。当然，我深信，鲁迅最终是会奋起反抗的，但也绝不会像人们想象的那样简单。也不能简单地把鲁迅有这些想法视为鲁迅的局限性，事实上，“自由”与“平等”，“个人自由”与“集体（国家，民族）的统一与强大”之间的关系，是极为复杂的。而且是中国革命和现代化发展中所遇到的理论与实践问题。用过去的“左”的观念来看待这些问题固然不可，而简单地用自由主义的理念来作判断，恐怕也不行。究竟如何看，我也没有想清楚，不知严老师有何见教？或许以后可以找机会在私下作一些深入的讨论。

学生 钱理群

2011年10月21日

《周作人传》再版前言

本书“写毕于1989年3月7日（农历己巳年正月三十日）晨，正值作者五十寿辰”。现在，一恍二十三年，我也由盛年进入老年。回顾书出版后的遭遇，更是感慨万端。先是遭到围攻，横加“为汉奸辩护”的罪名；后来，在九十年代的商业大潮，以及自由主义大行其时的时代思潮里，周作人突然大红大紫，我对周作人的某些批判性审视，又变得不合时宜。我也不愿意凑热闹，遂多年不在公开场合谈周作人，唯私下把玩其作，随手写下心得，最后积成《读周作人》一书。加上与《周作人传》同时写的《周作人论》，算是有了一个我的“周作人研究三部曲”。《周作人论》与《读周作人》近年已由中华书局和新华出版社先后再版（改题为《周作人二十一讲》和《钱理群读周作人》）；现在蒙华文出版社李红强先生的厚爱，又将《周作人传》再版，自是倍感欣慰。我也借此重读旧作，却有恍若隔世之感：八十年代思想解放和相对自由的气氛之下，那样的从容、淡定的心态和笔调，潜入历史、人性深处的沉思的写作与生命状态，如今几乎已很难重现了。我为之惆怅不已，并深感历史的无情。但在苦涩中仍有一点自慰：当年所写下的感受与思考，经过这二十多年的时间淘洗，大体还站得住，无须修改，只变动了个别的标点符号。此书再版，自然要面对新的读者，特别是年轻一代的读者，他们对本书，以及所描述的传主及其时代和历史，将会有怎样的反应和评价，也是我颇为好奇的。

2012年9月22日

《南方人物周刊》2012年“魅力人物”获奖感言

站在这里领奖，是有些尴尬的。我是在1949年以后读中学与大学的，那是一个文化断裂的时代，我们所受的最大教育，就是要和传统文化与西方文化决裂。这就造成了我们这一代知识结构的重大缺陷：我既不懂外文，古代文化修养也很差。这同时也造成了精神境界上的先天不足。我因此自嘲是“没有文化的学者，没有趣味的文人”，哪里有什么魅力可言！

唯一可以自慰的是，我经历了太多的苦难，因此，知道自己可以做什么，又知道自己做不到什么；前者给我带来了某种自信与自尊，后者让我有自知之明。我的人生自有价值，但却是一个有缺憾的价值。我也愿意别人这样看待和评价我。

我自认还有一个优点，就是非常勤奋：我整天坐在电脑面前写作，是一个写作机器，以至我写的书读者都来不及看。我的书总是“有人欢喜，有人骂”。我猜想给我授奖的，大概是喜欢我的书的朋友。但一定有人会骂。这些骂，有的可能是误会，但更多的是骂得对的，因此，在获奖的此刻，我更期待的是严肃的批评，以至批判。但我仍然要感谢给我授奖的好意，我从中感受到的是相濡以沫的生命的暖意。谢谢《南方人物周刊》的朋友，谢谢到会的相识已久与初次相识的友人。

后 记

现在已是2012年年底，需要做一点写作与思想的盘点。于是，就想到再编一本《退思录》。

2002年8月从北大中文系的教学岗位上退休，到今年已经整整十年了。我的《退思录》即退休后的思考记录，也编了五本。每一本我都要精心设计一个书名，作为这一两年的“生命编码（符号）”。于是，就有了“追寻生命之根”、“那里有一方心灵的净土”，与“活着的理由”、“重建家园”、“呼唤韧性与智慧”的命名。可以看出，前两个命名是趋向内心，寻求自我的安身立命；以后，就由内向外，越来越关注自我存在与社会存在的关系，提出了一些社会的生命命题。

那么，这第六本《退思录》，将如何命名呢？

我曾将自己退休后的生命形态，概括为“情系教育，脚踏大地”，落实为具体的生活内容，就是关注与参与三个领域：教育（主要是中小学教育），学术研究（除坚持鲁迅研究、现代文学史研究之外，又扩展到民间思想研究与地方文化研究），民间运动（主要是青年志愿者运动），因此和中小学教师、大学生（主要是他们中的理想主义者）和当年的右派三个群体有比较密切的联系。

在2012年，我对自己在这三个领域的参与，有了新的反思和认识的提升，提出了两个命题，引起了一定的社会反响。

首先是："超教育而言教育"；《南方周末》在报道中把它夸大为"告别教育"，因而产生了一些误解。我的真实意思是，反思自己十多年对中小学教育改革的参与，不得不面对一个现实：教育改革越改问题越多，我这样的教育理想主义者（而在我看来，教育又本质上是一个理想主义的事业）参与的空间越来越小。这是为什么？我终于发现，从2000年政府提出"教育产业化"以后的十年教育改革，正是教育领域内外既得利益群体形成与逐渐壮大的十年，已经结成了"一荣俱荣，一损俱损"的利益链条。而且，教育改革正是由这些既得利益者主导的，这就是一面高谈素质教育，一面应试教育越演越烈的根本原因。因此，教育的问题，根本不是教育理念与方法的问题，而是赤裸裸的利益问题。这不仅是教育领域，而是中国所有领域面临的共同问题：如果不从根本上斩断既得利益链条，中国一切改革都必然变质。所谓"超教育而言教育"，就是必须进行体制的根本改革，特别是政治体制的改革，否则，一切改革都会功亏一篑，那就是死路一条：这绝不是危言耸听。

问题是，作为一个良知尚存的知识分子，如何参与这迫在眉睫的体制改革，特别是政治体制改革？人们首先想到的，是直接的政治参与，这是自有其必要性与迫切性的；但从我自身的条件出发，还有另一方面的考虑。在我看来，作为掌握了思想、文化、学术资源的知识分子，首先应该运用这些资源进行政治、思想、文化、社会批判，这也是一种政治参与的方式。除此之外，还有一个更应是本职的工作：进行理论的创造，为社会变革提供对于中国历史与现状具有解释力与批判力的理论，以及为现实和未来中国与世界的发展提供新的价值理想，新伦理，新思维。实际上，我在退休以后，把主要的精力集中于对现代民间思想史的研究，就有着这样的追求。2012年出版的《毛泽东时代和后毛泽东时代：历史的另一种书写》就是这方面努力的最重要的成果；而且通过这本书的出版及国内外的反响，我在这方面，有了更大的自觉性，可以说有了一种历史的使命感。所谓“超教育而言教育”（“告别教育”），就是要集中精力从事这样的历史研究和理论创造，尽管明知对于自己这是一个很难达到的高度，但总要不断努力，不自量力地向前走。

2012年提出的第二个命题是：“静悄悄的存在变革”。这是从捷克思想家哈维尔的“存在革命”思想启发下提出的。大概是2007年我读了哈维尔的《无权者的权力》等著作以后，就开始了这方面的思考，收入本书作为“代前言”的《从改变自己的存在开始》一文，就是写于2008年的。但向公众正式提出，并在不同场合反复呼吁，则是在2012年。这其实是对自己一直坚持的教育、学术、民间活动的一个认识上的提升。我所要倡导的是一种人人都可以参与的变革模式，其背后的理念有五，并且都有现实的针对性。其一，针对把希望寄托在执政者发善心的清官情结，强调“把命运掌握在自己手里”；其二，针对单纯依靠顶层设计的精英路线，强调“从底层做起”，依靠草根力量，发动民间改革运动，以此形成对上层反改革势力的社会压力，逼迫其改革，对体制内的改革力量则提供民意的支持，并以基础性的改革实践，为上层建筑的改革创造条件，最终形成体制内外、上下改革的良性互动；其三，针对期待一劳永逸的彻底革命和暴力变革的激进情绪，提倡“和平的、渐进的改良和变革”；其四，针对一些有参与改革愿望的普通民众、教师、学者、特别是青年，普遍感到的无从入手，无能为力的困惑，提倡“从改变自己和周围人的存在开始”的“静悄悄的变革”；其五，针对只发牢骚不做事的虚无、颓废情绪与不作为的消极态度，提倡积极的行动，“帮、救一个算一个”的“只顾耕耘，不问收获”的人生态度，呼唤“好人联合起来做好事”，而且是一件件地做，比如集体读一本书，进行一项教育试验或科研课题，编和写一本书，做一件有关政治改革的事——等等，并在依靠集体力量做这一个个具体的好事过程中，感受自我生命的意义与快乐，享受相濡以沫的温暖。用2012年的流行语的说法，就是为中国社会的变革增添“正能量”。

正是这样的思考，产生了这本退思录的关键词和生命编码：

“静悄悄的存在变革”。全书也是本着这样的思路，编为七辑。但和前五本退思录一样，在围绕总的主题展开的同时，也有溢出其外的思考与文字，显示某种程度的斑驳，杂乱，并有相互重复之处，这其实倒是更接近于思考与写作的真实与常态的。就像我每回都要强调，也是自我辩解的：不过是随笔而已。

2012年12月21日匆匆